U0591810

大学生创业体系的科学构建

主　编　杨志群
副主编　张　耿　林钻辉

科学出版社
北京

内 容 简 介

　　本书是在充分调研的基础上,结合国内外相关理论,分析当前社会大学生创业体系的新动态及创业教育的困境和出路,以华南农业大学校内大学生真实的创业案例为素材编写而成的。本书具有内容实用、可读性强、指导作用大的特点,并深入剖析大学生创业体系的构建途径,为高校大学生创业做出了很好的引导。

　　本书可作为普通高等学校各专业学生的教材用书,也可为从事就业创业的教师及其他人员提供参考。

图书在版编目(CIP)数据

大学生创业体系的科学构建/杨志群主编 . —北京:科学出版社,2016
ISBN 978-7-03-047134-5

Ⅰ.①大… Ⅱ.①杨… Ⅲ.①大学生-职业选择-研究 Ⅳ.①G647.38

中国版本图书馆 CIP 数据核字(2016)第 012802 号

责任编辑:李淑丽　郭亚会 / 责任校对:桂伟利
责任印制:赵　博 / 封面设计:华路天然工作室

科学出版社 出版
北京东黄城根北街 16 号
邮政编码:100717
http://www.sciencep.com

三河市骏杰印刷有限公司印刷
科学出版社发行　各地新华书店经销

＊

2016 年 1 月第　一　版　　开本:720×1000 1/16
2016 年 1 月第一次印刷　　印张:12 3/4
字数:258 000

定价:29.60 元
(如有印装质量问题,我社负责调换)

前　言

　　2015年3月20日,李克强总理到国家工商行政管理总局考察时发出了"大众创业、万众创新"的号召,要求有关部门简化审批、放宽准入,催生小企业"铺天盖地"涌现,促进大企业"顶天立地",更好激发群众创造力,带动就业。在这创新创业浪潮中,作为高校工作者,正思考着高校能做些什么!欧美发达国家高校普遍重视大学生创业工作,国内高水平的大学也基本上成立了创新创业学院。如何试图构建一个模式,让高校从事创业教育的老师有一个借鉴;让大学生掌握有关创业的基本理论,对大学生创业有一个基本的认识,引导有条件的学生参加创业实训,这是编写本书的初衷。本书从理论到实践层面,寻求构建高校大学生创新创业的科学体系。具体而言,包括第一章绪论;第二章构建大学生创业体系的理论基础;第三章大学生创业体系新动态;第四章大学生创业教育的困境和出路;第五章校内科技创新的引导和驱动;第六章校内创业竞赛的组织和实施;第七章创业孵化基地的构建和运营;第八章创业融资平台的建设和推动。

　　本书的编写包含了笔者主持的两个课题的研究成果:广东省高校共青团工作研究课题——《大学生就业创业政策环境及对策研究》(2012A008)和共青团广东省委员会、广东省社会科学界联合会的青少年和青少年工作研究课题——《青年就业创业工作理论与实践研究》(2013WT011)。根据启发性、适应性原则,以问题为导向,分析了大学生创业教育的困境和出路;以实证的方法,结合学校大学生创业实战经验,探讨如何在资源利用、竞赛组织、基地建立、融资推动等方面来科学地构建高校大学生创业体系。本书内容呈现出校内与校外因素相结合、理论层面与实践应用相结合、现实状况与未来设想相结合的特点。

　　在编写本书过程中,结合编委会各成员的专业背景和工作经验进行了合理分工。杨志群对本书编写的总体思路和框架进行了统筹和构思,对本书的篇章结构进行了设计;林钻辉、张耿协助进行了具体的构思;林晓燕、何冬梅负责第一章;安娜、彭金富和罗军负责第二章;张耿、易川负责第三章;顾美霞负责第四章;刘锋、田立负责第五章;林钻辉、郑少雄、丘广俊负责第六章;陆永超、张东彦负责第七章;罗军、林钻辉负责第八章。

　　由于编者水平有限,加之编写时间仓促,书中难免有错误和不当之处,恳请同行专家和读者批评指正。

编　者

2015年11月

目　　录

第一章 绪 论

第一节 大学生创业工作背景

一、经济社会时代的发展

大学生创业工作的开展是社会发展的需要，是时代培养人才的需要，是经济社会发展的要求。当今时代，随着经济全球化的发展，高校大学生创业成为全社会关注的话题，大学生创业工作的重要性日益凸显，在国际和国内都受到不同程度的重视。

国际社会方面，国际社会对于大学生创业工作的重视程度日益提高。在一些发达国家，大学生创业工作被提到了国内重要事务的日程，世界上很多国家都在不同程度上进行了大学生创业工作的探索。基于时代发展的需要，国外不少发达国家都开展了高校大学生创业工作，对于大学生创业工作越来越重视，通过一系列措施促进高校大学生创业工作的开展。在西方国家，不少国家都把扶持青年大学生创业作为解决青年大学生就业问题的长期办法并制定实施了相应的政策和项目，目前也取得了一定的成果，为大学生创业工作的开展方面提供了一个良好的社会环境。

美国是最早在学校实行创业教育的国家，也是世界各国创业教育发展最具代表性的国家之一。在美国，以百森商学院（Babson College）和斯坦福大学等为代表的高校，十分重视大学生的创业工作，在大学生创业工作方面有了较好的开展。美国百森商学院是创业学领域的领导者，在《美国新闻与世界导报》公布的全美国最佳大学排行榜中，百森商学院连续 10 多年获得创业管理领域第一。美国的杰弗里·蒂蒙斯教授是该国创业教育和研究的领袖人物，他关于创新性课程开发及有关创业、新企业、企业融资和风险投资等方面的授课被全世界公认为权威。百森商学院在创业课程的设计、创业教学方法的运用、创业教育队伍的建设等方面都有着比较好的做法。在课程设计方面，百森商学院的创业课程分成五个方向，其中包括战略与商业机会、创业者、资源需求与商业计划、创业企业融资和快速成长这几个方面；在创业教育方面，通过理论基础、案例分析和模拟演练等版块的系统化设置，培养了多方面创业知识的创业者，有效地实现了创业教育理念。1967 年斯坦福大学和纽约大学开创了现代的 MBA 创业教育课程体系。另外，美国硅谷地区成功的创新和创业实例极大地刺激了社会对大学创业教育的需求。在1969年到1970年，美国新增了12所大学陆续开设了相关创业教育课程。在大学生创业工作开展的过程中，结合时代的发展要求，美国创设了较好的社会环境。

日本也十分重视大学生创业工作的开展。从20世纪60年代开始，日本的经济开始呈现出高速增长。1995年，日本当局通过了《科学技术基本法》，大学创业活动明显增加。1998年的《大学技术转移促进法》实施后更使大学生创业活动大幅增长。科技人力资源转移是大学创业活动最重要的方式，被转移人力资源构成中大学教师占50％，其中70％为教授，学生占43％，硕士研究生占到总体的21％。在大学生创业工作开展过程中，日本政府降低了对创业的限制。日本政府实行了一系列优惠措施，比如允许个人创业者可以不受《日本国商法》规定的最低资本金额的限制来创立企业等。而且从20世纪80年代以来，日本政府放宽了对电气、通信、运输等行业和领域的创业准入，使得越来越多的人能取得创业的机会。另外，日本实行产学联合、技术转移，促进大学生创业。创业企业通过与相关大学的密切联系可以更加有效地实施技术转移，高校也可以通过掌握更加全面的信息、了解企业需求来开展教育。大学生通过这种提供研究与经营设施、大学研究与产业界长期协作的关系，开拓融资渠道，获取市场信息。

总体而言，随着经济社会的发展，各国政府对于大学生创业工作的重视程度日益提升。在政策的制定实施、创业工作的投入等方面都加大力度，对大学生创业工作提供多方面的支持，为高校大学生创业工作开展提供了保障。

在我国，随着经济社会的发展，大学生创业工作也日益受到重视。中国共产党第十八次全国代表大会报告中指出：政府要"引导劳动者转变就业观念，鼓励多渠道多形式就业，促进创业带动就业，做好以高校毕业生为重点的青年就业工作和农村转移劳动力、城镇困难人员、退役军人就业工作""全党都要关注青年、关心青年、关爱青年，倾听青年心声，鼓励青年成长，支持青年创业"。大学生创业工作的开展，是时代发展的需要，是社会发展的要求，国家和政府对此也都十分重视。

创新是民族进步的灵魂，是国家兴旺发达的不竭动力。大学生创业工作的开展是创新型国家发展战略的要求。创业工作开展的过程，是诠释创新、应用创新技术的过程，是理论与实践相结合的过程。创业与创新两者相辅相成，创业的过程是应用创新成果的过程，创新的发挥有利于促进创业实践。当今时代，随着科技革命的迅猛发展，科技创新成为世界各国综合国力竞争的焦点，创新能力的高低成为衡量一个国家综合国力大小的重要因素。

高校大学生作为社会主义建设的未来主力军，大学生创业工作的开展，是建设创新型国家发展战略的要求。创新型国家的建设需要创新型人才的培养，创新型人才的培养则需要创业工作的大力开展。高校通过创业教育工作，可以培养出更多的创新型人才，可以使得大学生在创业过程中更好地发挥自身的创新能力，可以发挥创新人才在建设和谐社会主义国家的作用。这些都是创新理念具体实施的需要。

大学生创业工作的开展也是知识经济时代发展的客观需要。高校大学生创业工作的开展，是社会和经济结构调整对于人才需求变化的需要，是积极应对知识时代和全球经济一体化的要求。高新技术产业的发展需要具有科学精神和创业精神的科学家，需要大批具有创新精神和创造力的人才，这就需要创业工作的大力开展。目前，全国各行业都面临激烈的国际竞争，但我国适应时代发展需求的行业及从业人员质量与参与国际竞争的要求还有很大的差距。要适应知识经济的挑战，更好地参与国际竞争，就要培养更多适合时代发展要求的创业型人才。高校大学生创业工作的开展，能培养出更多符合社会知识经济发展的创新人才，可以培养大学生将创新创业知识运用于实践当中，适应了知识经济时代发展的要求，是社会发展的需要。

二、就业形势的日益严峻

大学生创业工作的开展是应对日益严峻的就业形势的措施。随着经济全球化的进程和世界主要经济增长速度的减缓，青年大学生的就业问题面临的形势越来越严峻，目前大学生就业问题成为各国政府和国际社会普遍关注的社会问题。2013 年 5 月，国际劳工组织（International Labour Organization，ILO）发布的《2013 全球青年就业趋势》报告中指出：之后 5 年，全球青年失业率将呈持续增长之势。自全球经济危机爆发以来，全世界 15—24 岁的青年人的失业率已从 2007 年的 11.5％上升至 2012 年的 12.4％。预计到 2018 年，这一比例还将进一步上升至 12.8％。全球青年失业率的增长不仅对一代青年的就业前景、谋生能力造成长时间的负面影响，还会进一步削弱经济增长的潜力。国际劳工组织资深专家斯帕布姆（Theodore Sparreboom）指出，自全球经济危机在 2009 年达到高峰以来，国际社会在解决青年失业率居高不下问题方面并未取得显著进展，随着全球经济复苏在 2012 至 2013 年的放缓，本已不容乐观的青年就业状况将变得更加严峻。目前，大学生就业形势严峻是整个社会面临的现实问题，如何有效地缓解这一严峻形势，通过各种有效途径来解决这一难题，是世界上很多国家都在思考的问题。

帮助大学生创业，加强对大学生的创业教育，提高大学生创业的成功率，是有效解决大学生就业问题的一个途径，是促进大学生、经济和社会都实现可持续发展的有效办法。联合国大会在 1995 年通过的《到 2000 年及其后世界青年行动纲领》中，就已经把建立青年自主就业（创业）的机制列为青年就业纲领中的首项实施任务。联合国教育、科学及文化组织在 1989 年"面向 21 世纪教育国际研讨会"北京会议上提出"创业教育"的概念，并在与会报告"21 世纪的教育哲学"中把创业能力提到学术性和职业性教育护照的同等地位，提出了学习的"第三本护照"，即创业能力。联合国教育、科学及文化总部于 1998 年在巴黎召开自该组织成立 50 年以来首次世界高等教育会议，在其发表的《21 世纪的高等教育：展望与行动世界宣言》中明确指出："培养学生的创业技能，应成为高等教育主要关心的问题；毕业生将愈来愈不仅仅只是求职者，而首先将成为工作岗位的创造者。"大会发表的《高等教育改革和发展的优先行动框架》也指出，"高等学校，必须将创业技能和创业精神作为高等教育的基本目标"，要使毕业生"不仅成为求职者，而且逐渐成为工作岗位的创造者"。

就美国而言，截至 2010 年，美国公立高等学校近 2100 所，在校学生约 1200 万；私立高等学校 4000 多所，在校学生约 400 万。高等教育的普及化趋势，也同样给美国大学生就业带来严峻的挑战，得益于创业教育的发展，美国大学生创业一直维持在 30% 左右的比例。通过大学生创业工作的开展，对于缓解就业压力、应对严峻就业形势起到了积极的作用。

基于经济全球化进程和国内就业形势的严峻，英国政府也十分重视青年大学生创业工作的开展。1983 年，英国启动了青年创业计划，动员企业界和社会力量为 18—30 周岁未就业的青年提供创业咨询和资金、技术等支持。为推广和发展英国青年创业计划的项目模式，英国王子基金和威尔士王子国际商业领袖论坛于 1999 年共同组建了青年创业国际计划（Youth Business International，YBI），致力于整合国际资源，探寻和确立帮助青年成为企业家的最先进方式。

英国的青年创业计划有着自身的特色：提供发展债券式的创业启动金、提供一对一的创业辅导、扶持弱势群体，其工作流程大致有基层宣传、面议咨询、商业计划设计、专家小组评审、资金申请等阶段。这项计划不仅有利于解决青年的就业问题，而且培育了创造价值的青年企业家。

在经历社会、经济和文化的变革过程中，为了应对严峻的就业形势，法国政府部长理事会在 1986 年发起青年挑战计划，该计划于 1987 年由青年体育部（简称青体部）牵头启动并开始运行，主要为青年和青年团体开展创新创业项目提供无偿的资金、培训、咨询、中介、后勤服务，目标是建立一个帮助青年创新创业的支持机制。后来该项目也扩大服务对象，扩大资助面。该计划实施过程中，法国政府提供资金支持，大力鼓励创新。政府跨部门也进行联合和合作，比如青体部和社会团结部、中央政府就业和职业培训派出机构总协调委员会、法国教育集团等各部门进行合作，通过合作整合培训、就业和创业等多方面资源，形成合力。

法国青年大学生创业工作的开展过程中，青年创业活动比较活跃。法国创立的第一个青年创意和青年项目孵化器是隶属于法国青年、国民教育和研究部的青年挑战署，该署在资助青年创业、造就就业机会上提供了很大的支持。在该署资助的项目中，有不少都成为影响力较大、推动法国经济发展的项目，比如青年科技创业、青年网站、特色剧演出公司、家政服务、出租车特色服务、视听创业公司等，这些项目均由青年创业，并且取得了较好的效果，为应对严峻的就业形势起到了积极的效果。

而在我国，随着高校的扩招和高校就业体制改革的深入，高等教育已经不再是以前的精英教育，更多的是越来越走向大众化。1998 年全国高校普通本专科生招生人数为 108.4 万人，到 2010 年已达到 661.8 万人，而毕业本专科生从 83 万人上升至 575.4 万人。中华人民共和国教育部（简称教育部）发布的《关于做好 2013 年全国普通高等学校毕业生就业工作的通知》指出，当前国内经济趋稳的基础还不够稳固，全社会宏观就业压力增大。2013 年全国普通高校毕业生规模达到 699 万人，比 2012 年增加 19 万人，高校毕业生就业形势更加复杂严峻。近几年来，我国高校毕业生人数不断在增长，就业形势越来越严峻，大学生创业工作的开展显得尤为重要。

高校毕业生的就业状况直接关系到我国和谐社会的建设。在大学毕业生就业形势越来越严峻的情况下，大学生创业逐渐成为深受支持和重视的一种就业形式。通过大学生创业可以创造出更多的就业岗位，是缓解就业压力的有效途径。通过多种手段和措施鼓励大学生自主创业，将大大缓解我国面临的就业矛盾和压力，是应对严峻的就业形势的一个有力举措。

三、高校教育体制的深化改革

大学生创业工作的开展是高校教育体制改革的时代要求。随着高校教育体制的改革，高校培养人才的方式也日益多样化，大学生创业成为越来越多的大学生的选择。大学生创业工作的开展是适应高校教育改革发展的时代要求，是新时代条件下高校培养人才的需要。

在国外，在高等教育改革方面，有不少发达国家在创业教育体系上不断进行改进并日趋完善，在教育管理过程中的各个方面加强高校创业教育工作，包括在创业教育课程的科学合理设置、创业教育师资队伍的配备到位、创业教育方法的有效选取等各个方面，都形成比较系统完善的系统体系，通过更好地开展高校创业教育来有效指导高校大学生进行创业工作，提高高校大学生的创业成功率。

20 世纪 90 年代以来，互联网的出现使创业的门槛进一步降低，创业更是形成一股热潮。目前，在美国，几乎所有的大学均开设了创业课程，有的大学将创业课程设置为全校必修课。并且从 20 世纪 90 年代开始培养创业学方面的工商管理博士，创业教育的学科体系逐步得到完善。美国大学教育中的创业教育已经有了一套日趋成熟的体制。斯坦福大学不仅有明确的创业教学理念，而且有着完善的创业教育课程体系，在课程体系建构过程中将文理、教研、知识和技能都很好地结合起来，同时将文科、理科相互融会贯通，培养专业的复合型人才。同时，斯坦福大学也鼓励大学生创业，制定相关政策，营造浓厚的创业氛围，激发大学生创业的热情。

在日本，国家政府和高校都很十分重视创业教育的作用。日本政府制定相关方针政策，鼓励高校创办研究开发型企业，鼓励大学生开展创业活动。2003 年，由日本经济产业省牵头，日本经济产业省、文部科学省、厚生劳动省联合召开的"青年自立·挑战战略"会议，专门研究如何支持青年就业和创业问题，并出台了日本《青年自立·挑战计划》。该计划中"实务·教育连接型实践训练系统"的导入具有开创性的意义。另外，该计划还对企业和民间力量在促进就业和创业的合作上提出了较高的期望，要求普及全年招聘制、扩大试用制，增加青年就业机会。

在英国，英国政府大力鼓励高校的学生创业。1998 年英国政府发表的《我们竞争的未来：建设知识推动的经济》白皮书指出："我们的成功取决于我们如何善用我们最宝贵的资产：我们的知识、技能和创造力。这个新世界对企业家的挑战，要求他们是创新的、有创造性的、能够持续改善性能，建立新的联盟和合作冒险。"2001 年英国政府成功启动了高等教育创新基金，该基金支持在大学周围建立各种科技网络群，同时支持各大学内部师生的创业活动，比如专利申请与保护、资金启动、公司筹建和市场开发等，这些都有利于大学生创业活动的有效开展。

另外，在英国兴起于 20 世纪 60 年代的剑桥大学科学院，致力于将大学科研和企业的结合，为英国就业问题的解决和大学生创业工作的开展起到了很大的促进作用。

随着高等教育的改革和发展，高等教育已经从精英教育向大众化教育过渡，高等教育要改变传统的就业教育思维模式，培养工作岗位的创造者的毕业生。在新时代条件下，开展创业教育工作是高等教育发展的需要，是知识经济时代的发展对高等教育的要求，高校大学生创业工作的有效开展有利于高等教育在大众化的背景下走出困境。培养具有创业能力的创新型人才日趋成为高等教育培养人才的方向，新时代条件下，高等学校必须将创业技能和创业精神作为高等教育的基本目标。

创业是一种创造性劳动，其成功的关键在于能够开拓创新。高校大学生创业工作的开展是一种新的教育工作思想，重视培养具有开创个性的一代新人，重视培养具有创新能力的社会主义建设者，适应了高校教育体制改革的需要。

第二节 大学生创业现状分析

一、大学生创业的特点

随着社会对高校大学生创业工作的日益重视，我国高校不少大学生也加入创业行列。但是由于我国创业教育起步晚，目前还处于初级阶段，在我国高校大学生创业过程中还是存在着不少的问题，目前我国高校创业大学生呈现出以下特点。

（一）比例偏少，成功率低

我国高新技术成果转化为现实生产力的比率比较低，大量有产业价值的技术创新成果被闲置，科研成果产业化的转化率低。目前我国大学生创业过程中，创业人数少，创业比例低，创业成功率也不高。在由中华职业教育社等单位主办的"2010全球创新型经济高层论坛"上，中国人事科学研究院院长吴江教授指出，中国应届大学毕业生创业比例不足2％，而欧美的这个比率达到20％—30％；另外，我国大学生创业的成功率也偏低，约为1％。总体而言，目前我国大学生群体中，真正投身创业的大学生数量不多，更多的大学生没有真正开展全面深入的创业工作，有的也只是一时设想，没有落到实处。另外，目前大学生创业成功率也比较低，不少初涉创业的大学生没有取得成功。

（二）经验不足，资金缺乏

大学生在创业过程中，虽然大学生掌握了一定的专业知识，但是大部分学生对市场缺乏全面的了解，创业知识能力不足，在校期间的锻炼不足，缺乏必要的实践能力和管理经验。高校大学生在创业过程中，市场观念比较淡薄，不少学生对于市场定位、营销管理等方面的了解不到位，没有完善的市场营销计划，创业过程中缺乏与社会需求相接轨，往往会导致一些决策出错，没能达到预期效果。同时，大学生在创业过程中缺乏实际经验，商业创新能力和市场拓展能力不足，理论知识没能很好地运用到实践中去，企业管理经验不足。

另外，创业资金也是影响大学生创业的一个很重要的因素，资金不足是目前大学生创业过程中所面对的困难，是创业过程中必须面对和解决的一个很重要问题。由中国青少年网络协会、腾讯网和中国传媒大学联合执行的在2011年对我国大学生创业情况的调查统计显示，绝大部分被调查者认为"资金"是影响创业最主要的客观因素之一，这一比例占了83.3％。麦可思关于中国大学生的调查也指出，中国大学毕业生自主创业会面临三大失败风险：缺少后续资金、缺乏企业管理经验和市场推广困难。其中，资金的筹措是一个重要的方面，是阻碍大学生创业工作顺利开展的重要因素之一。大学生在创业的过程中，创业资金不足，政府投入不高，大部分创业资金来自亲友。由麦可思关于 2012 年中国大学生就业情况的调查发现，在 2012 届高等职业学校和高等专科学校（简称高职高专）毕业生中，59％的创业资金是由"父母或亲友投资或借贷"而来；其次的资金来源是积蓄和银行贷款，占 29％；而由政府提供资助（包括科研基金、创业基金或优惠贷款等方面）的比例为 1％。可见在推动大学生自主创业中，政府在大学生创业资金扶持力度方面还远远不够，大学生在创业过程中，更多的是依靠家人、朋友来筹集创业的资金，创业过程中资金还是比较缺乏。

（三）目标不明，知识欠缺

高校大学生创业过程中，更多的大学生是抱着一股热情，而对于自身的创业没有清晰的具体的规划和目标，创业方面的相关知识也比较欠缺。创业是发现市场需求、寻找市场机会，通过投资经营企业来满足市场需求的实践活动，是一个需要系统思考的过程，仅靠激情是不够的。创业需要激情，更加需要理性，需要有清晰的创业目标，明确的方向及知识、技能和资源等方面的准备。在创业过程中，目前大多数高校大学生在市场营销、运营管理等方面的创业实践知识比较欠缺。在创业过程中，有些大学生在创业初期由于产品定位不准、技术成熟度不足等原因，往往造成创业困境，加之初期创业企业规模较小，由于碰到各种问题就难以为继，造成创业不成功。2009 年毕业于鲁东大学艺术学院油画专业的创业青年王德正在创业之初就是这样的情况。王德正在校期间，对于专业知识的掌握还是比较扎实，毕业时想通过创业缓解家庭经济压力。创业前，他没有对于自身即将开展的创业工作进行清晰的规划和设立明确的目标，他只是简单的对工艺品的市场做了调查就去创业。最初，他认为结合他在大学学习油画的经验，凭借他受到的关于画面色彩、构图等方面的训练，肯定能够制作出高艺术水准的工艺画。结果由于准备不足，他将自己的艺术画拿到市场推销时，并没有得到市场的认可，基本没有零售商户或中间商愿意购买，创业之初，屡屡受挫。

（四）创业热情高，行动坚持少

在我国，自 1998 年清华大学首届创业计划大赛开始，社会对于大学生自主创业的关注度提高了，大学生创业热情高涨。由中国青少年网络协会、腾讯网和中国传媒大学联合执行的在 2011 年对我国大学生创业情况的调查统计显示，目前我国大多数大学生对创业表示"很有兴趣"和"较有兴趣"，占了 81.5％，有接近半数的受访者（占 49.1％）打算"自己创业"或"和朋友共同创业"。不少大学生关注创业，但是实际上真正参与其中的人数却不多，很多大学生没有将创业付诸实际行动，我国目前大学生真正创业成功的更加不多。"缺少创业意向的学生、缺少创业行动的学生、缺少创业成功的学生，这是当前中国高校创业教育面临的一个主要问题"。大多数大学生对于创业是采取观望的态度，对于创业有较多的想法但是没有落实到实际行动中，对于创业更多的是在构想而没有实施。

另外，大学生创业，有部分人也只是一时热度，没有坚持下去。据麦可思对2009届高职高专毕业创业者的调查显示，约70%高职高专毕业时的自主创业者三年后放弃创业。麦可思对毕业三年后的大学生进行的跟踪调查发现，在大学生毕业半年后自主创业的群体中，三年后有约70%的人退出了创业。以2009届高职高专毕业创业者为例，在毕业三年后的2012年，高职高专有60.0%的比例退出创业而加入"受雇全职工作"之列，还有部分以赋闲、找工作等其他方式退出创业。还在坚持创业的比例，高职高专为30.0%。可见，创业对于很多大学生而言，他们更多的只是凭着一时热情去兴起，而真正将创业坚持下去的大学生并不多。

（五）创业行业科技含量不高

有调查显示，2010年我国大学生的创业产业主要集中在服务业。大学生创业之所以选择服务业，最重要的原因是这些行业需要的科技含量不高，资金投入少。在现实实践中，高新技术领域需要的资金及面临的风险都比较大，大学生创业者在初出校门选择创业项目的时候，往往会选择风险较小而且需要资金少的行业，比如零售、餐饮、咨询等第三产业的行业，这些行业的科技含量不高。但是在创业竞争过程中，又因为大多数大学生选择的行业是传统行业，本身的竞争就比较激烈，要在创业中取得成功难度更大。

二、大学生创业面临的机遇

（一）相关优惠政策出台

随着全球经济一体化的发展，知识经济和网络经济的全面扩张，青年大学生的创业具备了越来越多的机会。为了解决青年学生的就业问题，联合国、国际劳工组织等都采取了相应的措施，其中青年自主创业被当成了一项重大任务。很多国家也相继制定了相关的制度和措施，鼓励青年大学生创业。在我国，随着国内创业浪潮的兴起，为了鼓励和支持大学生创业，国家教育部门和许多相关经济部门都制定了一系列大学生创业支持政策。

1. 创业教育方面的支持政策

1998年，清华大学举办了第一届清华大学学生创业计划大赛。从1999年起，全国性的大学生创业计划大赛在全国如火如荼地开展起来。国家和教育部门十分重视大学生创业，2002 年 4 月，教育部发文确定清华大学、北京大学、中国人民大学、南京经济大学等 9 所高校为创业教育的试点院校，进一步推动创业教育在全国高校的发展。目前，创业教育工作也在全国各大高校中有了不同程度的开展，对于创业教育方面，国家也提供了越来越多的政策支持。

2. 大学生创业的优惠政策

为鼓励大学生创业，国家相继出台了一系列优惠政策。在企业注册登记方面，程序更简化，凡高校毕业生申请从事个体经营或申办私营企业的，可通过各级工商部门注册大厅"绿色通道"优先登记注册，其经营范围除国家明令禁止的行业和商品外，一律放开核准经营；减免各类费用，除国家限制的行业外，工商部门自批准其经营之日起 1 年内免收其个体工商户登记费（包括注册登记、变更登记、补照费）、个体工商户管理费和各种证书费。对参加个体劳动者协会、私营企业协会，全称"个私协会"的，免收其 1 年会员费。对高校毕业生申办高新技术企业（含有限责任公司）的，其注册资本最低限额为 10 万元，如资金确有困难，允许其分期到位。高校毕业生从事社区服务等活动的，经居委会报所在地工商行政管理机关备案后，1 年内免费予以办理工商注册登记，免收各项工商管理费用。在金融贷款方面，优先贷款支持、适当发放信用贷款，同时简化贷款手续并且提供利率优惠。

国家很多地区也结合地方情况出台了大学生创业优惠地方性政策，在我国广州市，广州开发区特别成立了广州高新技术创业服务中心，并规定凡进入创业服务中心接受孵化的高新技术企业，可享受国家级高新技术产业开发区和广州市委、市政府颁发的《关于进一步扶持高新技术产业发展的若干规定》的税收优惠政策，自正式投产之日起，享受 2 年免征所得税的优惠；南京市支持高校毕业生从事个体经营，除国家限制的行业外，自核准经营之日起，1 年内免交个体工商和登记费、集贸市场管理费、经济合同鉴证费、经济合同示范文本工本费；天津工商行政管理局则在大学生创办私企方面提供了以下优惠：放宽注册资本缴付标准与时限，允许毕业生及人力资源和智力成果投资入股，放宽私企经营范围，工商部门上门为企业服务等。天津工商部门允许创办私营企业的应届高校毕业生分期缴付注册资本，同时允许具有管理才能、技术特长或者有专利成果的毕业生以人力资源和智力成果向私营企业投资入股；安徽市鼓励博士后携带高新技术成果走出工作站，自己创办高新技术企业，博士后科研以其"智力"资本作价入股。高等学校、科研机构的在读研究生和拥有科技成果的大学生可以停学，从事科技创新工作或创办高新企业，停学期限一般不超过 2 年。在此期间可以回学校或科研机构继续完成学业，获得学位。

（二）大学生自身的优势

1. 思维优势

大学生是社会宝贵的人才资源，而且青年大学生思维活跃，想象力丰富，具有强烈的创新意识，这是创业者要成功所需要具备的重要条件。青年大学生大多年轻气盛、敢于尝试新鲜事物，具有创业激情和理想抱负，正是处于创造力最活跃、创新意识最强、创业动力最足的时期，这是人生中进行创业的重要时期，大学生的思维优势有利于提高创业的成功率。而且，青年学生大多积极向上，在创业过程中碰到困难能够更好的调整心态，根据自身企业面临的问题拿出相应的对策，勇于面对挫折和解决问题。我国青年大学生创业成功案例中，毕业于西安公路交通大学（今长安大学）工程机械专业的大学生丁凯就是这样的例子。丁凯在创业前是一位长期从事于机械行业相关的工程技术人员，但是创业伊始，由于缺乏独立经营企业的经验，在创业初期只是重视技术开发而忽略了产品的定位和目标客户的确定，创业过程碰到了种种困难。发现问题后，大学生丁凯及时调整思路，勇于面对困难，不断改进策略，最终使得企业走上了良性发展的道路。现在，丁凯经营的鞍工液压件有限公司发展得很不错，事业蒸蒸日上。

2. 知识优势

大学生具有较强的专业基础知识，在校期间系统学习了科学文化知识，掌握了一些知识和技能，相对社会的其他人在专业知识储备方面有着更多的智力资本优势，在创业方面取得成功的机会相对比较大。中国青年大学生宁伟洪的故事也说明了大学生学好相关知识对于创业成功的重要作用。宁伟洪是一位来自福建、在上海创业成功的青年大学生，他毕业于上海申洋国际交流学院。在不到一年的时间里，他在上海开了四家茶楼，而且都经营得很好。大学期间，宁伟洪从热爱喝茶发展到热爱茶文化。他开始广泛收集茶文化的相关资料，在校期间积累了丰富的茶文化知识。在大学四年级的时候，他开始创业。在校期间积累的相关知识对于宁伟洪的创业成功起到了很大的作用，他学以致用，创业轻松，在创业竞争过程中展现了知识优势的一面。目前，他的公司正在建立自己的品牌文化。

3. 环境优势

与社会上其他创业人士相比，高校大学生有着良好的教育和学习环境，在高校里面可以接触到各种资源，有很多资源可以利用，其中包括高校老师、图书馆、研究室等资源，这些资源都可以为他们接触新思想、新理论提供更多更便捷的渠道，在创业方面大学生有着比较良好的环境。一方面，高校大学生可以通过高校各种资源，搜集创业相关知识，为开展创业工作提供前提储备条件；另一方面，高校大学生接触面广，有着更多与其他知识分子交流学习的机会，可以通过多渠道多方式的学习，提高自身在创业方面的能力和水平。

三、大学生创业面临的挑战

（一）外部重视力度不够

目前在我国，大学生创业起步晚，还没有形成大气候，大学生创业还没有赢得社会、家庭、学校的完全认可和支持，明确鼓励大学生创业的高校、家庭并不多，整体创业气氛不浓厚。虽然各级政府已经出台了一系列鼓励大学生自主创业的优惠政策，但是目前整个社会还没有营造出宽松稳定的创业环境，传统观念还是普遍认为，大学生毕业更多应该是去谋求一份工作，而且最好就选择规模较大的企业、收入地位高的政府部门或事业单位等，民营企业等小型企业、创业都不是大学毕业生的首选。社会上很多人认为大学生创业更多的是为了解决当前严峻的就业问题而采取的措施，并没有真正将创业提到突出的重视的高度。大多数学校的老师、家庭的父母都还是倾向于支持大学生毕业后去用人单位就业，而不是让大学生自己去创业。

毋庸置疑，大学生创业的有效开展会对解决就业问题起到促进作用，但是，大学生创业不是单纯为了就业，更是促进国家经济增长、真正展现大学生创新能力，是新时代国家和民族发展的动力，应该得到全社会的重视。

（二）高校创业教育不足

高校创业教育的不足也是大学生创业过程中所面临的挑战之一，创业教育的不足影响了大学生创业相关知识和能力的培养，影响大学生创业综合素质的提高。与西方国家相比，我国创业教育起步晚，创业教育不足，目前还处于早期阶段，创业教育的普及度远远比不上发达国家。目前，在我国的高校中，真正开展创业教育的主要只是集中在一些名牌大学，大部分高校没有开展创业教育，创业教育在我国的高等教育体系中并没有引起足够的重视。另外，有些高校即使开展了创业教育，但是有部分高校也只是稍微涉及创业相关知识，没有形成系统的教育机制，创业教育开展力度不足，效果不明显，相关创业课程的科学设置、创业活动的有效开展、创业知识的全面普及等方面都没有得以很好落实，创业教育成效不足，这些都影响大学生创业的成功。

（三）资金融集困难

资金是创业过程中的必要条件之一，资金问题是大学生创业者遇到的首要难题，资金是否充裕将很大影响大学生创业的成功。大学生创业者如果没有相应的创业资金，那么在创业过程中很多工作就难以开展。创业资金是创业开启的前提条件，拥有的资金越多，可选择余地就越大，成功的机会也就越多。大学生创业，如果没有资金，创业工作就难以开展。目前虽然国家也出台了不少相关优惠政策，但是大学生创业者在融资过程中，资金的不足还是阻碍创业工作有效开展的重要因素。当前不少大学生创业者可以通过自筹、向亲友借或金融机构借贷等途径来筹集资金，但是这些途径还是不能全面地解决大学生创业者的融资问题，资金筹措困难还是目前大学生创业者在创业过程中面临的困难问题之一。

（四）创业者综合素质不高

大学生创业者中有不少是由于要应对就业压力而做出的创业选择，他们当中更多的是注重对学校专业知识的学习，但是创业社会实践不足、创新能力不足，缺乏创业所需要的经营管理、财务管理、市场营销等方面的相关知识和经验积累。另外，大学生创业过程中普遍表现出市场观念较为淡薄，对于市场定位、营销策略方面研究不够，对于市场方面的信息把握度不准。很多大学生创业者在正式创业前没有去进行充分的前期市场调研，不清楚市场需求，创业过程中缺乏换位思考，造成在创业中比较被动，运营企业过程中没能适合社会的需求，也没能很好地动用社会丰富的各种资源，创业成功率不高。大学生创业者的综合素质还有待提高。

（五）政策保障不完善

近些年来，国家与各地政府都为大学生创业出台了各种支持优惠政策，总体上对于大学生创业的重视度提高了。但是基于各地区和各行业的具体情况，对于大学生创业者在一些具体的问题方面的细则则没有完善的政策体系，对于一些创业过程中具体问题如何解决没有明确的规定。另外，虽然国家和政府的有些政策出台了，但是部门协调不足，执行不到位，不少优惠政策也没有得以贯彻落实。这些对于刚踏入社会进行创业的大学生而言，在创业过程中就处于竞争弱势，自主创业困难重重，影响创业的成功。

第三节　大学生创业发展趋势

随着时代的发展，大学生自主创业将越来越普遍，社会的支持力度将越来越大。在大学生创业的未来发展过程中，创业的人数、创业的类型、创业行动的选择等方面都将向前发展。

一、外部支持力度越来越大

接下来，随着社会的发展和需求，国家政府将会越来越重视大学生创业工作的开展，加大对大学生创业的支持力度。近些年来，国家政府出台了很多相关的创业优惠政策，各级地方政府也都相应出台了很多支持政策。2010 年 6 月，国家人力资源和社会保障部出台了《大学生创业引领计划》，这是首部国家官方颁布的针对大学生创业的扶持政策，这也标志着大学生创业的扶持进入了一个新的阶段，这将大大推动我国各地大学生创业的进程。

目前，各地高校也都举办了各种类型的创业比赛，还有计划地对大学生的创业进行了教育指导，学校的创业教育也会更加完善，学校对大学生创业的指导与支持也将越来越大。在创业教育方面，高校的重视力度和实施程度将不断加强，创业教育的有效性也将不断提高。另外，随着大学生创业的兴起及大学生创业效果的日益提高，家庭对于大学生创业也将越来越支持和理解，将会有越来越多的家长理解并支持大学生进行创业，并为他们提供支持。

二、创业人数越来越多

随着大学的扩招，就业形势越发严峻，在就业越来越难的情况下，选择创业的大学生会越来越多，这是一种不可阻挡的趋势。据调查，我国大学生毕业创业比例持续上升。2008—2011 届大学毕业生中，中国大学毕业生半年后自主创业比例连续三届略有上升，2011 届达到 1.6%，比 2010 届（1.5%）略高 0.1 个百分点，比 2009 届（1.2%）高 0.4 个百分点，比 2008 届（1.0%）高 0.6 个百分点。而且，毕业三年后的创业比例远高于毕业半年后。在 2008 届大学毕业生毕业半年后有 1.0% 的人自主创业（本科为 0.8%，高职高专为 1.4%），毕业三年后自主创业比例增长到 4.4%（本科为 2.4%，高职高专为 6.4%）。可见，近几年来，虽然我国大学生创业的比例不高，但是随着社会的发展，投身创业的大学生人数越来越多。

大学生自主创业也适应了知识经济时代发展的要求。随着知识经济的发展，社会对人才的要求是从知识型向技能型转变，高科技产业、第三产业经济是人才需求的增长点。通过大学生创业，从事知识、技术产业的人员比例会逐渐增加，大学生的能力水平也能得以展现，大学生创业的人数将越来越多。

三、创业类型模式越来越全

目前更多大学生创业一般集中于小型企业，而且创业类型不多。随着创业工作的深入开展，大学生创业的类型会越来越多，创业类型越来越多样化，而且更多地会集中高科技领域、智力服务领域、连锁加盟领域等领域。总体而言，智力是大学生创业的资本，随着创业活动的开展，大学生在软件开发、网页制作、设计工作室、翻译事务所等方面会有更多的实践。

另外，由于大学生创业资源有限，将更多的借助连锁加盟的品牌、技术、设备等优势，进行更多类型的创业，提高创业成功率。对于很多微型企业而言，由于管理水平和运营能力等方面的限制，创业者往往对于企业的管理缺乏思路，难以突破管理瓶颈。而通过加盟大型连锁机构，借助他们成熟的管理运营模式和体系，对于促进小企业的发展有着很大作用。目前我国也已有大学生创业者通过这个途径取得创业的成功，中国青年创业者孙继涛就是其中一例。孙继涛从小喜爱英语，大学专业也是英语。毕业后，他利用自己的特长创办了一所英语培训学校，但受到自身知识和经验的制约，学校无法独立建立自己规范的管理运营模式和体系，从而制约了企业的发展。后来他加盟了一家大型的英语培训连锁机构，通过使用该机构提供的相应服务，使企业走上了正轨。通过加盟成熟的连锁品牌，企业能够迅速获得良好的产品支持、成熟的管理支持、强大的品牌支持，这也是未来大学生创业者在创业过程中会趋于选择的创业模式。

四、创业行动越来越理性

高校大学生在创业的过程中，由于外部支持度不足或是内在经验不到位等原因，创业更多表现出不理性的一面。在未来的社会里面，随着社会各方面对于创业的重视和大学生对于创业的进一步接触，在行动过程中将会越来越理性。通过自主创业，大学生在创业过程中一方面可以将自己的创业知识能力得以施展，将所学的理论知识应用于实践。同时，结合创业大环境越来越好的发展，大学生在进行创业设想的时候将更加科学和全面，准备更加充分；另一方面，通过创业过程中所遇到的各种问题的思考和解决，大学生会从创业经历中面对和处理各种问题，通过创业工作的开展不断吸取经验，更加合理地规划自己的创业路径，在创业行动中更加理性。在项目的选择、投资的策略等方面，大学生通过外部条件的支持、创业教育的开展、自身素质的提升，在创业过程中将体现出越来越理性的一面。

五、创业形式越来越丰富

随着网络的发展，大学生创业形式也会越来越丰富，除了传统的创业形式，基于电子商务的发展，网络创业也将成为大学生创业的一种重要形式。比如淘宝店的运营。电子商务属于新兴行业，不过本质上还属于零售业，在电子商务平台进行的淘宝网店创业，就是传统零售业在新的信息交换平台下的一种与时俱进的产物。淘宝网店由于其下端的销售环节在时间、空间上是异步进行的，决定了其上端的进货和库存环节具有有别于传统零售业的自身特点。同时，由于淘宝网店具有虚拟性，又大大降低了初创企业的成本和失败风险。淘宝网店创业对于初创企业的高校大学生而言，是一种较多学生会选择的创业形式。不过，如何在淘宝创业的不同阶段选择合适的供应商，合理进行库存控制，对低成本经营环境下的淘宝初创企业来说，这些都是要考虑好的重要问题。总而言之，通过网络平台进行创业也会是越来越多的大学生选择的一种创业行式。大学生创业过程中，将越来越多的学生会选择网络创业的形式，利用发达的网络平台，将创业想法付诸实践。

本 章 小 结

大学生创业工作越来越得到政府部门重视，这是经济社会发展的需要，是应对日夜严峻就业形势的需要，是高校教育体制深化改革的要求。目前大学生创业呈现出比例偏少，成功率低；经验不足，资金缺乏；目标不明，知识欠缺；创业热情高，行动坚持少；创业科技含金量不高等特点。大学生创业虽然面临着一些现实的挑战，同时也赢得很多机遇，随着时代的发展，大学生自主创业将越来越普遍，社会的支持力度将越来越大。在大学生创业的未来发展过程中，创业的人数、创业的类型、创业行动的选择等方面都将向前发展。创业类型模式越来越全面，创业形式越来越丰富。

思 考 题

1. 中国共产党第十八次全国代表大会报告中指出："全党都要关注青年、关心青年、关爱青年，倾听青年心声，鼓励青年成长，支持青年创业。"作为一名创业教育工作者，应该如何做好对当代大学生创新意识、创业精神及创业能力的培养工作？

2. 2013 年 5 月，国际劳工组织发布的《2013 全球青年就业趋势》报告中指出，今后 5 年，全球青年失业率将呈持续增长之势。大学生就业形势严峻是整个社会面临的现实问题，在我国该问题尤为突出，如何理解大学生创业工作的开展是应对日益严峻的就业形势的措施？

3. 互联网的出现使得创业的门槛降低不少，创业也因此形成一股新浪潮，许多大学生都选择在互联网行业创业。相比传统行业，选择互联网行业创业有哪些优势？

4. 为了鼓励和支持大学生创业，国家教育部门和许多相关经济部门都制定了一系列大学生创业支持政策，如在高校推动创业教育、开设工商注册"绿色通道"和减免所得税等。从国家发展的角度，谈谈当前积极鼓励大学生创业对我国经济发展有什么重要意义？

第二章 构建大学生创业体系的理论基础

第一节 心理学相关理论

一、人本主义心理学理论

(一) 人本主义心理学主要理论

人本主义心理学的主要代表人物之一罗杰斯（Rogers）认为：有机体有一种努力促进自身的实现、维护和提高的基本倾向。这种倾向导致一个人成长、成熟、分化、独立、自律和自我责任。孔曼斯（John Commons）也指出人本主义心理学的观念是适应当代教育的需要，教育要培养未来需要的人。教育的新目的必须是有整合性，具有人性的，其首要任务是发展智慧行为，培养具有创新能力、善于解决问题的有个性的公民。从上述意义上来说，教育的目的是要培养能充分发挥主体功能的个人。这种人的行为特质可归纳为：坦率地对待刺激、充满信心，行为有意义、有创造性，适应环境、自我实现社会化的个人。

(二) 人本主义心理学与大学生创业

人本主义心理学在创业教育方面的应用，认为创业教育既要重视个人的发展，也需兼顾社会的进步；既要促进个人潜能的发挥，也要能培养出富有时代的使命感、责任感、能创新和创造文化的人。在指导思想上非常重视和强调人的创造潜能，在教育方法上特别注重启发学生的想象力和创造力，把创造作为自我实现的条件。从理论上讲，人人都具有潜在的心理能力，创业能使创造和创新能力在实践过程中得到挖掘。从人的可塑性来说，心理品质也是能够在教育中进行培养和提高的。创业过程意味着个体不断超越自我和追求自我实现的价值。高校创业教育最重要的一个任务是培养学生成为自我实现的人，以最大限度激发学生的成就动机，提高其抱负水平，推动一批人走上自主创业道路，实现创业梦或企业家梦。

(三) 人本主义心理学与大学生创业体系构建

著名的人本主义心理学创始人马斯洛认为，个体成长发展的内在力量是动机，而动机是由多种不同性质的需要所组成。即个体的一切行为是由需求引起的。他于 1943 年在《人类激励理论》论文中所提出需要层次理论，并把个体的需求归结为：生理需求、安全需求、社会需求、尊重需求和自我实现需求五大类。这五种需求之间有先后顺序与高低层次之分的，由低到高，每一层次的需要与满足，将决定个体人格发展的境界或程度。自我实现，是一种最高的人生境界，是一种理想和健康的人格，是人类把自我中潜在的东西变成现实东西的基本倾向，也就是个人内部潜能的最大限度发挥。

在我们构建大学生创业体系过程中，需要层次理论是重要的理论基础。只有当基本的创业教育需要得到普及，大学生才会产生更高的发展创新项目的构想，低一层的需求得到满足就会不断追求更高一层的需求，这种需求就成为驱使行为的动力，最终实现创业。创业者的需求不断上升时，就需要学校提供相应的措施以满足其不断上升的需求。这是一个动态的过程，且层次是递进的。需要高校、社会团体根据大学生不同的创业阶段给予不同的支持。例如，在低阶段重点普及创业教育、加强创业知识传授，在此基础上开展校内科技创新、校内创业竞赛等，最后搭建融资平台、构建创业孵化基地，实现最终成功创业。同时，并不是所有的个体的每一层需求都能得到满足，所以越高级的需求的需求量越小。这就指导我们在资源分配的时候，应该根据需求，按需分配。构建大学生创业体系时，把较多的资源集中在底层，即从创业教育开始，层层递减，确保资源分配的有效性。通过扩大底层的供应量，即普及创业教育，来提高整个大学生群体的创业素质，促使更多的大学生选择创业。

二、建构主义心理学理论

（一）建构主义心理学主要理论

建构主义心理学产生于 20 世纪七八十年代，它在批判了行为主义和前认知主义思想的同时，融合了杜威的经验学习论、维果茨基的发展学习论及现代认知学习论，认为学习的本质是一个积极主动的建构过程；学习建构的内容不一定是现成的结构性知识，也可以是在具体情境中形成的非正式经验，即非结构性知识，并且非结构性知识更应该受到关注；学习建构的过程是双向的；学习建构的结果是多元化的。以皮亚杰为代表的建构主义学习理论认为，知识不是通过教师传授获得的，而是学习者在一定的情景，即社会文化背景下，借助于其他人（包括教师和学习伙伴）的帮助，利用必要的学习资源，通过意义建构的方式获得的。"情境""协作""会话"和"意义建构"是学习环境中的四大要素。

（二）建构主义心理学与大学生创业体系构建

建构主义心理学理论在创业教育的应用中核心是以学生为中心，强调学生对创业知识的主动探索、主动发现和对所学知识意义的主动建构、主动应用。这一理论不仅要求学生由外部刺激的被动接受者和知识的灌输对象转变为信息加工的主体、知识意义的主动建构者，而且要求教师由知识的传授者、灌输者转变为学生主动建构意义的帮助者和促进者。建构主义心理学理论既强调学习者的认知主体作用，又不能忽视教师的指导作用。因此，建构主义理论在大学生创业教育及创业实践开展过程中，要求通过设计真实的创业问题情境，支持学生对创业问题或任务的自主权，设计支持和激发学生思维的思考环境，提供机会让学生能够对所学的创业知识和创业过程进行反思，同时强调建立学习共同体，鼓励学生之间相互合作交流，共同完成创业学习实践任务。通过开展校内科技创新、搭建创业平台等途径，使学生主动地寻求创业动机，自发地探索创业运营模式。教师及社会在构建创业孵化基地及搭建创业融资平台方面提供指导与支持，促进大学生创业实践的开展。

三、发展心理学理论

（一）发展心理学主要理论

当代著名发展心理学家和精神分析理论家埃里克森（Erikson）的发展心理学理论开始形成于 20 世纪 30 年代。他基于西格蒙德·弗洛伊德的观点，沿着安娜·弗洛伊德强调自我的适应性功能的路线，创立了自己的人格发展理论。该理论以同一性为核心概念，以自我发展为中心。"同一性"是对自己的本质、信仰和一生中重要方面前后一致的及较为完善的意识，也就是个人的内部状态与外部环境的整合和协调一致。个体出生后，在自我与社会环境的交互作用中，人格得到发展，最后达到同一性。人的发展不是早期经验决定的，同一性的形成贯穿于生命的始终。

（二）发展心理学理论与大学生创业体系构建

人的心理发展的基本特点是连续性与阶段性的对立统一。人的心理发展是一个连续的、渐进的过程，但同时又表现出一定的阶段性，即不同年龄阶段的个体心理存在明显的差异。人的心理发展首先表现为量的积累，当量的积累达到一定程度时便会引起质的飞跃。创业教育及创业实践要遵循人的心理发展规律，既要长期不断地进行，又要根据不同年级和阶段的差异突出重点，各有侧重。为使学生做好创业意识、技能和心理方面的充分准备，增强离校后的社会适应性，对学生实施创业教育应尽早抓起。但是，我们必须了解和掌握不同年龄阶段学生各方面的心理特点和规律，以此来确定创业教育的目标、内容和方法。在不同阶段应有不同的内容和重点，且要相互衔接、相互协调。《中共中央、国务院关于深化教育改革全面推进素质教育的决定》指出："要培养大学生的创业精神和实践能力，提高科学和人文素质。"这一目标和要求是依据大学生的心理发展水平和即将进入社会的实际提出的。大学生创业体系的构建可以根据学生的不同阶段与年级，从普及创业教育发展到开展校内创新创业实验，再提升到真正的创业实践。这样的发展既具有一定的连续性，又符合大学生不同年级阶段的实际情况，使学生个人的内部状态与外界环境相互协调一致，互相良性促进，最终达到预期的成功创业目标。

四、动机心理学理论

(一) 动机心理学主要理论

期望价值理论是动机心理学最有影响的理论之一。该理论认为，个体完成各种任务的动机是由他对这一任务成功可能性的期待及对这一任务所赋予的价值决定的。个体认为达到目标的可能性越大，从这一目标中获取的激励值就越大，个体完成这一任务的动机也越强。需要是个体感到某种缺失或不足时力求获得满足的心理倾向，是个体活动的积极性源泉。人作为生物实体和社会成员不仅要生存，而且追求生活的质量和意义，追求人生价值，追求爱与归属，希望得到尊重和认可。同时，人又不断面临挑战，往往对现实生活的条件、社会地位和经济收入感到不满，产生改善生活、改变现实的愿望，这种愿望在一定条件作用下，就会转化为强大的内部力量，推动个体去行动。

阿特金森（Atkinson）提出的成就动机理论被认为是一种期望价值理论，因为这一理论认为动机水平依赖于一个人对目的的评价及达到目的可能性的评估。该理论认为，每个人身上都存在两种相互矛盾的动机趋向，一种是追求成功的动机，一种是避免失败的动机，成就动机的水平就是两者相互作用的结果。该理论的特征是可以用数量化的形式来说明，如果用 Ts 来表示追求成功的倾向，那它是由以下三个因素所决定：①对成就的需要（成功的动机）Ms；②对行为成功的主观期望概率 Ps；③成功的诱因值 Is。其公式为

$$Ts = Ms \times Ps \times Is$$

同时，阿特金森认为：在与成就有关的情景中既能引起对成功的期望，也能引起对失败的担心。决定对失败担心的因素类似于对成功希望的因素，即避免失败的倾向 Taf 是以下三个因素乘积的函数：①避免失败的动机 Maf；②失败的可能性 Pf；③失败的消极诱因值 If。其公式为

$$Taf = Maf \times Pf \times If$$

由以上得出：作为结果的成就动机由力求成功的倾向的强度减去避免失败的倾向的强度。其公式为

$$Ta = Ts - Taf = Ms \times Ps \times Is - Maf \times Pf \times If$$

如果一个人在一种特定的情境中获得成功的需要大于避免失败的需要，那么他就敢于冒风险去尝试并追求成功。

（二）动机心理学理论与大学生创业体系构建

根据阿特金森成就动机理论公式可以看出，在创业教育的普及阶段，我们着重对大学生创业意识、创业精神、创业心理素质的培训，此时大学生的创业热情和创业信心比较大，对创业成功的主观期望值较高，追求成功的动机大于避免失败的动机，因此成就动机水平较高。但在接下来创业的具体实施过程中，会不断地遇到困难和出现问题，如寻找不到合适的创新项目、没有行之有效的创业实践训练、缺乏资金支持、创业实体难以孵化等。随着出现的困难的逐步增大和创业开始受挫，此时大学生对创业成功的主观期望值逐步降低，追求成功的动机开始向避免失败的动机转化，成就动机水平降低。因此，创业的道路越往后越艰巨，为了规避风险，越来越多的人选择了放弃创业，最后只剩下少部分人能真正地取得创业成功。所以根据动机心理学的理论，在构建大学生创业体系的过程中，要在学生创业动机水平高的创业教育普及阶段正确引导，在学生创业动机水平出现下降的后期，运用多种手段如构建创业孵化基地、搭建创业融资平台等提升学生的动机水平，帮助并促进更多的大学生实现创业理想。

五、积极心理学理论

（一）积极心理学主要理论

积极心理学是美国当代著名心理学家塞利格曼（Seligman）在 20 世纪末发起的一场心理学运动。积极心理学是以一种新的视角诠释心理学，它主张以人的积极力量、善端和美德为研究对象，提倡用一种积极的心态对人的许多心理现象做出新的解读，并以此来激发每个人自身所固有的某些实际的或潜在的积极品质和积极力量，最大限度地挖掘每个人的潜力并获得良好的生活。目前，积极心理学的研究主要涉及三个领域：一是主观层面的积极体验研究，包括主观幸福感和满足（对过去）、希望和乐观主义（对未来）、快乐和充盈（对现在）等。二是个体层面的积极人格特质研究，包括爱的能力、工作能力、勇气、人际技巧、对美的感受力、毅力、宽容、创造性、关注未来、洞察力、才能与智慧等。三是群体层面的积极组织系统研究，包括建立健康的家庭、关系良好的社区、有效能的学校、有社会责任感的媒体等积极的组织系统，以培养公民美德，使公民有责任感、有利他主义、有礼貌、有职业道德。

（二）积极心理学理论与大学生创业体系构建

积极心理学理论是大学生创业体系构建中心理素质培养方面的重要理论基础。积极心理学理论注重主观的积极体验，对培养学生愉悦、乐观的创业情绪和情感具有重要作用。创业总是伴随着风险，大学生创业遇到失败和挫折的概率更大。因此，具备良好的心理素质在创业过程中必不可少，它就犹如创业大厦的基石，是创业者的精神支撑。可以通过虚拟创业环境或校内模拟创业等形式，让学生在成功中体验幸福和满足，在失败中寻找信心和希望。积极心理学还关注个体人格特征。创业是一项艰苦卓绝的工程，需要强烈的创业欲望、坚定顽强的创业意志和百折不挠的创业精神。积极心理学的研究证实，那些具有积极观念、乐观热情和高度社会责任感的人更容易获得创业的成功。所以高校在开展创业教育的阶段，要考虑到学生个体的人格特征，实行分层教育，一方面对全体学生开设创业知识基础课程，另一方面选拔具有创业人格特征的学生进行重点培养和指导，实现成功创业。积极心理学另一个重要应用是可以利用心理暗示的力量来帮助创业学生情绪安定、充满自信，有勇气接受挑战，战胜困难与挫折。在高校开展的校内科技创新及校内创业竞赛中，可以尝试通过营造积极的创业氛围和树立创业成功典型等形式来开展正向心理暗示。

第二节　教育学相关理论

一、教育性教育理论

（一）理论内涵

教育性教育理论，是 19 世纪德国哲学家、心理学家，科学教育学的奠基人约翰·弗里德里希·赫尔巴特提出来的，他以其兴趣培养学说为心理依据，把多方面兴趣的培养作为教学的核心活动，认为教学论的基础是多方面的兴趣，兴趣是专心所随、审思所聚的对象，兴趣能激起爱好并过渡到欲望或意愿，激发学生主动追求知识的内在动力，是接受新知识形成新观念的基本条件。他把多方面兴趣与培养学生的注意力结合起来，提出了明了、联想、系统、方法教学阶段理论，教师应运用心理学理论探讨传授知识的过程和方法，使教学程序符合心理规律。这些都为我们培养创业理念，开展创业教育提供了很好的理论借鉴。

赫尔巴特提出的教育性教学的条件是注意与统觉，在教学中必须引起学生的注意和兴趣，同时必须让学生在原有观念的基础上掌握新的观念，运用叙述教学法、分析教学法和综合教学法，使学生通过专心达到"明了"与"联想"，通过审思达到"系统"和"方法"，这就是著名的"四段教学法"，即将教学过程分为"明了""联想""系统"和"方法"四个阶段，通着四个阶段相对应的是注意、期待、探究和行动。我们的高校创业体系的构建大可根据这四个阶段来开展。

（二）教育性教育理论与大学生创业体系构建

所谓教育的普及，是创业最基础的条件。只有了解创业知识才能形成对创业的全面认识，激发创业设想为创业做好前期工作准备。所以就是约翰·弗里德里希·赫尔巴特的教育性教育理论中的第一个阶段——"明了"。第一阶段"明了"，对于创业教育，首先应培养大学生的创业意识，并且对创业的概念、发展、要求有深刻地了解和认识，针对当今社会就业难的现状，高校应鼓励大学生主动去利用自身拥有的或是通过努力能够获得的资源进行充分优化利用，为社会创造出更多更有价值的财富。并为之提供恰当的途径方便大学生对创业有足够的认知，或满足他们对创业的兴趣和热情，激励大学生了解新企业和小企业在经济中的作用；了解不同企业的发展前景及在当今社会中所起到的作用；掌握创业过程中的一般规律和特征，为将来实践创业梦想打下良好的基础；学会正确评估大学生自身的创业技能，明确自身的优势和不足，便于在以后的创业之路上扬长避短，所谓知己知彼，百战不殆。

创新项目的驱动，这个步骤是进一步促使创业构想成型。通过创业项目促使大学生对想进行的项目进行深刻的思考，对整个创业过程有大致了解，对创业所需的资金技术等方面有清晰的认识了解，提高大学生创业素质和能力，从而使他们进一步实施创业计划。所以就是约翰·弗里德里希·赫尔巴特的教育性教育理论中的第二阶段——"联想"。第二阶段"联想"，当大学生开始注意创业动态，对创业产生一定的兴趣，那么他对自身创业必将会有一定的期待和联想，并且能够积极地克服自身缺点和不足，通过学习掌握相关创业技能，这时，创业教育正好可以为之提供正确的引导和分析，帮助他们根据自身条件与兴趣选择适合自身发展的创业方向。

创新实践训练，创业实践训练就是让大学生真正体验创业过程，在小范围内试运行项目模式企业运行模式。营造创业气氛，让大学生学会规避风险，面对创业过程中的种种难题。这也就是约翰·弗里德里希·赫尔巴特的教育性教育理论中的第三个阶段——"探索与系统"。第三阶段是探索与系统阶段，高校创业教育将引导大学生培养创业灵感，掌握识别，抓住创业机会及分析创业机会的有利条件和不利因素；了解创业过程，产品计划和开发过程；培养统筹安排与利用所有资源的能力，并且建立起大学生自主创业团队；掌握在自己所创造的企业同其他企业的竞争中盈利的方法和技巧。了解新企业创建的总体进入战略；了解制定和呈现新企业业务计划的相关内容；掌握如何去识别，评估和获得资源；掌握基础能力：营销计划，财务计划，运作计划，企业融资宣传计划等；掌握如何管理和发展一家新企业；掌握新企业创业时的管理挑战和要求；了解企业家在现有组织中的作用。

创业融资平台，大学生创业体系离不开融资平台的支持，资金是影响大学生创业至关重要的因素之一，大学生由于其特殊的社会角色，在从信贷市场和资本市场获得资金的能力较弱，在资金方面竞争力弱，因此，构建融资平台减缓大学生创业的资金压力，是创业孵化的重要支撑。

创业实体孵化，创业实体孵化体系是大学生创业的基础设施和必备条件。这也就是约翰·弗里德里希·赫尔巴特的教育性教育理论的最后一个环节——"方法"所对应的"行动"。

在经历全面的创业技能培训后，大学生应知道作为一名创业者拥有理论知识是远远不够的，更重要的是掌握实践能力。高校开展创业实践活动，鼓励大学生积极参加，在不断的实践与创新中提升自己。

二、建构主义理论

（一）理论阐述

建构主义理论由美国教育学家冯·格拉斯菲尔德在 20 世纪 80 年代提出，最早源于（瑞士）皮亚杰"同化"与"顺应"理论。波普尔"经验证伪原则"经验不可证真，但可以证伪。其主要内容：①认识是由主体主动建构的，而不是从外界被动地吸收的；②主体在认识过程中，不是去发现独立于他们头脑之外的知识世界，而是通过先前个人的经验世界，重新组合，且建构一个新的认知结构，认识具有建构性。同化：个体把外界刺激所提供的信息整合到自己原有认知结构内的过程。顺应：外部环境发生变化，无法同化时，引起的认知结构发生重组和改造的过程。该体系主要特征：①"非哲学"。否认永恒不变的知识基础，倡导异质性的、多元化、多视角、开放性的思维方式。②非中心化。人不再是构成一切客观性的主体。③反基础主义。认为不存在任何指导我们的永恒的、中立的、超历史的知识基础。④非理性主义。强调非理性的情感和直觉方法的重要性。不要局限于单一的教学目标，不强求每个受教育者"全面发展"，也可以培养"片面发展"的人。

（二）建构主义理论与大学生创业体系构建

在这个金字塔式的创业体系下，冯·格拉斯菲尔德的构建主义理论似乎很好地解释了这个体系如何构建。教育的普及，是创业最基础的条件。只有了解创业知识才能形成对创业的全面认识，激发创业设想为创业做好前期工作准备。建构主义的基本观点强调认识是由主体主动构建的，而不是被动的吸取。大学生在创业过程中正是需要这样不断地摸索，不断地实践，就算失败再多次，也终将会成功。

创新项目的驱动，这个步骤是进一步促使创业构想成型。通过创业项目促使大学生对想进行的项目进行深刻的思考，对整个创业过程有大致了解，对创业所需的资金技术等方面有清晰的认识了解，提高大学生创业素质和能力，从而使他们进一步实施创业计划。创业教育的普及下，需要大学生无时无刻都要认识世界，认识创业。该体系同时认为认识的过程是通过自己的经验世界，从而构建自己的观念。

创新实践训练，大学生创业的过程中，需要创业项目的驱动，创业实践的训练，这些都是宝贵的经验财富。

只有通过这些实践与探索，创业实体才能孵化。整个创业体系才会熠熠生辉。大学生创业的人才是多样化的。我们不可能找到一个完美的人。所以你不需要是一个完美的人，你只需要是一个"片面发展"的人，抱有一颗想要创业的心，你就能创业。这里的片面发展不是指都不发展，而是指人需要某一些特长，通过这些特长找到自己的创业方向和创业目标。把这些特长加以利用，同样会很出色。

建构主义理论重视实践，重视经验，这也正是我们创业者所需要的东西。创业体系的形成不在于某些空洞的东西，而是我们每个人真真切切地行动起来，挥洒每一滴汗水去堆积起来的。创业其实没有什么特殊的万能理论，也没有创业成功的速成公式，这也是该体系中的反基础理论。

三、多元智能理论

（一）理论阐述

该理论的代表人物：哈佛大学心理学教授霍尔德·加德纳，在加德纳之前，很多学者做过智能研究，如斯皮尔曼、桑代克、吉尔福特、斯腾伯格等人。除此之外，多元智能理论产生并引起轰动，还有其特殊背景：新的国际形势带给教育的机遇和挑战；人们对传统智力观及成绩测验的质疑与批判；加德纳本人的经历：他在博士学习阶段接触到神经学研究，并为之着迷，开始努力去弄清楚大脑中人类各种能力的组织结构。同时，他是哈佛大学教育学院"零点项目"的主持人之一，该项目小组在心理学、教育学、艺术教育等方面取得了丰硕研究成果。1979 年，哈佛大学教育学院进行"人类潜能研究"项目，多元智能的研究项目由此而来。

19 世纪 80 年代，著名哈佛大学心理学教授霍尔德·加德纳在《多元结构——人的智能》一书中提出人有多元智能的理论，把人的智能分为语言智能——利用口头或书面语言表达的智能；音乐智能——感知，欣赏和创作音乐的才能；数理逻辑智能——运用数理关系的才能。具有这种智能的人思维严密，喜欢问为什么，善于探索；视觉空间智能——感知空间世界的才能；身体运动智能——能运用身体或姿态语言表达感情，反应好，动作敏捷；人际交往智能——善于区分他人动机、情绪、意图、善于察言观色；自我认知智能——体验、感受，分析内心世界的才能，有自知之明；自然智能——人感受、观察自然，并在观察中有所发现的智能。

（二）多元智能理论与大学生创业体系构建

所谓教育的普及，是创业最基础的条件。只有了解创业知识才能形成对创业的全面认识，激发创业设想，为创业做好前期工作准备，构建大学生创业体系，即构建大学生的多元化智能体系，促进大学生的多元化智能的全面发展。创业是创办自己的企业，自己就是一个管理企业的领导者，这就要求大学生必须全面发展。普及创业所需的各项智能，所谓机遇总是留给有准备的人，若想打一场漂亮的创业之战，那么大学生就必须从多元化角度武装自己，提升自己。

创新项目的驱动，这个步骤是进一步促使创业构想成型。通过创业项目促使大学生对想进行的项目进行深刻的思考，对整个创业过程有大致了解，对创业所需的资金技术等方面有清晰的认识了解，提高大学生创业素质和能力，从而使他们进一步实施创业计划。那么自我认知和感知自然的智能，认识自我是每个人的必修课，只有正确了解自己，明白自身的优点和不足，才能在学习生活中发扬优点，克服缺点，了解自己的兴趣爱好，给自己一个正确的人生定位，正确规划人生目标，作为创业者，必须很明确自己的人生定位和最终目标，做到将目标系统化，规范化，一步一步实现自己的创业梦；通过感知自然，感知社会，在观察中获得创业灵感，寻求创业机遇。这也正是创业项目的驱动所需。

创业实践训练就是让大学生真正体验创业过程，在小范围内试运行项目企业运行模式。营造创业气氛，面对创业过程中的种种难题让大学生学会规避风险。针对创业者来说，语言智能体现在商务谈判，阅读和分析商业动态等方面，作为一名创业者，拥有良好的表达和理解能力，创业者随时面临谈判，谈判行为是一项很复杂的人类交际行为，它伴随着谈判者的言语互动、行为互动和心理互动等多方面、多维度的错综交往。通过商务谈判所获得的效益，都是企业的纯利润，谈判是企业经营管理中重要的一个利润区。人际交往能力是必不可少的，良好的人际关系，不仅能给人生带来快乐，而且能助人走向成功，社交能力是人类生存的重要能力，现在社会上成功的企业家多数是"50后""60后"的人，他们已渡过了创业、企业经营的原始阶段，有学历、有经验、有资源，要融入他们的圈子，就要具备他们的能力，广交朋友，舍得对自己投资，包括从内至外的，言谈举止、内涵方面的改变等。视觉空间智能，即了解创业动态，通过细致分析后能够大致明白业务走向及今后的发展方向，企业是在竞争中成长壮大，只有走在商业前头，企业才能更有效地运行与发展。数理逻辑智能，具有阅读和分析财务报表的技术和能力，形成严密的思维模式，理性的思考方式。

身体健康，更需要管理，这是现代创业者们所应必备的一种能力。随着工作节奏的加快，生活方式的多元化，竞争日趋激烈，人们的心理承受压力日渐加重，健康状况呈下滑趋势，对自己健康状况正确认识，把危险消除在萌芽状态，为如何维护健康做一个正确的规划和引导，以达到保健、养生、延年益寿的效果，做好自身的健康管理，是对社会的一种贡献。音乐是极好的心理调节剂，学会感知，欣赏音乐，保持积极良好的心态是创业者所必备的。以上这些智能也正是创业实践中所必须具备的能力。

大学生创业体系离不开融资平台的支持，资金是影响大学生创业至关重要的因素之一，大学生由于其特殊的社会角色，从信贷市场和资本市场获得资金的能力较弱，在资金方面竞争力弱，因此，构建融资平台减缓大学生创业的资金压力，是创业孵化的重要支撑。创业实体孵化体系是大学生创业的基础设施和必备条件。

第三节　社会学相关理论

新中国成立以来我国大学生就业政策的历史演变，意义十分重大，其演变进程大体可划分为三个阶段：①统包统分阶段，从新中国成立初期一直延续到 20 世纪 80 年代中期，其主要特征是以政府编制计划与高校实施计划相结合；②由供需见面逐步向双向选择的过渡阶段，从 20 世纪 80 年代中期到 20 世纪 90 年代末，通过"供需见面"落实"切块计划"，逐步向毕业生与用人单位"双向选择"过渡为主要特征；③以市场为导向的自主择业阶段，20 世纪 90 年代末至今，其总体特点是大学生就业政策与市场经济发展密切相关。其中第三阶段以 2002 年为界，分为前后两个时期：以毕业生自主就业为主要特征的自主择业时期；以毕业生创业为主要特征的自主择业时期。而最近，中国共产党第十七次全国代表大会报告中明确提出"实施扩大就业的发展战略，促进以创业带动就业。完善支持自主创业、自谋职业政策，加强就业观念教育，使更多劳动者成为创业者"。同时，中国是一个以伦理为本位的社会，其独特的社会文化背景与社会制度背景鲜明地体现了这一特点。对于解决当前大学生一毕业就失业的社会现状，鼓励和培养大学生创业是唯一有效的途径，为此，我们可以通过对创业实现就业的社会学理论进行分析，来推动大学生创业就业体系的构建。

一、马斯洛原理

（一）理论阐述

马斯洛原理是研究人的需要结构的一种理论，由美国心理学家马斯洛（Abraham Maslow）所首创的一种理论。他在 1943 年发表的《人类动机的理论》（*A Theory of Human Motivation Psychological Review*）一书中提出了马斯洛原理。马斯洛原理的构成根据三个基本假设：①人要生存，他的需要能够影响他的行为。只有未满足的需要能够影响行为，满足了的需要不能充当激励工具。

②人的需要按重要性和层次性排成一定的次序，从基本的（如食物和住房）到复杂的（如自我实现）。③当人的某一级的需要得到最低限度满足后，才会追求高一级的需要，如此逐级上升，成为推动继续努力的内在动力。

（二）马斯洛理论与大学生创业体系构建

马斯洛原理的 5 个层次如下（图 2-1）。

图 2-1　马斯洛需要层次理论图

对应于创业体系——创业教育普及，生理需要，是个人生存的基本需要，如吃、喝、住、行方面的需要。如果这些需要得不到满足，人类的生存就成了问题。在这个意义上说，生理需要是推动人们行动的最强大的动力。马斯洛认为，只有这些最基本的需要满足到维持生存所必需的程度后，其他的需要才能成为新的激励因素，而到了此时，这些已相对满足的需要也就不再成为激励因素了。创业教育普及是创业最基础的条件。只有了解了创业知识才能形成对创业的全面认识，激发创业设想，为创业做好前期准备。

对应于创业体系——创新项目驱动，安全需要，包括心理上与物质上的安全保障，如不受盗窃的威胁，预防危险事故，职业有保障，有社会保险和退休基金等。马斯洛认为，整个有机体是一个追求安全的机制，人的感受器官、效应器官、智能和其他能量主要是寻求安全的工具，甚至可以把科学和人生观都看成是满足安全需要的一部分。当然，当这种需要一旦相对满足后，也就不再成为激励因素了。创新项目的驱动进一步促使创业构想成型。通过创业项目促使大学生对想进行的项目进行深刻的思考，对整个创业过程有大致的了解，促使他们进一步实施创业计划。

对应于创业体系——创业实践训练，社交需要，人是社会的一员，需要友谊和群体的归属感，人际交往需要彼此同情、互助和赞许。创业实践训练让大学生真正体验创业过程，在小范围内模拟企业运行模式。营造创业氛围，让大学生规避风险，面对创业过程中的种种难题。

对应于创业体系——创业融资平台，尊重需要，包括要求受到别人的尊重和自己具有内在的自尊心。马斯洛认为，尊重需要得到满足，能使人对自己充满信心，对社会满腔热情，体验到自己活着的用处和价值。正如尊重是人必不可少的，大学生创业体系离不开融资平台的支持。资金是影响大学生创业至为重要的因素之一。构建融资平台能够减缓大学生创业的资金压力，提高其在社会资金方面的竞争力。

对应于创业体系——创业实体孵化，自我实现需要，指通过自己的努力，实现自己对生活的期望，从而对生活和工作真正感到很有意义。马斯洛提出，为满足自我实现需要所采取的途径是因人而异的。自我实现的需要是在努力实现自己的潜力，使自己越来越成为自己所期望的人物。创业实体孵化是整个创业过程的必要条件，就像自我实现是马斯洛原理的必要条件一样。大学生在较少投入下，得到自身发展所需的基础条件，大大降低了初次创业的难度。

二、社会资源理论

(一) 理论阐述

著名美籍华裔社会学家、美国社会学会前副会长林南（Nan Lin）教授，系统地阐述了关于社会结构与个体行动的社会资源理论，认为宏观社会结构是一种金字塔的形状，位置越高，占有者的人数越少；位置越高，可供支配的资源越多，越有可能利用其他人的资源实现自己的工具性目标。其中，资源是指社会中一致确定的有价值的物品，包括个人资源和社会资源。个人资源是由个体所占有，个人能够自由地使用和处理它们而不会过多地考虑补偿。社会资源是个体通过直接和间接的联系可以接触到的资源，对这些资源的接触和使用是暂时借来的。社会资源是"嵌入"于个人的社会网络之中的资源，是个体通过直接或间接的社会联系而从他人那里摄取的资源（图2-2）。

社会资源（嵌入）
↓
个人资源（借用）

图 2-2　社会资源理论

作为连接社会资源与个体行动的社会资源理论，林南进一步提出了三个重要命题，它们是，社会资源命题：当需要更多地运用影响和信息时，工具性行为的成功度与联系者的社会资源成正比；位置强度命题：一个点占据位置的高低与该点的社会资源成正比；关系强度命题：关系强度与联系点的社会资源成正比。

（二）社会资源理论与大学生创业体系构建

资源作为一种有价值的物或形，对这些物或形的占有，会增加其占有者的生存机遇，给占有者带来利益。社会资源理论的三个命题对大学生的创业是大有裨益的，它能为大学生的创业提供指导与方向。

社会资源命题对于大学生创业的启发在于，工具性行动的成功度，与资源的大小有很大的关系；相对而言，社会资源大的人，所拥有的影响大、信息多。这就相当于创业教育普及和创业实体孵化，是最基础的、必不可少的条件。

位置强度命题对于大学生创业的启发在于，位置高的点不仅可通达性大，而且可通达点的个人资源及社会资源也大，即可摄取社会资源的点多，可利用的社会资源也多。

这就相当于创业融资平台，平台愈大，位置愈高，能够获得的资源、资金也就愈多。

关系强度命题对于大学生创业的启发在于，关系的强弱对个人的工具性行动有很大的影响，向下找关系没什么用处，所以利用人际关系往往是向上走，这样强关系就不如弱关系走得高、走得远；在实现一个工具性行为时找弱关系比较有利，因为垂直向上找高位置的人有利于事情的成功。因此，基于社会资源学说的观点，创业社会网络是可以直接或间接为创业企业带来竞争优势和创造价值的隐性资源。这就相当于创业项目驱动和创业实践训练，能够通过关系找到驱动力，更好地进行接下来的项目。

三、弱关系和强关系理论

（一）理论阐述

1973 年美国的社会学家马克·格兰诺维特（Mark Granovetter）在《美国社会学刊》上发表了《弱关系的力量》一文，这篇论文成为社会网研究的一篇重要文献。格兰诺维特认为，关系是指人与人、组织与组织之间由于交流和接触而实际存在的一种纽带联系，并将关系分为强和弱。在他看来，强关系是在社会经济特征相似的个体之间发展起来的，起到维持群体与组织内部关系的作用；而弱关系是在群体之间发生的，起到建立群体与组织之间纽带关系的"信息桥"作用。

弱关系（创业深入）

↓

强关系（创业初期）

图 2-3　强关系和
弱关系的影响

因为群体内部成员的相似性较高，通过强关系获得的信息往往重复性很高；群体之间的差异性较大，通过弱关系可以获得重要信息；所以，弱关系比强关系更能充当跨越社会界限去获得信息和其他资源的桥梁，创造出社会流动的机会（图 2-3）。

格兰诺维特进一步断言，虽然并非所有的弱关系都能充当信息桥，但能够充当信息桥的必定是弱关系。在这些论述的基础上，格兰诺维特提出了四个测量关系力量强弱的维度：一是互动的频率，互动的次数多为强关系，反之为弱关系；二是感情力量，感情较强较深为强关系，反之为弱关系；三是亲密程度，关系密切为强关系，反之为弱关系；四是互惠交换，互惠交换多而广为强关系，反之为弱关系。格兰诺维特进一步指出，关系强弱是这四个方面共同作用的结果，而且可能是一个连续变量。格兰诺维特的弱关系理论强调的是人们通过弱关系的网络圈子所提供的信息与其他资源，来寻求帮助以实现工具性目的，这一理论对大学生的创业很有启发与借鉴意义。

（二）弱关系和强关系理论与大学生创业体系构建

边燕杰根据中国的伦理特点，在关于中国社会网络结构的研究中充分肯定了建立在情感和信任基础上的强关系。并进一步提出，强关系有助于创业者通过亲疏关系来顺利实现创业的三个步骤，提高成功的机会，这三个步骤是了解商机、筹集资金、得到订单。其中，了解商机就相当于创业教育普及及创业项目驱动，是创业初期必不可少的信息和驱动力。筹集资金就相当于创业融资平台，提供资金和资源从而大大提高大学生创业初期的社会竞争力。

得到订单就相当于创业实践训练和创业实体孵化，让大学生有实现创业实践的机会，创造创业氛围，自主地面对创业过程中的种种难题。

在以伦理为本位的中国社会条件下，信息的传递与人情关系密切相关，信息的传递是人情关系的结果。而这种人情交换关系，通常是强关系非弱关系，尤其是在计划体制时期。同时，这种人情关系隐含了双方的义务与信任关系。强关系有利于维系组织内部的关系，而弱关系更强调组织之间的纽带联系，起到"信息桥"的作用。

我国的大学生创业者在创业初期更多的是依赖强关系来了解商机、筹集资金和得到订单，但是随着创业过程的深入与延续，创业者需要拓宽社会网络，超越强关系的局限，通过弱关系的建立来实现工具性目的。创业过程中，信息的获得对于创业者来说，是其创业成功的关键要素。相对而言，通过弱关系获得的信息重复率低于强关系获得的信息，更有利于跨越局限获得重要的信息和资源，所以，弱关系提供了强关系无法提供的资源与信息支持。另外，在现实生活中，绝对的强关系与弱关系并不存在。因此，对于创业者来说，社会网络中的强关系与弱关系并不是绝对的，大学生可以通过强关系与弱关系的结合使用，来推进创业的开展与深入。

四、结构洞理论

(一) 理论阐述

格兰诺维特的弱关系理论，研究的重点在于网络关系的强与弱，它并不关注网络自身的结构如何。与之相反，美国社会学家罗纳德·伯特（Ronld Butt）提出的结构洞理论则根本不考虑网络关系本身的质量如何，而重点考察网络结构中的位置对资源优势的影响，以及网络整体结构多余程度如何等问题。

伯特在结构洞理论的阐述中，假定了存在一个由三个行动者构成的封闭网络，每个行动者都与其他的两个人有联系，此时网络是封闭的，因为任何一个人都可以直接与另外两个人直接联系。现假定另一种情况，三个人中任意两个人的联系中断，但他们都与第三个人保持联系。此时，第三个人所处的位置就形成了最简单的结构洞。位居此点的行动者占据着明显的竞争优势，因为其他两人都必须通过他而发生联系。这便是伯特所描述的结构洞的形成过程，着重探讨社会关系是如何影响竞争能力的，这一理论的重要性在于它提出了资源优势更多在于松散型网络而非紧密型网络的观点。

伯特的结构洞理论强调的不是关系的强弱，而是社会网络的结构与位置。伯特的结构洞理论着重探讨社会关系是如何影响竞争能力的，结构洞给那些关系跨越"洞"的行动者创造竞争优势，其优势包括获取更多的信息，占据着影响交易结果的主导位置。

(二) 结构洞理论与大学生创业体系构建

根据这一理论，企业的竞争优势在于其位置赋予的优势，而非所拥有关系资源的强弱状况。占有结构洞位置的企业是垄断者，对其他企业之间的关系起着"搭桥"的作用，其他企业只有通过它才得以建立关系，因此，结构洞的垄断者处于关系资源网的中心位置，具有明显的信息优势和控制优势，拥有更多的资源和接触并控制资源的机会。伯特的结构洞理论，意味着创业企业和创业者的竞争优势，不仅是资源上的优势，而且更重要的是关系优势。占有"结构洞"多的竞争者，关系优势大，获得经济回报的机会大。

所以，对于大学生创业者来说，可以通过建立处于结构洞位置的企业与业务，来赢取竞争优势，比如公共关系公司的创立与中介业务的开展。活动在结构洞中的公关公司与中介业务，密集地联结着两个主体的信息与资源的互动，这样不仅有助于自身社会资本的增加，也有利于信息与资源的掌握。而且通过这种联结的实现，能促进创业者弱关系的建立，以达到创业者的工具性目的。作为结构洞的位置，既可以是企业间的一种关系结构，也可作为个体间的关系结构，这种位置的建立，有助于增加企业与个人的市场竞争优势。个人拥有越多的"结构洞"优势，越有利于工具性行动的成功；组织越处于"结构洞"的位置，社会资本越多，获取资源的渠道越丰富；对个人与组织来说，不可替代性关系更是如此。大学生在创业过程中，要获得并保持其竞争优势，就需要与相互无关联的个人和团体建立广泛的联系，以获取信息和控制优势。因此，伯特的结构洞理论对大学生的创业选择及其创业企业的性质定位有积极的参考价值。

在结合中国社会文化现实的基础上，从社会资源理论、弱关系和强关系理论、结构洞理论等方面，对大学生创业路径的构建和大学生创业行为的干预提出了设想。综观这三个理论，强调的重点分别是社会资源的摄取、强弱关系的结合、创业性质的定位（图 2-4）。其中社会资源理论、弱关系和强关系理论侧重于社会网络的关系，而结构洞理论侧重于社会网络的位置。总之，大学生在创业过程中，可以借鉴社会网理论中的社会资源理论、弱关系理论、结构洞理论等的阐述，通过强关系与弱关系的结合及企业性质的选择来达到对社会资源的摄取，以实现自己的创业理想。

图 2-4　社会网理论对青年创业的借鉴意义

第四节　经济学相关理论

早在 18 世纪，法国经济学家就把 entrepreneur 一词引入经济学，创业问题开始进入经济学家的视野。经济发展实践表明，创业是经济活动中最具活力的组成部分，创业与经济增长和就业扩张之间存在着正相关关系。《国家"十二五"时期文化改革发展规划纲要》指出，我国经济发展要"转型升级提高产业核心竞争力"，以"创新驱动实施科教兴国战略和人才强国战略"。未来的一段时间里，我国比任何时期都需要富有冒险精神、创新意识的创业型人才，与之发展不相协调的是，当前我国大学生就业问题却不容乐观。因此，培育大学生自主创业意识，鼓励大学生创业是一个国家经济持续发展、保持经济活力的源泉。

一、人力资本理论

人力资本的定义在 1961 年由舒尔茨正式提出。人力资本是通过人力投资而形成的资本。由于人力资本由活人为载体，和人不可分离，而人具有主观能动性，所以人力资本是一种比物质资本更具有活力、更具创造力的资本。人力资本基本理论包括：①人力资本必须以活的人为载体，人力资本是人不可分割的组成部分，这种"不可分割"意味着具有较高人力资本积累的投入者具有更高的不可替代性；②知识积累越多，用于生产知识的人力资本的边际生产率也越高。一般知识产生规模经济，专业化知识产生生产要素的递增收益，知识不仅会使人力资本本身产生递增效益，追加的生产要素也会形成效益递增，所有资本在生产最终产品时的效率都有所提高；③提高自身人力资本的积累并且创造高收益时，这种人力资本投资才是主动的、积极的；④人力资本投资具有多重性、风险性和无形性等特点。

（一）创业者人力资本

创业者是新生企业的核心，对创业机会的识别和利用起到关键的作用，提升创业者人力资本对提升我国企业的活力具有关键性的作用。贝克尔认为，人力资本由一般人力资本与特殊人力资本构成，一般人力资本包括个体受教育背景、工作经验及个性品质特征；特殊人力资本包括产业人力资本与创业人力资本。李建民认为，人力资本分为一般人力资本、技术型人力资本、管理型人力资本和企业家人力资本，而且水平逐次递增，企业家人力资本包括思想素质、身体素质、心理素质、能力素质、知识素质五个方面。综上所述，创业者人力资本具有边际报酬递增的特征，是企业家创新能力、风险精神、合作精神等综合素质的体现，凝结在人体内，在生产过程中创造并增加价值。

（二）人力资本积累与大学生创业的关系

通过对 46 家韩国新生企业的实证研究发现，在创业早期，有更好教育或商业背景的创业者经营的企业利润更大。同样的，在成长阶段，创业家以前积累的丰富的工作经验和专业化知识背景，有利于更好地经营公司。因此，大学生创业者的教育背景是影响创业过程的重要因素。如果有合适的创业机会存在，那么拥有更高人力资本的人能更容易地识别创业机会。大学生通过教育和经历获取和积累人力资本，不同的途径导致个体获得不同形式的知识。显性知识更容易得到，而且通过书本媒介更容易传播，隐形知识则源于以往的工作经历和专家的建议，使得寻找创新型创业机会更加容易。

大学生创业者的已有知识，如个人的经验、教育背景、独特经验等都会影响发现机会的敏感度和认知度，掌握专业化的知识对生产要素的效益递增作用很大，因此，大学生创业者应该重视专业知识的积累。

大学生的创业能力、经济才能主要是通过人力资本的投资而形成的，是否参与创业和创业质量的好坏很大程度上取决于他们对人力资本的投入状况。大学生创业最主要的资本积累就是人力资本的积累，创业是大学生实现自身的人力资源潜在价值的过程，是长期进行人力资本投资的一种回报。

因此，人力资本的积累对大学生的创业倾向有显著作用；人力资本对大学生创业机会识别和利用有显著影响；人力资本对大学生的创业质量有显著影响。

（三）人力资本与大学生创业体系构建

人力资本理论指出，在现代化市场中，个人的人力资本已经成为大学生创业的重要因素。它可以通过内在和外在表现出来。外在表现为学生的学历、资格证书、学生工作经历、参加社会实践活动证明等。内在表现为个体获得的持续学习力，将知识资源转化为知识资本的能力。因此，高校开展创业教育应重视学生人力资本的培养，提高大学生的创业能力，构建完备的大学生创业体系。第一，完善创业教育课程设置。首先，应根据社会发展与人才培养的需要，结合创业教育及时介绍市场经营、生产管理和相关方针政策的知识，结合高校专业课教材内容和教学特点，渗透教育内容；其次，以某门学科为依托，系统安排创业教育内容，以点带面；最后，将创业教育理论课程系统化、课程化、专业化。第二，建立高素质的师资队伍。创业教育队伍应吸收有实践经验的专业性人才，操作技能和知识经验均非常丰富的人才，采取定期考核优胜劣汰的机制；创造条件让现有的教师体验创业，组织模拟实践创业，培养教师队伍创新思维；鼓励教师研究创业教育理论，并将教师的研究成果运用到创业实践过程当中。第三，设立创业实践基地。利用校内校外资源设立创业孵化园、创业实践基地。利用校内资源，通过组织学生参加挑战杯、大学生创新创业实践项目等比赛项目，激发学生创业兴趣和积极性。在创业指导老师和有经验的师兄师姐指导下，让学生处于实践的主体地位。校外资源主要是邀请有创业成效的校友或专家担任基地顾问，为学生做专题报告、学术讲座、指导学生的创业计划等。第四，健全大学生创业的社会支持体系：构建大学生创业支持体系是一项系统工程。政府应大力支持一批具有战略性、指导性和带动性的大学生项目，同时，有经济能力的集团要提供资金、技术和管理经验方面的支持。

二、社会资本理论

（一）社会资本的内涵

社会资本是一个可从多角度、多层次来理解的概念。在对社会资本的定义上，不同学者由于研究的领域和对象不同，对其界定也有所不同。第一种是微观（狭义）层次的社会资本定义或称嵌入自我的观点，认为社会资本是一种与群体成员资格和社会网络联系在一起的资源，是一种可以吸取某种资源的、持续性的社会网络关系。这也是一种较为功利或工具性的解释。第二种是中观层次的社会资本定义或称结构的观点，强调社会资本的公共性质，强调社会资本的结构性质和公共产品性质，认为社会资本由构成社会结构的要素组成，主要存在于人际关系的结构之中，并为结构内部的个人行动提供方便。社会资本是生产性的，它使某目的的实现成为可能。社会资本的表现形式有义务与期望、信息网络、规范与有效性、劝慰关系、多功能社会组织和有意创建的社会组织等。第三种是宏观层次的社会资本定义或称嵌入结构的观点，这种观点将社会资本与集体行动和公共政策联系起来。普特南的定义和研究最具代表性。他认为，社会资本指的是社会组织的特征，如信任、规范和网络，它们能够通过推动协调行动来提高社会的效率。社会资本有两种形式：一种是把已经熟悉的人团结在一起的社会资本，它起纽带作用；另一种是把彼此不认识的人或群体联系到一起的社会资本，它起桥梁作用。

（二）社会资本与大学生创业

1. 社会资本有助于大学生在创业中获取信息

市场是由拥有不同信息的人组成的，个人的社会网络在信息获取上就是一张信息网络，大学生主要依靠其社会网络获取创业机会信息。获取信息的差异导致大学生看见某一产品或服务的不同价值。社会资本的拥有者能够发现别人看不到的机会，并为获取它提供不同的价格。在发现机会的过程中，拥有更多社会资本关系网络的大学生接触到更多的新思想、世界观和新信息，从而为他们潜在思想或事业的选择提供参考。社会资本对大学生发现机会的支持直接来自信息的传递和扩散，关系网络越大，网络成员的素质越高，得到有价值信息的速度就越快，准确性也越高。

2. 社会资本有助于大学生在创业中把握创业机会

社会资本主要从政策、人才、资金三个方面对大学生创业过程进行资源支持。大学生能否得到地方政府的认可和支持，并获得政策、制度方面的保障，是他们利用创业机会的前提条件。大学生在政府相关部门的社会资本积累程度是创业成功与否的关键因素。社会资本扮演着个人与制度的中间人角色，个人行为是否能实现个体理性与社会理性的统一，不仅取决于个人和制度本身，还取决于双方联系的中介——社会资本。大学生可以通过社会网络向政府官员传播关于创业机会的信息和知识，使得地方政府能够及时准确地对该机会进行认知，并根据情况决定是否给予政策、制度方面的支持。这样可以节省大学生机会开发的时间，并降低开发过程中有关制度等方面的不可预见的成本，促进大学生迅速掌握创业机会。

3. 社会资本有助于大学生在创业中降低交易成本

大学生可以通过社会资本来寻找诚信、守约、有责任感的专业性人士，降低搜寻成本和交易费用。由于社会资本的关系特性，成员间拥有共同的信仰、价值观并彼此形成一定的义务感，能够从对方的利益出发采取行动，并为共同的目标而共同努力。

4. 社会资本有助于大学生在创业中积累创业资金

对创业机会的评估和利用都需要大量的资金，大学生需要通过社会网络关系来获得创业所需要的资金。网络成员间存在着多种利益关系，他们之间由于频繁接触而逐渐形成的互信、共同的目标和价值观，也因此能够给予彼此最大的支持。同时，信任关系具有可传递性，即如果 A 信任 B，而 B 又信任 C，则 A 也会信任 C。在一个规模较大的社会网络中，相互间的信任使得大学生能够迅速地筹集到创业所需的资金，为创业机会的开发利用提供资金保障。

三、企业生命周期理论与创业融资

依据生物学"生命周期"理论观点，任何事物的发展存在着生命周期。20世纪 50 年代，许多学者开始引入企业生命周期理论，并研究其与企业发展的一系列相关问题。从企业生命周期理论的发展和研究来看，学者们不同的研究方法、不同的研究需要，所划分的企业生命阶段也有所不同，但最终所表达的企业生命周期曲线始终是一致的。笔者根据原有划分的基础，结合研究的实际需要，把企业生命周期划分了初创期、成长期、成熟期、衰退期四个阶段。然而，四个阶段具有鲜明的阶段性特点，而不同的阶段性特点则决定了其不同的融资需求特点。具体如下。

（一）初创期

由于创业企业处于初创期，企业的主要特点体现为技术、市场、团队等不稳定，技术还不成熟，市场还需要认可，盈利还没有产生，稳定的发展战略还未形成。企业本身面临着非常多的不确定性，风险系数处于高位。而从该阶段企业的资金需求来看，资金的需求主要体现在开办费用、产品开发和营销，资金的需求量也随着初创期的推进而越来越大。

（二）成长期

在这一阶段，企业的主要特点体现为企业的销售开始呈现较快速度的扩大，市场开始逐步认可并呈现出较快速度的占有，企业的各项运行机制逐步完善，企业的收入开始出现较大幅度的增加，而资金的需求量也急剧增加，但此阶段的市场风险和管理风险依然较大程度的存在。而从该阶段企业的资金需求来看，企业的资金投向主要为规模营运资金、扩大生产规模、增大营销的投放、提高流动资金等，企业的资金需求量相对较高。

（三）成熟期

在这一阶段，企业的主要特点体现为产品生产、营销服务、内部管理均已较为成熟，市场占有较为稳定，系统管理较为完善、规模效益和企业运行处于较优状态。风险也显著下降，原有业务资金的需求量已经稳定。然而此阶段，随着原有业务的稳定后，新的机会开始显现，企业延伸性的业务项目开发是该阶段企业发展的重要性特征，资金的需求增长也源于此。

（四）衰退期

随着企业衰退期的到来，原有经营业务和产品的竞争力开始下降，利润缩减，从而现金流入量和现金流出量减少，虽仍有一定的利润，但净资金收益率呈下降趋势。此时企业发展存在两条路径：一是退出回收成果；二是企业的二次创业。而企业的二次创业产生了此阶段企业发展的融资需求。

从企业生命周期理论可以看出，创始企业的融资非常严重地依赖于初始的内源融资，风险投资一般是在产品被市场测试成功以后才全方位地资助市场营销和生产活动，在企业融资的第二阶段，商业银行扮演了重要的角色。因此政府政策应该倾向于在企业创始初期给予融资帮助，引导银行贷款和风险投资参与融资。

在实际操作方面，美国圣路易斯大学已经创造了一个天使和风险资本投资者的网络平台，以培育初创公司；美国华盛顿州在创业中心设立小企业孵化器，提供实验室和办公用房及各类商业支援服务外，该中心还提供各种物理设施，并且租金低廉。

目前，我国社会各界对于大学生创业的支持力度还有所欠缺，调查中发现，大学生创业者融资渠道单一，主要依靠家人资助或向朋友借款。还有从自己的生活费中节省下来，或者通过打工获得创业资金。许多从事商业贸易的大学生善于利用各种方法筹集资金，比如赊销和预收定金，占用供应商和客户的资金。再如，志同道合的几个学生共同出资、合伙经营；另外还有，联合进货，取得数量折扣。为了节约资金，大学生老板们都尽量亲力亲为，兼任总经理、营销人员、销售人员、服务人员等。以上种种办法都有可行之处，对解决创业资金的困难都能起到一定的作用，但它的弊端也是很明显的。第一，筹资规模小。借款、节流或开源只能获得少量资金，对需要资金少的行业可以解决，但如果需要的资金较多时，还是无能为力；第二，动力不足。向父母借款虽然是最方便的，但是这样得来的资金使创业者没有太大的还款压力，也会影响其创业的动力；第三，债权债务关系复杂。合伙经营如果没有实现确定好各方的权利义务，很容易因合伙人之间的矛盾导致企业解散；第四，延期付款的方法只能在与供货商有一定信任度时才能使用；最后，各项工作亲力亲为，对自己的各方面的能力都有一定的要求。

　　因此，以上方法对大学生创业者有一定的借鉴意义，但是，从建立构建大学生创业融资体系角度支持大学生创业，要做更多的努力。

　　第一，由国家进行专项财政支持、银行细化贷款申请程序、风险投资公司降低对大学生投资的标准。更重要的是需要对一些全国性或者国际性的协会介入进行政策引导，通过专业化的协会专门支持大学生创业，为大学生提供专业资金支持。

　　第二，小额贷款政策要继续加大扶持力度，尽量简化手续并加强资金监管。创业基金方面应当借鉴国内外成功的运作模式，加强推广力度。同时，要尽量拓宽大学生创业融资的渠道。在可能的情况下应出台政策促进民间资金来帮助大学生创业。因此，构建一个涵盖政府金融扶持、大学生创业基金支持、民间风险资本积极参与的大学生创业金融支持体系，对我国大学生创业的发展起着至关重要的作用。

　　第三，有必要建立专门支持中小企业发展的政策性银行，对中小企业进行专门服务，这些中小企业政策性银行不以盈利为目的，而是执行扶助中小企业发展的政策。

　　第四，中小企业互助基金是帮助中小企业融资的有效方式。政府投入较少部分作为启动资金，组织基金。符合条件的中小企业可申请成为基金会员从而享有相应额度的担保和贷款。同时，可以借鉴西方成熟经验——建立天使投资制度，依靠政府的宣传，引导和政策支持，我国的天使投资市场逐步发展壮大。

本 章 小 结

　　大学生创业体系理论基础的构建，是与心理学、教育学、社会学和经济学等学科密不可分的一项工程。心理学理论为创业体系构建中创业意识、创业精神和创业心理素质培养提供重要的理论基础。通过教育学理论，引导大学生了解创业知识并形成对创业的全面认识，实践教学让学生真正体验创业过程，从而为创业实战做好扎实准备工作。运用马斯洛理论指导更好的创业服务工作，尊重创业需要，合理支配社会资源，启发和驱动大学生创业。经济学理论在大学生创业体系的构建中，对围绕人才培养目标而进行的创业课程设置、师资队伍建设和创业实践基地设立方面具有重要的指导作用。

思 考 题

1. 人本主义心理学指导我们在创业教育方面既要重视个人的发展，也要兼顾社会的进步需要。在创业教育过程中，有哪些途径可以帮助大学生了解社会需求，从而激励学生参与创业实践，激发个人潜能的发挥？

2. 大学生创业体系构建包含创新项目的驱动、创新实践训练、创业融资平台和创业实体孵化四个阶段，教育性教育理论、建构主义理论和多元智能理论是如何指导完成这些阶段的？

3. 新中国成立以来，我国大学生就业政策从统包统分，到供需见面逐步向双向选择的过渡，再到市场导向的自主择业，三个阶段都与当时社会背景密切相关联。当前，我国提倡"以创业带动就业"，大力鼓励大学生创业，又是受怎样的社会背景所影响的？

4. 在现代化市场中，个人的人力资本已经成为大学生创业的重要因素。高校开展创业教育应重视学生人力资本的培养，提高大学生的创业能力，构建完备的大学生创业体系。在高校，具体可以从哪些方面着手大学生人力资本的培养？

第三章　大学生创业体系新动态

第一节　大学生创业体系概述

一、时代背景与现实意义

中国共产党第十八次全国代表大会的报告中指出："推动实现更高质量的就业。就业是民生之本。要贯彻劳动者自主就业、市场调节就业、政府促进就业和鼓励创业的方针，实施就业优先战略和更加积极的就业政策。引导劳动者转变就业观念，鼓励多渠道多形式就业，促进创业带动就业。"

《教育部关于大力推进高等学校创新创业教育和大学生自主创业工作的意见》指出："大学生是最具创新、创业潜力的群体之一。在高等学校开展创新创业教育，积极鼓励高校学生自主创业，是教育系统深入学习实践科学发展观，服务于创新型国家建设的重大战略举措；是深化高等教育教学改革，培养学生创新精神和实践能力的重要途径；是落实以创业带动就业，促进高校毕业生充分就业的重要措施。"

在大学扩招，高校毕业生人数迅速增加，国际经济形势面临金融危机影响，我国经济发展转型任务加剧，城市化过程中大量农村劳动力流向城市等多种因素作用下，我国就业形势十分严峻。大学生自主创业作为推动就业的一种模式，成为大学生的一种新选择，也成为推动经济发展的强劲动力。大学生作为创业活动最活跃的群体之一，正越来越多地受到社会各界的广泛关注。因此，研究和探讨影响高校大学生自主创业的社会因素，对于培养创业人才，拓宽就业渠道，促进经济发展，建立人力资源强国和创新型国家，都有着极其重要的意义。

（一）社会层面：创业研究开始成为一个新的学术热点

创业研究作为一个新的学术研究领域开始出现并得到迅速发展始于 20 世纪80 年代。1987 年，美国管理学会将创业研究作为一个单独的领域正式纳入了管理学科。1988 年，由世界经济与合作组织（OECD），简称经合组织，在巴黎召开了"社会转型时期的教育与经济发展国际研讨会"。会议结束后不久，经合组织出台了"面向一个创业型文化"（Towards an Enterprising Culture）的教育专题。专题中阐述：现有的教育手段和方法需要改变，以培养年轻人的创业能力（being enterprising），因为这种能力是年轻人走入社会中所急需的、非常重要的素质要求。1989 年 11 月底，联合国教育、科学及文化组织在北京召开"面向 21 世纪教育国际研讨会"，会议报告提出了一个全新的概念：创业教育（enterprise education)，又称"第三本教育护照"。要求把事业心和开拓技能的教育提高到与目前学术性和职业性教育同等地位。

（二）政府层面：创业教育成为当代高校教育改革的一个基本领域

创业教育作为一个教育改革和研究项目，国际上全称为"提高青少年创业能力的教育联合革新项目（Joint Innovative project on Education for Promoting the Enterprise Competencies of Children and Youth)"，是联合国教育、科学及文化组织亚太地区办事处教育革新与发展服务计划（APEID）1987 — 1991 年项目周期的活动之一。参加项目的国家有中国、印度、印度尼西亚、巴布亚新几内亚、菲律宾、斯里兰卡和泰国、澳大利亚及日本。1995 年，联合国教育、科学及文化组织发表《关于高等教育的变革与发展的政策性文件》中全面阐述了创业教育的概念，指出："在'学位＝工作'这个公式不再成立的时代，人们希望高等教育的毕业生不仅是求职者，而且也是成功的企业家和工作岗位的创造者。"

在我国，1990 年下半年，作为 APEID 项目国家，由国家教育委员会基础教育司牵头，成立了该项目的国家协调组，并以北京市、江苏省、湖北省、四川省、河北省为项目单位，进行创业教育的实验和研究。2000 年以来，国家和地方政府及部分高校陆续出台了一系列鼓励支持大学生创业的优惠措施和政策。2002 年 4 月，教育部召开普通高校创业教育试点工作会议，指出对大学生进行创业教育，培养具有创新精神和创造、创业能力的高素质人才，是高校的重要任务。教育部还将清华大学、武汉大学等 9 所院校列为我国创业教育首批试点院校。在 2007 年，中央十部委联合下发的《关于积极做好 2008 年普通高等学校毕业生就业工作的通知》中明确指出，实施高校毕业生创业行动，提高学生的创业意识是今后工作的着力点。

中国共产党第十八次全国代表大会报告把创业提到了一个前所未有的高度，站在建设创新型国家的发展战略上，创业被赋予了更加鲜明的时代色彩。在当前严峻的就业形势下，创业作为就业的一种模式，成为大学生就业一种选择的可能，也成为推动经济发展的强劲动力之一，越来越多地受到社会各界的关注。

自 2005 年 8 月起，中国共产主义青年团、中华全国青年联合会（简称全国青联），与国际劳工组织合作，在中国大学中开展 KAB（Know About Business）创业教育（中国）项目。这是国际合作推进中国创业教育发展的一项尝试，旨在吸收借鉴国际经验的基础上，探索出一条具有中国特色的创业教育之路。

2006 年 4 月，由南开大学商学院和美国百森商学院（Babson College）联合主办，由国家自然科学基金会、天津市经济技术开发区管委会、全国 MBA 教育指导委员会联合举办，以"创新、创业管理与创业教育"为主题的创业研究与教育国际研讨会在天津召开。来自美、英、德、荷兰、新加坡、日本，以及中国的专家学者、企业界人士、政府官员代表参加了会议。与会代表认为，鼓励创新与创业，已成为各国竞相实施的国家战略。今天的中国更需要创新与创业。我们应该借鉴发达国家建设创业型经济和创新体系的成功经验，大力加强创业研究与教育，培养和造就大批创业型人才，努力建设国家创新与创业体系。

（三）学校层面：创业成为中国大学生就业趋势之一

据清华大学中国创业研究中心发布的《2007年中国创业观察报告》调查数据显示，中国的创业处于创业意愿强、创业机会多、创业精神强、创业能力弱的状况，创业环境有待改善，参与创业的大学生逐年增加。而从中国参加全球创业观察的2002年有调查数据以来，25—44岁成为中国创业人群的主体。在1996年至2001年，受过高等教育以下的人员是参与创业主体的性质没有改变，但是，受到大学及以上教育的参与创业的主体的人数在持续增加中，报告认为"中国的创业活动近年正在经历着参与人员素质不断提高的逐步活跃阶段，这是一种有质量的创业发展趋势，预示着对未来的创业有更多的期待"。因此，关注大学生的自主创业有很强的现实意义和紧迫性。

另外，该观察报告称，每增加一个机会型创业者，当年带动的就业数量平均为2.77人，2003年至2007年带动的就业数量为5.99人。而据教育部、人事部统计数据显示，2009年全国毕业生达610万人，比上年增加了51万人，是毕业生人数最多的一年，全国平均就业率为70%。2010年加入求职大军的毕业生总数达到630万人。高校毕业生就业压力加大，创业升温成为大学生就业趋势之一。

（四）顶层设计：完善大学生自主创业社会支持体系是当务之急

有助于：①在高校连年扩招、我国经济社会发展到新的时期、国际经济发展面临低谷等背景下，了解大学生自主创业的总体现状，分析并寻找影响我国高校大学生自主创业的社会因素；②借鉴国外支持大学生创业的成功经验，总结我国开展大学生自主创业的实践，提出完善高校大学生自主创业体系的对策建设，为促进我国高校大学生自主创业献计献策。

二、国内外研究的新现状

（一）国外研究的重点内容

虽然高校大学生创业作为创业理论的一部分并未单独地作为理论课题提出，但是国外对创业的理论研究拥有悠久的历史，研究成果丰硕，对我们开展大学生自主创业研究具有借鉴意义。总体而言，从 20 世纪 60 年代末以来，对于创业的研究先后经历了从关注创业者逐渐发展到研究创业活动的一般过程和行为规律；从关注个体创业到公司创业、社会创业；从关注创业活动本身到关注影响创业活动的内外部环境要素，形成了创业研究的基本框架。目前，单美国就有 44 种与创业相关的学术刊物，美国管理学会创业研究分会有 1200 位会员。

第一，关于创业的含义。荣斯戴特认为，"创业是一个创造增长的财富的动态过程。财富是由这样一些人创造的，他们承担资产价值、时间、事业承诺或提供产品或服务的风险"。斯蒂文森认为，"创业是个人——不管是独立地还是在一个组织内部——追踪和捕捉机会的过程，这一过程与其当时控制的资源无关"。在这里西方学者突出了创业中的风险因素，并且创业是由专门的主体——创业者完成的。

第二，关于创业与创新的关系。熊彼特认为，创业与创新是一对不可分割的概念，创业者是创新的主体，在经济发展过程中特别是重企业创新中起要作用。德鲁克认为，创新是实现企业目的的一个重要手段。由此可见，西方学者把创业与创新作为一个整体进行研究和探讨，也在一定意义上扩大了创业研究的范畴。

第三，关于创业与主观因素的关系。戴维·麦克莱兰认为，不断超越自己设定的标准，去追求并达到具有挑战性目标的成就感，是创业者取得成功的内在动因。库洛克认为，当创业者遇到困难和挫折时，这三种品质比其他因素更有助于创业者的成功。

第四，关于创业与外部因素的关系。罗德认为，外部因素对创业的发展有很大的作用，创业者应该对涉及商业投资方面的法律概念有充分的了解。库洛克认为，创业者必须进行一般经济环境的评估并分析什么样的政府管制将影响到企业的发展。

第五，关于高校大学生自主创业方面，刘丽认为，国外已形成了一整套比较成熟的经验，首先是相对成熟的自主创业教育研究体系；其次是相对完善的社会支持体系。

此外，不少学者开始关注和探讨社会创业的影响因素，并且已经获得了较为丰富的研究成果。尽管社会创业与大学生自主创业有所不同，但也有诸多可借鉴之处：社会创业取得成功的关键在于引入创新的市场规则来提供社会服务，同时在坚持社会目标的前提下，通过运用企业的运作方式来获得尽可能多的利益。经过多个社会影响因素的探索性研究，并通过引入创业历程模型，详细考察了创业主体与环境、企业组织、政府机构及高等学校互动的过程。这个模型清晰地勾勒了社会创业的八个关键成功因素：①社会创业者的社会网络；②献身社会创业的精神；③资本积累基础；④公众接受创业理念的程度；⑤创业团队的构成，包括志愿者和雇员的比例；⑥与公共部门和非营利部门的长期合作关系；⑦经得起市场考验的服务能力；⑧社会创业者的管理经验。其中，社会创业者的社会网络和献身社会创业的精神是社会创业成功的最关键因素。

（二）国内研究的主要领域

中国有关创业问题的学术研究虽然起步晚，但是近年来学术研究渐趋活跃。高校大学生创业活动作为创业学研究的重要组成部分，越来越多的学者已经参与到该研究领域中，并且出现了一大批有关的教材和学术著作。从已有的研究成果看，目前学术界有关高校大学生创业的研究主要集中在以下几个方面。

第一，大学生的创业状况。如张文学对武汉高校大学生创业教育、创业现状及创业环境进行了调查。黄敬宝以北京地区多所高校为对象，探讨了大学生对创业的看法，大学生创业的优势和劣势，大学生创业意愿和实践及高校和政府促进大学生创业的途径。

第二，大学生创业的途径。余俊杰论述了助推大学生创业的几种路径，包括加强政策宣传、建立创业基地、组建导师团队、提供一条龙服务。苏益南等运用灰色模糊理论，建立了大学生创业素质的灰色模糊综合评价模型，并通过实例验证了其可行性和实用性，得出了一些具有建设性的建议。

第三，创业者素质与大学生创业之间的关系。朱丽翔认为，由于大学生创业心理有其独特结构，因此，加强大学生创业教育和培养大学生创业心理，必须着重加强理想信念教育和意志能力的培养。

第四，政府的政策与大学生创业之间的关系。袁先海认为，虽然不少政府部门出台了鼓励大学生创业的优惠政策，但这些政策还不能完全适应大学生创业实际，有待调整和完善。

此外，也有部分学者从系统论的观点出发，对高校大学生的自主创业问题进行了综合性的论述。刘沁玲将影响高校毕业生创业的因素划分为外在的影响因素和内在的影响因素两大类，并引入创业人力资本和社会资本相互作用的理论，构建了高校毕业生创业环境的理论模型。

（三）简要评述

综上所述，无论是国内还是国外，大学生自主创业研究的历史不长，都是在整个社会创业大背景下提出来的。西方国家大学生创业理论的研究，更多的是关注大学生个体发展、个体素质和个体能力培养，从这一思路出发，大多数西方国家都十分重视高校大学生创业意识和创业技能的培养，并且细化了创业观念和创业技能的层次和结构，由此提出了培养大学生自主创业的制度安排与教育改革。同时，我们也看到，对大学生自主创业的外部环境，大学生自主创业过程中政府、企业及家庭与社会舆论的影响，还没有进入研究视野或者没有得到深入探讨。

我国的大学生自主创业活动开展的时间不长，全国性的有目的组织和动员时间更短；而且我国大学生自主创业的广泛开展有一个基本的背景，这就是经济社会发展的转折期，国际经济形势的恶化，带来了就业形势包括大学毕业生就业压力的增加，因此，许多研究是被开展的或者是找对策、找出路的研究。首先，集中于政府对大学生自主创业的功能上，就是政府在大学生自主创业中的角色，能为大学生自主创业做什么？其次，我国高校经过了跨越发展，实现了量变的扩张，开始注重质的提高，其中一个重要方面，就是怎样适应就业的需要、人才市场的需要。根据我国经济社会转型、建设创新型国家要求，培养创新型人才是一个基本课题。正是在这样的背景下，学术界开展了对大学生自主创业的研究，成果也多集中在政府职能、高校改革方面。但是在关于企业行为、大学生自身素质方面包括家庭环境的影响、社会舆论的支持研究不够，特别是将大学生自主创业的外部环境作为一个体系来作整体性、系统性的研究还基本处于空白。

三、相关概念的新界定

（一）什么是创业

创业的含义分为狭义和广义两个层面。狭义的"创业"指的是创办企业。而广义的"创业"则指的是创立基业、开创事业、开拓事业、开拓业绩、创建新职业、新行业和新岗位等，其内涵体现了开办和首创的困难与艰辛，体现了过程的开拓性和创新性，体现了在前任已有的成就和业绩的基础上有新的成果和贡献。

从创业这两个层面的含义来看，创业不仅仅是一个社会活动，还包含适用于广泛领域的创新精神、开拓精神的内涵。由创业的两个层面的含义，相应的，创业教育也包括狭义和广义两个层面的内涵。为了说明问题并与大学生就业相联系，本研究用狭义的创业含义。

（二）高校大学生自主创业的基本内涵

高校大学生自主创业是指高校大学生通过个人及组织的安排，利用所学到的知识、才能、技术和形成的各种能力，以自筹资金、技术入股、寻求合作等方式，在一定的环境中，努力创新、寻求机会、创办企业、创造价值的过程。自主创业不仅是高校大学生自主就业的重要途径，更是创新教育与创新人才培养的需要。在高校扩招，大学生大幅增多及就业任务艰巨的双重压力下，高校大学生就业形势日趋严峻，大学生就业成为影响高校和社会稳定的重要因素。因此，作为培养直接面对社会就业市场的高校，倡导和鼓励受过高等教育并具备一定创业能力的高校大学生进行自主创业，不仅可以帮助大学生寻找职业出路，为国家减轻就业压力，还有利于创新人才的培养和创新性国家的建设。

（三）高校大学生自主创业社会支持体系的内涵及其构成要素

社会支持（social support），是指一定主体发展过程中，围绕主体发展的社会一定的物质和精神因素进行帮助和支持的各种要素的总和。

从不同的角度，国内学者对"社会支持"的研究有不同的表述。李强认为，社会支持是一个人通过社会联系所获得的能减轻心理应激、缓解紧张状态、提高社会适应能力的影响。其中社会联系指来自家庭成员、亲友、同事、团体、组织和社区的精神上和物质上的支持和帮助。程虹娟从三个角度归纳了对社会支持的定义。一是从社会互动关系来定义社会支持：社会支持不仅仅是一种单向的关怀或帮助，它在多数情形下是一种社会交换，是人与人之间的一种社会互动关系；二是从社会行为性质来定义社会支持；三是从社会资源的作用来定义：来自社会关系的帮助、人们联系的方式及支持网络中成员间的资源交换。

结合本章对高校大学生自主创业的分析，本章认为高校大学生自主创业社会支持体系是指影响大学生自主创业的各种社会因素的总和，它主要由四大子系统构成，分别是政府支持体系、高校支持体系、企业支持体系和其他支持体系。

首先，政府支持体系主要表现在政策支持方面，也就是国家在市场准入、资金筹措、税收等方面对自主创业的大学生进行政策上的支持和引导。

其次，高校支持体系主要表现在创业教育方面，创业教育既包括创业精神理念的培养，也包括创业技能的教育。创业精神理念的教育着重于培养一个人与创业相关的各项心理素质，如创新精神、执著精神等，而创业技能的教育则着重于培育创业大学生掌握创业所需的各种知识和能力，增加创业的成功率。

再次，企业支持体系主要表现在资金、创业场所、实践基地、信息平台、技术与创意和市场对接纽带上的支持等。

最后，其他支持体系主要表现在家庭、社会舆论、社会观念等对高校大学生创业的支持。

第二节　高校大学生自主创业社会支持体系的新特点

一、国外部分高校大学生自主创业社会支持体系的新特点

在美国、英国、德国、韩国等国家形成了各具特色的大学生自主创业支持体系。在较为完善的支持体系的作用下，国外大学生的自主创业已经初具规模，无论是在创业意愿还是创业成功率等指标上，都取得了显著成绩。

（一）美国高校大学生创业支持体系

1. 美国发展大学生自主创业的背景

美国是一个崇尚创新的国家，在以计算机技术为代表的第三次科技革命的推动下，以技术变革为契机，美国涌现了大量基于信息技术应用的中小企业，出现了一股新的创业的热潮，这也促使了更多的大学生投入创业的行列中去。

2. 美国高校自主创业教育的特点

创业教育作为美国大学教育的一个重要组成部分，经过 50 多年的发展已经趋于成熟。目前美国创业教育的课程虽然种类繁多，目前在美国有 1600 所以上的大学提供 2200 门以上的创业课程，主要是针对创业过程中可能遇到的问题展开的。Mark Weaver 于 2002 年在研究了 *Success* 杂志每年对排名前 50 名的大学的创业课程的评价后，发现排名前 50 名的大学设置的创业课程中，最多的是新创企业财务、商业计划书的撰写、创业概要、中小企业管理、新企业成长战略、中小企业顾问，它们被作为创业教学计划的核心课程。

美国高校有多种多样的自主创业教育组织机构，除了创业教育中心、创业研究中心、创业支持中心外，还有一些其他的组织机构，如创业家学会、智囊团、创业研究会等。创业教育中心主要从事开设创业教学课程，制订教学计划。创业家学会一般由比较杰出的企业家组成，例如，百森商学院创业家学会还请到了麦当劳的总裁、数字化设备公司的总裁等人。把这些企业家引到创业教育中让学生分享他们创业的经验，激发了学生的创业激情。智囊团也是美国创业教育中一个很重要的组织，它一般由公司的董事长和首席执行官组成，每年定期举行两次会议，可以起到咨询与加强外部联系的作用。

3. 美国大学生自主创业的校企合作

为满足大学生对创业的需要，美国许多企业与高校合作，他们提供企业管理人员、风险投资专家等参与教学活动。同时，企业为鼓励学生的创业行为，每年都提供一定资金资助学生开展创业活动，通过竞赛等形式选拔一些学生的创业项目进入企业的孵化器，促进大学生的科技成果转化的同时，也为企业自身的创业发展提供不竭的创意。企业还为大学生的创业实习和实践提供大量的岗位，有的企业还提供创业基金为有创业需要的学生提供资金的支持。著名的"硅谷"就是由大学和企业联合举办的校企孵化器。

（二）英国高校大学生创业支持体系

1. 英国大学生自主创业的背景

1973 年开始石油危机爆发的 10 年间，英国经济一直处于负增长状态，失业率居高不下。政府推行大规模的再就业培训项目，开始强调自我雇佣（self-employment）的创业培训，注重培养创业意识，传授创业知识，开发创业能力。与此同时，政府认识到教育是推动经济发展和解决就业的根本途径，要求大学加强与工商业的联系，更好地为国家经济发展服务。从大学的角度看，由于企业的合作，有助于促进大学智力投入的转化和衍生企业的创办。另外，在大企业不景气的情况下，中小企业对国家经济发展的驱动作用逐渐明显，越来越成为工作岗位的提供者、财富的创造者和创新活动的发起者，创业者的创业活动开始受到重视。

2. 由政府主导的大学生自主创业

首先，启动创业项目，鼓励大学生创业。英国政府（主要是贸易工业部）提供资金在全国范围内开展创业项目，旨在激发学生创业热情，释放创业潜能，使他们了解创业过程，获得创业相关技能。创业项目作为一种课外活动，任何学科背景的大学生都可参加。1998 年政府启动大学生创业项目（The Graduate Enterprise Programe），该项目是专门为 18—25 岁在校大学生设计的。项目分两部分内容：一是开办公司；二是开办创业课堂（Entrepreneurship Master Classes）。2004 年，贸易工业部下属机构"小企业服务局"（Small Business Services，SBS）拨款 15 万英镑，由英国一流商业组织与提供创业教育、培训、指导和援助的重要组织及机构联合设立了组织机构"创业远见"（Enterprise Insight），旨在通过全国性的运动鼓励 14—30 岁青年的创业精神，提升英国的创业文化。

其次，建立管理机构，促进自主创业的发展。为推进大学生自主创业，政府拨款建立了英国科学创业中心（UK Science Enterprise Centres，UKSEC）来管理和实施创业活动。其任务是将创业融入大学传统教学之中，实现大学文化的革新促进大学生的创业活动。每一个创业中心主要在四个领域开展活动，第一，开展创业教育。第二，加强与产业界的联系。第三，支持创办企业，并鼓励新企业成长，主要支持大学师生创办的知识衍生型企业。第四，鼓励技术转化。随着英国高校创业教育的繁荣和兴盛，英国政府于 2004 年成立了全国大学生创业委员会（National Council for Graduate Entrepreneurship，NCGE），全面负责国内的创业活动。委员会的主要任务是促进高等院校、地区及当地商业支持伙伴之间加强联系；鼓励大学在学科课程中加强创业技能的培养；向决策部门提供影响大学生创业关键因素的信息；开展创业理论研究。

再次，出台各种投资方案，为自主创业提供资金保障。英国创业活动 80％的资金来自公共资源。英国政府在大学生创业教育上投入了大量的资金，主要是高等教育创新基金（Higher Education Innovation Fund）和科学创业挑战基金（The Science Enterprise Challenge Fund）。前者支持大学科技成果转化，同时还支持各大学内部师生的创业活动，有力地促进了英国大学智力财产的转化。后者目的是在英国的大学建立一个专注于创业教育和知识技术转化活动的中心网络。此外，还有专门为弱势青年和少数民族创业提供资金的新创业奖学金（New Entrepreneurship Scholarship）、王子基金（Prince's Trust）和凤凰基金（Phoenix Fund）。

最后，利用商业连接网络服务大学生创业。英国有利于创业的监管环境是大学生创业教育的重要保障，与商业连接的整合已成为英国创业教育的特征之一。2000 年 4 月政府成立了专门机构"小企业服务局"，为创业提供建议和援助。自2001 年 4 月开始，"小企业服务局"建立了一个由 45 个"商业连接"（Business Link）构成的全国性网络，提供全英国各地都可获得的、顾客跟踪式的有效服务。很多"商业连接"参与大学的创业推广活动，为有创业抱负的学生引导创业途径，提供商业咨询，帮助学生参加壳牌技术创业（The Shell Technology Enterprise Programme）的中小企业实习项目。"商业连接"也在区域内各大学之间建立沟通，弥补大学之间的差距。

3. 开展高校创业教育改革，积极探索教与学的新模式

英国高等教育学会为大学提供创业技能教学的材料，利用学会的各种小组及各个学科中心的工作为高校创业教育提供学术支持。学会在全国发起了"大学生创业技能"（Entrepreneurship Skills for Graduates）计划，目的是在各个专业的本科生课程中嵌入有关创业技能的内容。高等教育基金委员会为提高大学教与学的质量，启动教与学优异中心基金（Centres for Excellence in Learning and Teaching，CETLT），鼓励和奖励优秀教师，投资教学设施，推广优秀教学实践案例。如谢菲尔德大学、约克大学和利兹大学合作成立白玫瑰创业教与学优异中心（White Rose Centre for Excellence in the Teaching and Learning of Enterprise，CETLE）；利兹大学设立"创业协会"（Institute for Enterprise）；诺丁汉大学成立"综合学习进步中心"（Centre for the Advancement of Integrative Learning）。

谢菲尔德哈勒姆大学为提高大学生的创业能力，设置创业中心，目的是为具有创业意愿的学生提供一个实践和发展的机会。"学校除了开展创业教育课程外，还有一个在全校推行的带薪实习项目，即在本科课程中，开展'学习＋带薪实习＋学习'方式，让大学生得到许多书本中学不到的知识，而大学生通过真实的工作，更能体会专业知识的价值所在，更能了解自己的兴趣和能力，也更能明白自己的职业发展方向"。谢菲尔德哈勒姆大学企业中心企业教学与学习主管 Simon Brown 认为，这种方式不仅促进了大学生对企业的熟悉，也能激发一些有创业能力的大学生产生创业的想法。无论是到企业带薪实习，还是自己创业，在谢菲尔德哈勒姆大学都可以转化为学分和成绩。Simon Brown 强调，从历年经验来看，

进行创业教育的一个重要成果就是让学生了解自己是否适合创业，找到真正的兴趣和特长。

诺丁汉特伦特大学虽然很提倡创业教育，但学校并不主张给大学生资金扶持。"培养大学生的创业精神，这是大学的责任"。诺丁汉特伦特大学学术开发和研究常务副校长 Peter Jones 提出，诺丁汉特伦特大学也设立了商业孵化器，在当地企业家支持下，已经使 140 个大学生创业项目得到了落实，"不仅创业成功率非常惊人，也获得了很大的收益，创业者的平均年龄只有 27 岁，一部分创业者还取得了国家级的奖项"。"大学要教会大学生怎么进行商业谈判，我们会与学生一起分享在创业过程中碰到的情况，学校会支持学生的一些创业实践活动，但我们没有给他们任何资金，这主要是让他们不要把自己看成是学生"。Peter Jones 认为，让大学生自己摸索，也是一种创业精神的教育。

（三）德国高校大学生创业支持体系

1. 德国大学生自主创业的历史背景

东西德统一后，由于两国的经济差异，给联邦政府的就业带来了巨大的压力。为此，联邦政府通过采取积极的劳动力市场政策，通过为失业和重新工作者提供创业机会，取代通过提供现金或其他福利来资助失业者提高生活水平的消极政策。政府通过立法保障达成系统完善的保护就业的政策、有效的运行机制。先后实施了《劳动促进法》《职业培训法》《联邦教育促进法》和《就业支持法》等法律，鼓励开发劳动力市场，提高创业者能力，增加就业机会。

2. 政府通过 EXIST 区域创业计划鼓励大学生自主创业

德国联邦教研部通过实施 EXIST 区域创业计划支持大学生自主创业，其重点放在支持早期的创业构想。德国政府支持大学与校外经济界、科学界和政府部门建立合作伙伴关系，提高大学生创办企业的数量，增加新的工作岗位，推动和支持大学生的创业活动，提高大学生自主创业的质量。

该计划的资助对象是 EXIST 区域内部大学里的在读大学生、大学毕业生和青年科学工作者，尤其注重准备将创业活动与学业相结合的大学生。参加该项目的申请人必须具备相应的资质并提供各种证明材料，如企业初步规划和筹资方案、申请人的简历、学历证书或毕业证书等，还必须参加涉及市场能力问题的校外辅导活动并接受中期评估。申请资助者可以是团队（最多 3 人），也可以是个人。提供的经费保证有维持生活的费用、资助咨询费用、创业的前期投入、申请专利的开支。创业计划的发展情况在四个月之后将由申请人的导师、联邦教研部、联邦教研部委托的项目管理单位进行评估。

3. 高校助推大学生创业

高校对大学生创业给予大力支持。在创业期间，免费为得到创业资助的申请人提供一个工作岗位，允许他免费使用实验室、工作车间、计算中心和其他设施，完成他的开发工作；指定一位大学教师或者具有相同水平的大学工作人员作为"导师"在项目上帮助申请人，解答项目发展的有关问题；大学与得到资助的申请人签订有约束力的合同；大学对资助经费的安排做出承诺。

（四）韩国高校大学生创业支持体系

1. 韩国大学生创业的背景

20世纪90年代以后，刚刚实现了经济大发展的韩国经济一度陷入困境。在大型企业的市场控制下，中小企业及新生企业的发展受到较大的束缚，对韩国经济的可持续发展造成严重危机。危机不仅仅来自市场竞争格局的畸形化发展，更为严重的则在于国民创业意识与创业能力的逐步削弱，而创业意识与创业能力恰恰是新经济环境中生存与发展的关键。亚洲金融危机以后，韩国政府越来越意识到问题的严重性。提高中小企业，特别是知识型中小企业的活力成为政府注意力的焦点之一。大学生创业的热潮就是韩国政府在这种背景下积极策动所形成的。对大学生创业的积极推动另一个重要的影响来自就业压力。据韩国统计厅公布的青年经济活动人口调查附加调查结果显示，2006年在毕业或中途退学的15—29岁青年中，找到第一份工作所花费的平均时间为1年，其中10.2％为找第一份工作花了3年时间。就业压力非常大。

2. 韩国政府扶持大学生自主创业的具体措施

（1）建设创业服务的组织体系。

首先，设立专门的机构进行推动。中小企业厅是韩国创业支援体系的推动机构，中小企业厅下设创业支援课，构建大学生创业服务网络是创业支援课的重要职责之一。

其次，发挥大学在创业支援方面的作用。在创业教育方面，韩国将大学生到企业参加1—2个月的实习制度化；为了推动大学在高新技术产业发展中的积极作用，韩国政府在大学设立了技术转移中心；政府投资在大学设立创业支援中心。

最后，对社会化的创业支援机构进行扶持。在政府直接参与构建大学生创业服务体系的同时，韩国政府对社会化的创业支援机构给予了有力支持，例如，政府对大学的创业同友会与创业同友联合会有活动经费及资金支持，每年通过这类机构创办的高新技术企业就有百余家。

（2）建立创业行为的法律保障体系。

作为大学生创业的初期，一般都是创办中小企业。因此，韩国政府通过立法保障中小企业在国民经济中的战略地位。在韩国每一部中小企业法律的立法宗旨中，规定以促进国民经济的均衡发展为宗旨，中小企业立法着眼于整个国民经济的发展，并制定了具有中小企业"宪法"性质的《中小企业基本法》，从根本上解决了中小企业的地位问题。

经过近 30 年的发展，韩国形成了比较完备的支持中小企业发展的法规体系，《中小企业基本法》《中小企业振兴法》《中小企业协同组织法》《中小企业系列化促进法》《中小企业事业调整法》《中小企业创业支援法》《促进中小企业经营稳定及结构调整法》《中小企业制品购买促进法》，以及有关中小企业出口、金融、税收等方面的法律法规。韩国有关中小企业的立法，既有关于中小企业的基本法，又有关于中小企业的单项立法；既有关于中小企业组织的立法，又有关于促进中小企业立法的内容；既有与韩国的整个经济立法融为一体，又自成体系，非常系统、全面、完整。韩国中小企业立法以其扶持型政策的实践在世界各国中具有典型性。各项法律法规互相支持，不仅体系完备，而且能帮助企业解决具体的问题。对于大学生创业，韩国虽然没有独立的立法，但大学生创办的企业可以获得同其他商业企业同样的金融和政策支持，甚至可以获得更优惠的贷款。

（3）高校注重以发展为导向的自主创业理念教育。

突出培养公民创新精神是韩国学校素质教育的重要特征之一。韩国高校十分倡导以学生为中心的教育，提出自由、平等的教育理念。注重教育的多样化，学校办学的自主性较大，注重开发学生的潜力和主观能动性。韩国最近几年大学生就业的压力也比较大，即便如此，韩国没有盲目地追寻所谓的"应用型人才"培养而是坚持为学生的未来着想，重视学生个性发展的引导和教育。因此，韩国青年希望自己创业的比例远高于其他国家，这绝不仅仅是创业政策吸引的结果，根本上的影响来自韩国教育对于国民创新与创业精神的深刻影响。

二、我国高校大学生自主创业社会支持体系的新特点

（一）我国高校大学生自主创业的现状

近些年高校扩招，毕业生人数急剧上升，就业压力增大。2009 年，全国就有 610 万应届高校毕业生，2010 年增至近 700 万。如何增强大学生的创业能力，创造更多的就业岗位，成为社会就业中的热点问题。但是，根据已经公开发布的统计数据显示，近几年来，我国大学生毕业时选择自主创业的比例远远低于一些欧美国家的水平。创新精神是一个民族的灵魂，大学生是最具知识与活力的群体，如果失去了创造的冲动和欲望，不仅不利于个体职业生涯的成功，也不利于整个民族和国家的发展。

根据有关学者对 2010 年北京地区 18 所高校大学生创业状况的调查及对武汉 5 所高校在校大学生进行的问卷调查，目前我国大学生创业普遍存在着以下几个方面的问题。

第一，大学生对创业的认识不足，超过 40％的大学生对创业持有消极的看

法。调查显示，认为大学生创业是"不现实"和"走投无路"的被动选择的，占样本总数的 43.4％，认为大学生创业是"推动社会进步的动力"仅占到了 8.3％。

第二，大学生创业的难度大，同时遭遇主客观方面的障碍。调查显示，大学生认为创业的最主要障碍难度从大到小分别是，"缺乏社会关系"占 59.4％，"缺乏工作经验"占 51.8％，"缺乏资金"占 50.4％，"创业环境差"占 33.2％，"缺乏知识和技能"占 29.9％，"缺乏项目"占 26.2％，"缺乏团队"占 22.9％，"不解决户口社会保障"占 15.9％，"家人反对"占 9.6％，"缺乏创业意识和勇气"占 8％，"其他"占 0.2％。这些资金、政策、舆论等的外在障碍与缺乏勇气、技能等的内在障碍都影响了大学生将创业梦想转化为现实。

第三，大学生的创业意愿偏低，甚至对创业持排斥态度。调查显示，对于"您会自主创业吗"的回答，回答"会"的占样本的 30.5％，"找不到工作会考虑"的占 42.9％，"绝对不会"占 25.7％。即超过 70％的大学生都可能去选择自主创业，但超过 1/4 的学生宁可失业、也不会去创业，说明他们持排斥态度，而无法接受创业这种选择。

第四，大学生的创业素质和创业能力不高，限制了创业活动的开展。调查显示，对于创业知识和技能的掌握程度，"没有"的占 47％，"有一些"的占 49.4％，"很多"的仅仅占 2.8％。就具体内容而言，38.5％的缺乏"运算、语言表达等基础知识"，42.8％的缺乏专业技术，40.5％的缺乏"企业管理"知识，37.6％的缺乏"组织沟通与人际关系"能力，61％的缺乏"创业政策与环境"方面的知识，50.2％的对"创业程序与手续"缺乏了解，其他主要是指融资和工作经验方面的知识缺乏，占 0.9％。

第五，大学生的创业率偏低，从事创业实践的人数过低。调查显示，在本次调研中实际进行创业的只有 10 人，占"会选择创业"402 人的 2.49％，占"不排斥创业"967 人的 1.03％，占样本总数 1318 人的 0.76％。另有调查显示，创业的大学生人数与大学生总数的比例约占 1.4％，远远低于发达国家 20％—30％的水平。由此可见，即使许多大学生想过或曾经打算创业，而最终并没有落实到行动中来，真正进行创业的大学生凤毛麟角。

第六，大学生具有对创业教育的需求，但不满意目前的创业教育形式。调查显示，没有接受过创业教育的占 74.7％，而接受过创业教育的只有 24.1％。至于如何改进高校的创业教育形式，59.7％的大学生选择了"改善实践指导"，47.7％的大学生选择了"加大教育宣传"，40.6％的选择了"完善教育内容"，41.2％的选择了"提供资金支持"，34％的选择了"促进师生的沟通与交流"，33.9％的选择了"扩大教育规模"，22％的选择了"改善课堂教学"，0.8％的选择了"改革教育体制、提供实践机会、不必加强"等其他项。也就是说，高校创业教育是一项需要全面加强的系统工程。

第七，大学生创业需要政府在政策、资金、税费减免、后勤保障等多方面提供多层次的创业帮助。调查显示，大学生认为最需要政府提供帮助如下（表3-1）。

表3-1　大学生认为最需要政府提供帮助

排名	最需要政府提供事项	百分比（%）
1	设立创业基金	69.5
2	提供如税收减免等"创业优惠政策"	66.8
3	建立"专业化社会服务管理机构"，为大学生创业提供高水平的技能指导和后续服务	51
4	"加大创业宣传"，营造一个重视创业、鼓励创业的氛围	40
5	解决创业大学生的"户口和社会保障问题"	16
6	提供创造有利于民营企业的宏观环境、细化政策实施方案、提供绿色通道	12

资料来源：黄敬宝.2010年北京大学生创业状况调查分析.中国统计，（1）.

由此可见，我国对大学生的创业教育较晚，由于大部分的创业教育仅限于创业教育课程，学生们对自主创业的真正理解仅限于解决就业的一条出路，故创业热情不高。另外，由于对创业政策的宣传途径单一，也造成了大学生对创业活动的流程及政府的创业政策了解不透。

（二）我国高校大学生自主创业支持体系

目前，我国比较成熟的大学生自主创业支持体系主要包括两个：高校的教育支持体系和政府的优惠政策支持体系。

1. 高校大学生自主创业教育

目前，我国高校大学生创业教育模式主要包括两个体系：课程体系和竞赛体系。

1997年中国各高校开始开设创业教育课程。2002年4月教育部先后把清华大学、北京航空航天大学等9所高校作为创业教育的试点。近百所高校开设了《大学生KAB创业基础》（KAB为Know About Business的缩写，下同，意为"了解企业"）课程；40余所高校设立了"KAB创业俱乐部"，通过在教学过程中开展创业大讲堂、企业家访谈、模拟企业经营、各种主题的工作坊等活动，为大学生创造了解企业、参与创业的机会。

与此同时，各类创业大赛的开展激发了大学生创业的热潮，竞赛内容一般采用国际上新创企业、产品更新、风险投资和招商引资领域普遍应用的创业计划，通常以5—7人为一组，组成团队进行参赛。其中以"挑战杯"全国大学生创业计划竞赛最受瞩目，参赛团队围绕某一创新科技、创新点子、创新思路、分析市场需求与发展趋势，找准本团队切入市场的机遇、优势与方法，拟定创业内容、经营计划、成长规划，预算短中期资本投入和成本消耗，预测各年销售额增长与利润大小，并评估创业风险高低，拟就防护措施。该项赛事被称为"中国大学生创业竞赛的奥林匹克"，吸引了全国所有的省（直辖市、自治区），包括台湾、香港、澳门的大学生参加。

2. 政府在创业政策方面的支持

无论是中央政府还是各级地方政府，都制定了大量促进大学生创业的相关政策。例如，1999 年教育部颁发《面向 21 世纪教育振兴行动计划》，指出："加强对教师和学生的创业教育，鼓励他们自主创办高新技术企业。"2003 年国家工商行政管理局、财政部、国家发展和改革委员会等国家机关就曾制定了有关大学生自主创业从事个体经营的税收减免和收费优惠政策；北京市、上海市、天津市、广东省、河南省、海南省等地方政府也制定了落实中央政策的配套规章政策。

2008 年 1 月 1 日起施行的《中华人民共和国就业促进法》第七条规定：国家倡导劳动者树立正确的择业观念，提高就业能力和创业能力；鼓励劳动者自主创业、自谋职业。

（三）经验与问题

综上所述，当今世界各国对大学生的创新精神都尤为重视，通过多种方法多种渠道提升本国大学生的自主创业意识，对创业者这提供各类的政策、资金及创业环境支持，对未创业者提供必要的创业教育与宽松的创新舆论环境（表 3-2）。

表 3-2　各国对大学生创业支持的汇总

支持项目	国籍	美国	英国	德国	韩国
政府支持	政府立法		⊆		
政府支持	开展创业项目	⊆	⊆		
政府支持	专门拨款		⊆		
教育支持	创业课程	⊆			
教育支持	创业教育中心	⊆	⊆		
企业支持	校企孵化器	⊆			
企业支持	提供企业基金	⊆			
社会支持	崇尚创新	⊆	⊆		
其他		创业"硅谷"	商业网络服务	EXIST 创业计划	

1. 基本经验

国外大学生自主创业的基本特点和经验，概括起来有以下四个方面。

第一，非常重视大学的创业教育。在自课程设计、教育投入等方面给予支持，主要采取实践教学的方式进行，有利于学生实践能力的提高，以及与社会各方的对接。

第二，非常重视在资金、政策上对创业活动的支持。资金的支持，既有国库出资，也有社会团体、企业的出资。政策的支持，不但有法律法规，而且与学校的实际相结合，包括直接与学校有关部门开展合作等。

第三，非常重视大学生创业，及其创新意识和精神的培养。不单从创业的技能、技巧、技术上教育，更重要的是培养大学生的创业、创新意识，从而形成全社会的创新观念，提升国家、民族的创新意识和能力。

第四，非常重视各项支持措施的落实。各国的多种支持政策、资金、人才都能结合本国大学生的实际，易操作、易获取且严格评估，同时减少中间环节，使各项措施真正发挥作用。

2. 主要问题

比较起来，我们认为我国大学生自主创业支持体系存在的主要问题有以下几个方面。

（1）大学生自主创业的政府支持力度不够。

虽然近期国家为大学生自主创业提供了多项优惠政策，但由于政府宣传力度不够，一些具体执行部门在执行时的理解与落实出现了偏差，手续比较繁琐等，致使许多大学生创业者并不完全清楚自己享有的权利，而可操作性较差或因获取优惠政策的程序复杂，也使许多创业大学生望而却步。

此外，有关部门在对大学生创业制定相关政策时有一味追求成功率的倾向，对创业的支持是否有效多数看创业成功的个案有多少，忽视创业的过程和创业的多样性。

（2）大学生自主创业的教育教学改革有待深入。

目前，我国对创业教育理论研究取得了一定的发展，但仍然处于初级阶段。特别是高校对创业教育的理论研究在课程的系统化和实践总结方面还有待加强。在课程方面，目前尚无统一、科学的创业教育教材；一些学校已经开设了相关的选修课，但仅仅是孤立的课程而已，创业教育课程同现存其他课程之间的关联性、创业教育课程内部的逻辑性问题都有待进一步完善。

同时，大学生自主创业缺乏具有创新、创业意识和高素质、专业化的师资队伍指导。鉴于自主创业具有较强的实践性，对师资要求相对较高。既要求他们具备一定的理论知识，又要拥有一定的创业经验，但兼备这两种素质的师资目前高校还十分缺乏。目前高校开展创业教育教学和培训的教师一般来自两个方面：一类是原先从事企业管理学科教学的教师；另一类是学生就业工作的指导老师。共同的弱点就是其自身缺乏创业经历和经验，在为学生进行创业教育培训时，纯知识的讲授多于实践经验的传授。

（3）大学生自主创业的企业支持平台脱节。

大学生自主创业成功的企业少之又少。这固然与大学生思想观念和自身素质有关，但更多的则是受限于启动资金、创业经验等多种因素影响，大学生不能够放心大胆地自主创业。比如，启动资金从哪来，创业经验从哪学，创业教育由谁"指点迷津"，这都是阻碍大学生自主创业的现实问题。

长期以来，我们习惯把企业作为大学生就业的归宿，而忽视了企业在帮助和促进大学生创业中应有的作用。由于缺乏企业"引路人"的"传帮带"，缺乏可行的指导，大学生创业成功率一直很低，全国大学生创业成功率不足 10%。

当前大学生创业需要引导、支持甚至是帮助。让企业"手把手"地指导大学生创业，比空洞的说教更有针对性，更切合实际，对于促进大学生创业、提高创业成功率有着现实的意义。

（4）大学生自主创业的文化氛围不浓。

大学生自主创业缺乏良好的校园创业文化和社会创业环境。自主创业不仅仅是单纯的学生行为，而且还应是政府、社会和学校的共同行为，它的实施是一项系统工程，需要各方同心协力共同推进。我国目前多数高校尚未形成一个完善的、健全的、浓郁的创业文化氛围，学校内部的文化氛围、培养目标、激励导向、评价体系都未能向创业素质培养倾斜。在学校里无法感受到一种积极向上、不畏困难、勇于探索的创新创业气氛。社会传统文化惯性给大学生在创业的人际环境上带来了压力，社会对创业的态度未形成支持、鼓励的氛围。

我国大学生自主创业社会支持体系存在的问题还很多，归其原因：一是我国长期的计划经济体质，大学生也是包分配了几十年，市场化的大学生就业体制实施时间不长；二是我国开展自主创业的时间很短，长期以来大学毕业生都是被分配进相应单位工作，每一个大学毕业生都属于一个单位管理，少有自己开展创业的。这样一种体制和惰性传统严重影响人们的创造性；三是社会还没有形成鼓励和支持个人创业特别是大学生自主创业的氛围，将大学生自主创业看成是自我找工作困难的表现，是自我发展的网络不发达的结果；四是政府的鼓励大学生自主创业的制度还不完善、措施还不到位，缺乏专门的机构和人员落实这样一项新的而又充满风险的政策。

第三节　我国高校大学生自主创业社会支持体系的新构建

有效的自主创业支持体系是实现大学生自主创业的必要支撑。高校大学生自主创业支持体系的内容十分丰富，根据国外大学生自主创业支持体系的总结，以及我国大学生自主创业的状况和需求，我们认为政府、高校、企业及其家庭和社会舆论在大学生自主创业支持体系中具有特别重要的作用，提出构建适合我国高校大学生自主创业社会支持体系的基本要求。

一、构建"四位一体"的大学生自主创业社会支持体系

根据国外的经验及我国的实践，我们认为我国高校的大学生创业支持体系的构成要素应包括政策支持、教育支持、企业支持、社会舆论支持等四大方面。即"四位一体"社会支持体系（图 3-1）。

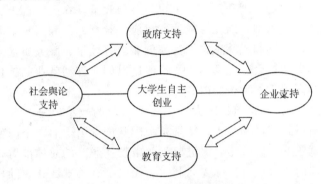

图 3-1 高校大学生自主创业社会支持体系

在此体系中，各个支持因素对高校大学生自主创业均有其不可替代的作用。同时各个因素之间逻辑严密、是互相促进的关系。

政府支持体系为大学生自主创业提供从社会到学校再到家庭的积极和谐的创业氛围，以及多种鼓励创业的政策导向，为创业者提供基本保障。

企业支持体系在大学生创业过程中扮演着"输血"和"造血"的角色，除了经验的传播、人员的培训、平台的建设，更重要的是观念的更新和培养，是一种特殊的示范效应。

大学生的创业教育首先是大学的事情，大学在培养人才方面起着基础性作用。大学在为大学生自主创业服务方面可以做的重要工作是，为全体大学生进行创业教育与基本培训体系；为有创业意向的大学生进行项目选择和实施提供直接帮助；为已经开展自主创业活动的学生提供具体的事务性指导和帮助。

社会舆论支持体系在大学生自主创业中起着特殊的无时不在、无处不在的作用。通过引导社会舆论，影响个人和家庭，引导一代一代的大学生创业活动。社会舆论不仅是创业信息的提供，更为重要的是通过影响社会的方方面面，而直接或者间接影响大学生创业及整个社会的创业活动。

二、加强政府支持力度

近几年来，随着政府鼓励大学生进行自主创业的政策出台，逐步加大了对大学生自主创业的支持力度。高校大学生自主创业的氛围明显好转，制度环境逐渐完善。但是，根据现有的情况，比较世界有关国家的经验，政府在支持大学生自主创业方面还有很多工作可做。

（一）落实创业各项政策，完善创业工作机制

政府首要的工作是清理和落实已出台的各项政策，在此基础上完善各项自主创业政府政策和工作机制，强化各级地方政府、教育部门和高校培养大学生自主创业的使命感、责任感和成就感，把提高创业教育效果、服务质量和创业初始成功率、稳定率、带动社会就业率作为衡量促进以创业带动就业的工作指标，列入政府有关部门和高校工作考核的内容。

自1999年国家首次提出鼓励大学生自主创业的政策以来，高校大学生自主创业的政策不断得到推进和完善，特别是中国共产党第十七次全国代表大会提出了"实施扩大就业的发展战略，促进以创业带动就业"的总体部署，各部门、地方政府和教育部门结合各自实际先后制定和颁发了有关支持和鼓励自主创业的指导性文件，将创业提高到一个新的层面来考虑，极大地推进了高校大学生自主创业的进程和步伐，高校大学生自主创业的数量、质量和规模都得到大幅度提升（有关政策见表3-3）。

表3-3　国家关于自主创业的政策要点统计表

年份（年）	政策内容要点
1999	首次提出鼓励大学生自主创业
2000	鼓励大学生走创业成才之路
2001	要形成鼓励创业的社会氛围
2002	工商、税收部门要简化大学生自主创业的审批手续
2003	首次明确免收行政事业性收费及小额贷款和担保政策
2004	再次提出有条件地区可实行小额贷款和担保政策
2005	要求促进大学生创业各项政策落实到位
2006	扩大免收事业费政策，提出绿色通道、创业资助贷资金，提供必要的人事劳动保障服务和加强创业指导等政策
2007	对免收行政事业费、小额担保贷款、人事劳动保障代理服务和筹集创业资金等政策予以强调，提出组织创业培训、宣传创业典型
2008	实施扩大就业的发展战略，促进以创业带动就业工作指导意见；实施高校大学生创业行动，加强创业培训工作等
2009	各省政府、教育厅发文做好高校大学生自主创业的具体指导意见

应该说，近年来各级政府在鼓励大学生创业方面出台了不少相关政策，有力地促进了大学生创业工作。但是我们也看到，自主创业也存在政策落实不到位，政策导向与教育导向不一致的现象，主要表现：①政策允许自主创业的大学生向银行小额贷款，但是银行考虑到大学生的偿还能力不愿意借贷，因此贷款措施难以落实；②不少高校考虑到在校大学生开展自主创业活动少的现实，一般是通过发通知方式传达下去，很少通过专门的教育培训和专项活动来宣讲这些政策。因此，大学生对自主创业的政策内容了解不多、不全、不深，在学校形成不了浓厚的自主创业气氛；③世界高等教育会议提出的目标是，"高等教育应主要关心培养创业技能与主动精神，要使高校大学生不仅成为求职者，更重要的是成为工作岗位的创造者"。而现实状况是，综观1999年以来的创业政策，都是与就业连在一起的，都似乎是"为就业而创业"，给人"被动创业"的印象，这与教育的真正目标存在差距。因此，如何将各项政策落到实处，从某种意义上讲比出台政策更为重要。

（二）放宽准入条件，改善管理服务

应对初始参与自主就业的大学生进一步放宽享受优惠政策的条件，实行分类指导，使各项政策的出台能真正起到推动自主创业发展的效果。例如，对高校大学生创业可按照行业特点，允许注册资金分期到位；清理和规范涉及高校大学生创业的行政审批事项，简化立项、审批和办证手续，公布各项行政审批、核准、备案事项和办事指南，推行联合审批、一站式服务、限时办结和承诺服务，为大学生自主创业开辟绿色通道等。

同时，优化政策的扶持功能，做好扶持创业实施工作。在政策资金扶持方面，全面落实创业的税收优费、小额担保贷款、资金补贴等扶持政策；对初见成效的创业企业加大扶持力度，延长扶持优惠年限，"放水养鱼"，使创业企业不但能发芽，而且能在一个宽松的环境中成长起来。

（三）强化政策的教育功能，做好创业准备工作

政府鼓励大学生创业，如果大学生能够成功地创办企业参与市场经济的竞争，不仅解决大学生就业问题，还在推动创新、建设创新型国家方面做出了努力。但是，既然是鼓励性政策，而大学生自主创业不但是创业并且还是在大学学习阶段，因此失败也是难免的。因此，我们还要有失败和退出机制，要以平常心去对待这种失败。也就是说，鼓励大学生创业有一个基本的思想导向，即鼓励创业、鼓励创新、容忍失败、有序退出。因此，鼓励自主创业也有教育功能，要向全社会发出一个信息，就是我国政府是鼓励大学生创业的，只要是真正的创业，风险共担。

（四）加强政策的系统建设，为创业工作提供持续支持

近年来，国家对大学生创业非常重视，倡导高校大力推动大学生创业教育，以创业带动就业，出台了一系列的政策。我们希望有关部门认真总结经验，形成一个如图 3-2 所示的系统，覆盖创业的准备阶段、创业实施阶段和创业推进阶段的政策系统，使创业活动从起步到发展完善都有一个完整的政策支持体系。

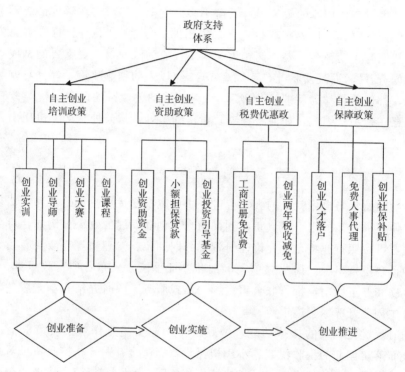

图 3-2　政府关于大学生自主创业政策实现方式

三、改革教育教学

（一）改革课程体系和教育内容

大学生创业率低的一个主要原因是创业资本的缺乏，而创业资本除了必需的启动资金外更重要的是创业者所应具备的综合素质，即创业思想素质和创业能力素养。而这些就是高校教育、培养的一个主要任务。

1. 树立全新的人才观

加强对大学生自主创业的教育，也要遵循创业者素质的培养规律，重视创业素质的自我培养。首先，要在创业人格、创业思维和创业意识与技能方面，克服

中国传统教育模式下人才培养重传承轻创新的模式，加强学生创新意识的培养。其次，要克服万事俱备再去创业的不敢冒险和"等、靠、要"的保守思想，加强学生敢于冒险、勇于挑战的进取精神教育。最后，要加强创业观的教育，使大学生认识到，开展创业，不但是自己个人人生价值的体现，而且是个人社会价值的体现。使高校培养的人才不仅是适应社会的建设者，还应是新社会的创业者。

2. 有针对性的加强专业知识的教育

专业知识是指与创业目标直接联系和发挥作用的知识体系。专业知识是人们长期的社会实践及社会分工的产物，在形式上表现为某种性质和类别的学科知识。创业专业知识的教育内容要具有针对性、实用性，可开设诸如融资、企业管理技巧、创业市场调查等教学内容，并通过案例教学、活动组织、实践体验来进行。此外，还要加强财务管理知识、经济管理知识、金融知识、商业知识、税收知识及法律知识等企业普适性知识的教育。各种教育活动的开展也要有针对性，即有创业意向的学生与已经开展创业活动的学生教育的内容与形式有区别。

3. 着重提升创业者必备的基本能力

从成功创业者的调查发现，成功的创业者，往往具备共同的人格特点和专属能力。他们往往能察觉到自身、同伴，以及竞争对手的优劣势，自信而不自负，具有高成就感和责任感等。具体可表现为创新能力、决策能力、交往能力、表达能力、信息处理能力等。要从创业能力的培养角度，对有愿望参加创业活动的大学生，集中开设相关课程，这主要有培养学生爱岗敬业、勇于创新、承受挫折、敢冒风险的精神，同时对学生进行自强自立教育，使学生树立坚定的信念，具备锲而不舍的韧劲。主动树立"学会认知，学会做事，学会生活，学会生存"的意识，提高创业能力。

（二）建立适合创业人才培养的机制

为不同层次、不同需求的学生搭建适合自身发展的教育教学平台，既是教育改革的方向，也有利于帮助强化学生的主体意识和自主创业的积极性，有利于大学生创新精神和创业能力的培养，实现学生基本素质和全面能力的培养和提高。

从创业的角度，大学生中一般有两类人：一类是有强烈的创业愿望甚至已经动手参与创业活动的人，对这类学生，可以开设选修课程或专门培训，培训他们直接开展创业活动的理论知识和专业能力。还有一类是没有创业愿望，或者还不了解创业意义的大学生，对他们可进行一般性创业意识和素质教育，设立公共教学平台，目的是发掘他们的创业冲动。

多年来大学生的创业实践表明，受个人因素和社会环境所限，大学创业的风险性相对较大，大学生的创业活动还需要有组织、有领导、有计划地开展，不能急功近利、盲目跟风，不能使正常的课堂教学计划受到冲击。在人才培养过程中，要设立导师教学团队。导师应当因材施教、因势利导，努力消除教育教学过程中压抑创造性思维和个性发展的弊端，充分尊重、爱护和培养学生的创新精神和创造能力。在项目选取上，按照学生的背景、需求，将学生的兴趣转化、升华为志趣，激励学生主动探究、分析项目的机会和资源。激励、教育学生积极主动转化专业优势，激发学生的主动性、创造性和智慧潜能，用"创新性学习"取代"维持性学习"，使创新渐渐成为学生主动自觉的行为。从这种意义上，高校的创业教育教学过程对学生来说将成为一个不断提高，不断自我完善、不断发展创新的过程。

图 3-3 所示，无论是创业准备还是创业实践，其内容基本上是围绕创业前的准备工作进行的，并且开展的工作都是在高校内进行。因此，作为高校一定要有系统观和整体观，形成大学生创业教育的合力，努力打造适合学生自主创业的教育体系。

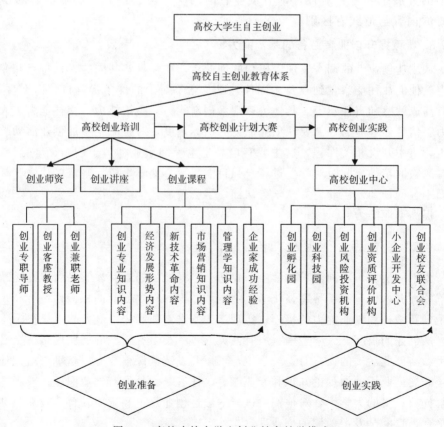

图 3-3　高校支持大学生创业教育教学模式

（三）搭建校企合作创业平台

1. 发挥产学研结合的资源优势

为高校人才培养服务也是企业特别是国有企业的责任。高校应充分发挥产学研一体化的优势，加强与企业的沟通和互动，利用经济技术开发区、工业园区、高新技术开发区、大学科技园区、小企业孵化园等建设创业孵化基地。高校可以与进入基地的企业签订相应合作协议，为大学生提供有效的培训指导服务和创业服务，提供进行创业实践、实习活动的平台。对有创业意向、创业方案的大学生及时进行指导并组织与企业进行合作。

2. 拓展创业培养实践平台

企业可以根据自身特点，通过开设创业课程、开展创业专题讲座、举办学生创业竞赛等，利用学校已有资源给学生提供创业实践的机会，给学生提供创业实践的平台（图 3-4）。

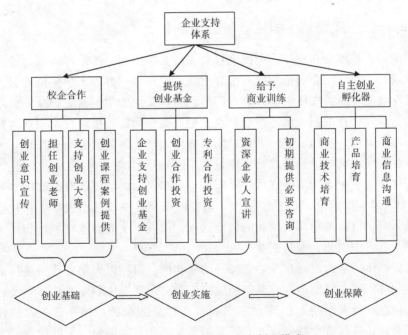

图 3-4　企业支持大学生自主创业模式

（1）实现校企合作的有效机制。

这里有两个层面的含义。一方面是按照企业、社会对创业者素质的需求和市场发展实际状况开展大学生的自主创业扶持工作，实现人才培养的合作机制；另一方面，建立大学生自主创业的支持长效机制，构建大学生创业者和企业长期交流的平台，变创业先辈的直接经验为正在创业者的间接经验，降低大学生由于缺乏经验而导致的成本增加，使大学生在创业中少走弯路。

美国的"硅谷之父"威连·休莱特就是在母校斯坦福大学工学院的恩师特曼的鼓励下，成立了惠普公司。目前，中国青年创业国际计划（Youth Business China，YBC）也是一个很有特色的创业导师制。创业导师由企业家、企业中高级管理人员、咨询师、律师、专业人士志愿担任。这些创业导师在创业者创业的过程中对其跟踪指导，为期三年。有效地帮助大学生提升创业经验值，加深了创业成功的保障。

（2）多样性社会资源的整合。

高校可利用自身的社会影响力和校友资源，帮助大学生创业者获得更多的社会赞助、风险基金支持。有条件的高校也可以自行设立大学生创业风险投资基金，通过专门的管理机构，审查创业者资质，严格挑选创业项目，谨慎评审，并对创业项目的经营情况实施全程监控，一方面保证风险投资基金的顺利回收，另一方面也保证大学生创业的成功。

（四）形成鼓励创业的社会氛围

要调动各种因素和资源，形成全社会支持大学生创业的浓厚气氛。这其中大学生家庭的支持和社会舆论的导向十分重要。要建立一批为大学生创业服务的媒体或者在政府举办的媒体中，开辟专门的栏目，关注大学生自主创业，介绍自主创业信息，宣传自主创业事迹，解答自主创业疑难问题，搭建自主创业者沟通平台。同时充分利用一切可能的平台，大力宣传大学生创业的意义和作用，为大学生创业创造一个宽松、和谐的社会环境。

通过社会舆论支持不断宣传打破旧的传统和观念，纠正曾经鼓吹的"自主创业""个人经商"就是"没有工作"才选择的出路这一说法给大学生和社会带来的负面影响，营造鼓励高校创业的舆论氛围。激发学生的创业精神，积极推动大学生创业、自主创业、艰苦创业。

发挥媒体网络的鼓励自主创业符号配套功能。组建以大学专业为单位的行业"自主创业协会"，定期举行座谈与经验交流会。按期发送创业成功信息及行业岗位需求信息。对大学生加强劳动成果和合法权益的保护，提升创业者的社会地位。同时，还要营造支持创业的政策氛围。对于"自主创业"失败的创业者给予舆论正向引导，并建立创业失败学生的帮助通道。在整个社会中营建"创业改变生活"的基本氛围（图3-5）。

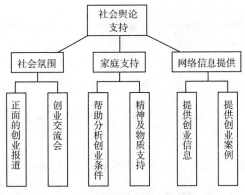

图 3-5　社会舆论支持大学生自主创业模式

第四节　广东部分高校大学生自主创业社会支持体系实证比较

一、广东高校大学生自主创业概况

根据广东省教育厅发布的 2006—2010 年统计数据，广东高校大学生自主创业的情况如下。

(一) 参加自主创业人数总体呈上升趋势，但总体偏低

广东省的调查数据显示（图 3-6），2006 年，我省自主创业的应届毕业生共计 257 名，而 2010 年增加至 1596 名。可以看到，我省参加自主创业的大学生从人数上说总体增加。2006 年自主创业的毕业生只占当年已就业毕业生总数的 0.25%，但 2010 年已经占到了 0.48%（图 3-7）。近年来，我省自主创业的毕业生比例一直在 0.4% 左右徘徊，与部分欧美国家相差甚远（如美国达到 20% 以上），甚至低于国内的许多地区。

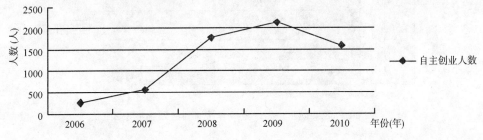

图 3-6　广东省 2006—2010 年大学生自主创业人数统计

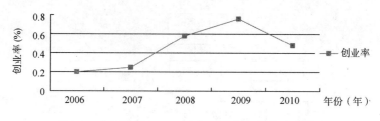

图 3-7　广东省 2006—2010 年大学生自主创业率统计

（二）大学生自主创业主要分布于省内发达地区的零售业

广东省的调查数据显示，从 2008 年到 2010 年，参加自主创业的毕业生从事行业分布前三位的为零售业、其他服务业、教育业。其中，零售业是毕业生自主创业最多的行业，每年均占到了创业总人数的 20％以上。而在金融、保险、法律业、IT 业的比例相加起来不足 9％。大学生对资金风险承担能力较低，不少属于"被迫创业者"，所以大多数的大学生均以低成本的微型创业起步，选择曾任职过或较为熟悉的行业，并以创意和新服务创造能永续经营策略，避免以规模或价格导致首次创业的失败。

另外，广东省的大学生自主创业的地区分布上，前三位分别是广州、深圳、珠海。其中选择在广州市创业的毕业生人数每年均超过 30％。这些地区除了具有较好的创业环境与商机以外，政府对扶持大学生创业的政策的落实也较其他地区更加到位。

（三）资金与经验成为广东省大学生创业的最主要障碍

在广东省，大学生们认为创业中可能最容易遇到资金与经验不足的占了 68.91％，其次是投资风险，而他们对政策扶持方面的考虑却放在最后（图 3-8）。

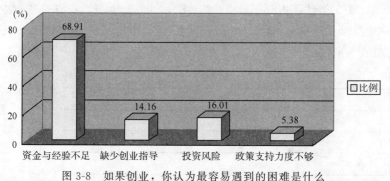

图 3-8　如果创业，你认为最容易遇到的困难是什么

另外，66.07％受访高校未设创业专项资金，设创业专项资金在 10 万—50

万的仅占 4.82％，50 万以上的也仅有 1.43％。资金的严重不足，也制约了创业教育与实践活动的深入开展。

（四）创业舆论引导不足使学生、家长及教师对在校大学生创业态度不一

调查数据显示，支持在校大学生自主创业的学生有 79.1％、教师 89.29％、家长 44.83％（图 3-9）。在调查中虽然大部门的教师和家长不反对学生在校期间创业，但还是觉得重心应放在学习上，而在校期间创业只是一种新的社会实践方式，一种经验的累积。44.57％的家长不表明态度，而 10.71％的教师、7.1％的学生明确表示反对。

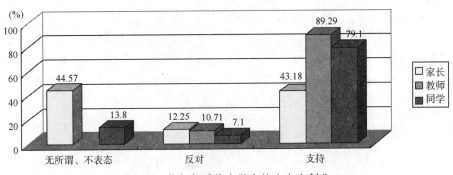

图 3-9　你如何看待大学在校生自主创业

二、中山大学大学生自主创业社会支持体系

（一）与政府紧密结合

积极争取各级政府的支持，先后与广东省、广州市等合作建立了 5 个大学生创业孵化基地，并且与海珠区政府科技基地合作成立"中山大学创业与实践基地"，先后推荐 11 个项目入园。

（二）多形式开展创业教育

中山大学采用多种形式开展创业教育，培养学生创业能力。

首先，专门成立创业学院，推动创业教育专业化。创业学院每年在全校所有专业的本科生、研究生中择优遴选学生加入"创业黄埔班"，毕业时学生可按有关规定获得双学位。

其次，开设 KAB 大学生创业教育课程，并开展创业教育方面的国际合作。2007 年起开设了由联合国劳工组织和中国共产主义青年团联合设置的 KAB 大学生创业教育课程，课堂采用参与式教学方法，运用情景模拟、分组讨论、商业模

拟游戏、创业人物访谈、案例讨论等有效形式，帮助学生掌握基本的创业技巧和技能。另外，先后与美国百森商学院、英国牛津大学等十余所国外著名高等院校开展了合作，促进学生形成良好的国际视野与全球眼光。

再次，鼓励学生参与各类创业竞赛和创业活动，每年举办"赢在中大"——创业策划与技能大赛等实操性强、广受学生欢迎的活动，鼓励学生积极参与政府部门举办的各类创新创业大赛。

最后，创业基地建设方面，依托中山大学国家科技园建设大学生创业园，积极帮助毕业生创业企业进行孵化，推动创业成果转化。

（三）积极争取企业支持

积极争取企业在智力和资金方面的支持。一方面，推进了"校友企业家进校园"等工作，积极营造浓厚的创业氛围和企业家文化，有效推动了学生提前感受经济发展对创业者的要求，及早形成职业生涯规划。另一方面，积极争取企业资金方面的支持，如广东省粤科风险投资集团公司与中大产业集团合作出资 2000 万组成中山大学大学生创业种子基金。

（四）积极打造创业文化

通过成立创业协会和举办创业讲座，形成浓厚的创业文化氛围。首先，创业协会每年在各校区举办创业相关论坛、沙龙上百场，传播了创业文化，为大学生与社会各界成功人士之间搭建起沟通和交流的桥梁。其次，举办创业讲座，每年举办为期两个月的创业教育系列讲座，内容涉及新公司法的解读、工商税务登记、人员招聘管理与培训、团队建设等。

三、华南农业大学大学生自主创业社会支持体系

（一）争取政府的专项资金支持

争取资金对高校大学生自主创业的支持推动。2009 年华南农业大学 40 余名大学生参与创业，有 16 项创业计划获广东省科技厅扶持基金 170 万元，受助项目数居广东省高校第一、受助资金总额列广东省高校第二。

（二）系统开设创业课程

首先，依托"就业指导与服务信息公共平台"作为学校开展大学生创业启蒙教育的重要阵地，利用网络丰富自主创业的扶持手段（http：//jyzx. scau. edu. cn/）。

其次，通过大学生创业精英训练营对有创业意向的在校大学生实施创业精英式培养。

再次，实行教学改革，在公共选修课中引入自主创业系列课程（包括《大学

生职业生涯规划》《大学生职业素质与能力拓展》《大学生就业指导》与《大学生创业指导》《大学生职业生涯规划》和《大学生职业素质拓展与就业指导》等六门课程），并对参加课程学习的学生进行创业实践，成立创业团队、选配专门的创业导师。

最后，在师资队伍建设方面，由华南农业大学学生工作处建立了大学生自主创业教育教研室，在积极培养创业教育师资的同时，聘请政府官员和企业家参与课程讲授。华南农业大学有 25 人获得全球职业规划师（GCDF）培训认证，27人获得劳动部职业指导师（二级）认证，25 人获得北森 TTT 职业规划课程讲师培训认证，9 人获得国际劳工组织中国项目 KAB 创业培训讲师资格认证，认证师资人数与水平居广东省高校之首。应全程化就业教育的需要，该校于 2007 年将"毕业生就业指导中心"更名为"华南农业大学大学生就业指导与服务中心"，同时也成立了"大学生自主创业教育教研室"，将研究生与本科生的就业工作纳入一体，整合了学校资源，在指导与服务功能上进行了调整，使其更能与当前就业形势相适应。

（三）加强校企合作

加强校企合作，为大学生创造创业的实践平台。一方面，接受企业的无偿资金捐助，建立大学生自主创业基金；另一方面，积极探索校企合作的创业实习基地建设。2010 年华南农业大学共争取到多家企业总计达 400 多万元的创业资金支持。华南农业大学还与香港四洲集团正式签订合作协议，共同建立"华农四洲大学生创业实习基地"和"华农四洲大学生创业基金"，为在校大学生提供产品营销、实习和学生自主创业场所，并丰富大学生创业知识和工作经验。经过四年的快速发展，华南农业大学还成功地培育孵化了勤工俭学报亭管理团队、香园咖啡屋等多支创业公司团队。

（四）重视家庭和社会舆论

影响华南农业大学大学生自主创业的因素还有很多。其中重要的还有两个方面：一方面，来自家庭的支持和来自社会舆论的支持。受传统文化影响，大学生虽在法律上具有完全自我意识和自主活动能力。但是，绝大多数大学生经济上没有独立，依靠家庭支助完成学业；又因为大学读书、将来就业工作，都承继着家庭和父辈的希望，因而大学生毕业就业，又是家庭的职责和希望，家庭对子女创业的理解与支持与否，必然影响大学生在大学期间的创业动力和创业导向。另一方面，当今是媒体高度发达的时代，媒体的造势，极大地影响着青年人，尤其是大学生的价值取向和行为方式。媒体多宣传大学生创业的意义，做正面引导，宽容、包容，将有利于形成大学生创业的良好氛围。正因为如此，家庭和媒体是大学生创业支持体系的重要内容。

四、华南师范大学大学生自主创业社会支持体系

（一）依托政府部门开展创业培训

积极探索行之有效的政府高校合作之路。首先，依托政府部门开展创业培训，如佛山市人力资源和社会保障局等单位委托华南师范大学开展"佛山籍大学毕业生创业培训班"，为佛山籍大学毕业生开展系统创业培训；天河区人力资源和社会保障局等部门联合辖区有关高校共同举办的"我创我赢"天河青年创业训练营开营仪式也在华南师范大学举行。其次，申报创业项目，争取政府部门的无偿资金帮助。仅 2009 年就有 10 个项目通过广东省科技厅中小型科技创业扶持项目，获得政府无偿资助的创业资金 85 万元。

（二）创业学院开展集中教育

首先，成立广东省内首个正式挂牌的创业学院，下设石牌、大学城、南海校区三个分院，确保创业工作"人员、场地、经费"三到位。其次，以特色创业课程为主线，完成培训教材遴选编写、教学队伍聘任培训、培训平台与基地建设等基础工作，合力打造符合高校特点的创业教育课程体系。再次，以创业特训班为载体，培育创业团队。开设了"创业特训班"系列课程，首期"创业特训班"培育出 7 个创业团队，注册公司团队中有 2 个团队已有实体经营店。最后，以学科建设带动创业教育的进一步发展。依托经济与管理学院在经济管理、战略咨询、MBA 教育等方面的优势，结合创业教育拟开设 MBA 或其他硕士、博士研究生创业创新教育专业方向。

（三）探索校企合作之路

探索行之有效的校企合作之路。首先，积极利用校外智力资源。聘请创业成功的企业创始人和负责人担任校外导师。依托创业学院开展"校企携手"活动，吸引众多企业入校园洽谈合作事宜。与校外 20 余个企业建立了密切合作关系，正式挂牌成为高校创业学院校外创业基地。其次，积极争取企业的资金扶持。一方面，成立"合生珠江大学生创新创业及职业发展基金"，五年合计拨款 400 万元用于大学生创新创业立项和职业发展培训；另一方面，利用校友及校外导师资源建立"华南师范大学校友创业基金"。

（四）营造校园创业氛围

定期邀请创业导师开展创业讲座、成立学生创业协会、创业俱乐部、举办校

园创业开放日、创业论坛、创业比赛等活动，营造良好的校园创业氛围。

五、佛山科学技术学院自主创业社会支持体系

（一）政府主导校企合作

首先，每年与佛山市各区主管部门合作为有创业意愿的毕业生举办免费创业培训；其次，与各创业园区、顺德生产力促进中心合作，挂牌共建大学生创业基地，目前已有"汽车新型防盗器"等多个项目正申请入园；再次，整合了以人力资源和社会保障局、共青团、经济管理等部门为主体的政府资源，初步设立了大学生创业基金超过100万元，每年以30%的速度递增，有效地支持了大学生创业活动。

（二）政企校合力开展创业教育

以学校为主体，整合政府与企业资源以推进创业教育课程改革。首先，专门成立"职业发展与就业指导教研室"，配备中级职称以上的兼职专业教师28人；其次，每年在新生中严格挑选创业"种子"，各组建2个创业创新专业班，全面实施为期4年的未来企业家教育计划；再次，开设了《创业管理》校选课并定期举办创业讲座；最后，在全校性创业教育方面，将课程体系分为"通识教育""技能提升""实践强化"三大模块并贯穿大学全过程，同时推行"三三三"制教学，即理论教学、现场教学、实践教学各占1/3课时。

（三）加强创业基地建设

首先，利用各大企业的实践优势，先后组织了4000多名大学生进行创业实习，并与60多家企业（组织）合作共建创业实习基地；其次，充分利用企业家的智力资源优势，聘请企业家加入创业教育导师团队指导校内创业基地建设，在校园内开辟固定基地供大学生创业，突出创业培训、政策帮扶和技术指导。

（四）创业文化融入学校生活

通过各种方法营建浓厚的校园创业氛围。首先，以创业大赛为引擎，推进了校内创业实践活动，包括社团科普活动、科技创新创意活动、创业讲座、创业项目仿真实践和自主创业孵化等，贯穿大学生创业教育的全过程；其次，邀请企业管理和市场营销等方面的专家学者、经济管理部门人员等举办创业领航大讲堂，逐步营建了浓厚的校园创业氛围，每年超过600人参与创业设计大赛，超过在校生的6%；最后，在各班设置"职业发展委员"，有效地加强了创业文化的深入宣传与活动的组织开展。

六、比较与建议

（一）广东部分高校大学生自主创业社会支持体系比较

许多高校都在政府支持下，发挥高校内部主动性，结合校友和校外企业资源，多渠道积极搭建大学生自主创业社会支持体系，经过对比，得出基本结论如下（表3-4）。

表3-4　部分高校大学生自主创业社会支持体系建设比较

学校	政府支持	学校支持	企业支持	其他支持
中山大学	5个大学生创业孵化基地＋"中山大学创业与实践基地"	成立创业学院，开设KAB大学生创业教育课程，"赢在中大"——创业策划与技能大赛等，推动创业成果转化	"校友企业家进校园"等，创业种子基金等	创业协会每年在各校区举办创业相关论坛、沙龙，每年举办为期两个月的创业教育系列讲座
华南农业大学	2009年16项创业计划获广东省科技厅扶持基金170万元	大学生创业精英训练营，大学生自主创业教育教研室	400多万元的创业资金支持，"华农四洲大学生创业实习基地"和"华农四洲大学生创业基金"	家庭的支持和来自社会舆论的支持
华南师范大学	"佛山籍大学毕业生创业培训班"，天河青年创业训练营开营仪式，2009年10项创业计划获广东省科技厅扶持基金85万元	成立广东省内首个正式挂牌的创业学院，下设三个分院，打造创业教育课程体系，开设了"创业特训班"系列课程	校外创业基地，"合生珠江大学生创新创业及职业发展基金"，五年合计拨款400万元，"华南师范大学校友创业基金"	开展创业讲座、成立学生创业协会、创业俱乐部、举办校园创业开放日、创业论坛、创业比赛等活动
佛山科学技术学院	免费创业培训，共建大学生创业基地，设立了大学生创业基金超过100万元	"职业发展与就业指导教研室"，创业创新专业班，创业教育"三三三"制	创业实习，与60多家企业共建创业实习基地，聘请企业家加入创业教育导师团队，开辟固定基地供大学生创业	创业大赛，创业领航大讲堂，各班设置"职业发展委员"

学校	政府支持	学校支持	企业支持	其他支持
对比的结论	各高校得到各地政府支持力度不一，创业资金储备相差悬殊	通过创业课程建设、竞赛的组织等，各高校都积极参与创业人才培养	由于各个学校的社会资源有别，所建创业实习基地个数、创业基金数额都有差别	各高校家庭、班级、协会等都参与到创业教育中来

由此可见，部分高校在学校本身建设方面不存在明显差别，都是积极实践，不断增强培养能力；学校内外的力量，包括家庭、社团等也积极参与，营造健康和鼓励创业的氛围。差别所在即是政府和企业支持两个方面。这两块力量的参与程度与力度不完全受"学校"本身意志的影响，而是与政府本身对国家政策的贯彻程度、实施方式及企业实力与发展计划等息息相关。但这两者参与力量的强弱决定着创业资金的金额、创业实习平台的建设等核心和实质性的要素。所以，作为高校，可以积极建言和争取各级政府在大学生自主创业方面的支持，拓展学校与企业合作的空间，搭建更加完善的大学生自主创业的社会支撑体系。

(二) 加强高校大学生自主创业社会支持体系建设的建议

通过以上的对比分析，结合本章提出的大学生自主创业社会支持体系的结构，针对广东部分高校的实践，提出加强广东高校大学生自主创业社会支持体系建设的建议如下。

第一，明确支持大学生自主创业是紧迫而又长期的任务。高校大学生是国家宝贵的人才资源，是国家现代化建设的重要生力军。鼓励支持高校大学生自主创业，首先是人才培养的需要，是解决大学生将来走向社会、适应市场就业的需要，更是建设创新型国家的需要。因而，支持大学生自主创业，既是当前紧迫的任务，又是长期发展的目标，因为人才特别是创新人才的培养，与建设创新型国家的任务一样都是长期而又艰巨的。

第二，制定具体而明确的支持大学生自主创新的规划。从我们调查的情况看，虽然各高校都认识到大学生自主创业的重要性，在一些主管部门，如学生处、团委、教务处或者各学院都有一些工作计划，但是这远远不够。首先，要提升到学校层面，也就是要像做学校的教学科研、学科建设、人才引进等规划一样，在学校层面做好支持大学生自主创业的中长期规划；其次，要抓检查落实，与学校制定的其他计划一样，层层落实、监督检查、分清职责、奖惩分明。

第三，做好资源共享工作。在支持大学生自主创业工作方面，广东不同高校都做了大量工作，并建立了资源和信息网络。这其中包括校内的信息网络、实习基地建设，也包括校外的支持网络，如企业平台建设、创业项目供求信息、政府及企业管理者的经验、资金政策的供给等。各个学校为此做出了很大努力，付出了不少成本。我们建议能否由政府有关部门（如教育部门）或者建立行业协会（如大学生自主创业协会）共同管理、开发和利用现有的大学生自主创业的各种资源，明确管理和服务的职能，以整合资源，最大限度的发挥资源的作用。

第四，进一步加大政府支持力度。在我国，各级政府仍旧是大学生自主创业支持体系的主体，因此，政府部门责无旁贷。应多渠道开发创业领域，完善相关政策措施，切实加强创业服务，千方百计促进大学生自主创业。要进一步落实和完善各项创业扶持措施，改善创业环境。企业是大学生自主创业的最广大平台和最深厚支持动力，为了调动企业支持大学生自主创业的积极性，政府还可以出台和完善相关政策，鼓励企业支持大学生自主创业。可以从两个方面入手：一是引导措施；二是硬性安排。就是说，政府在推动企业积极参与大学生自主创业之中，可以在项目选择、税收优惠、资金倾斜、人才培训等方面给予特殊的政策，以吸引企业主动与大学联系，结成相关共同体，帮助有自主创业意向的大学生成功开展自主创业活动。另外，还可以用政府行政要求的形式，给国有企业下达计划，在时间、项目、资金使用等方面，要求企业必须支持大学生自主创业，将其作为政府主办的企业应该履行义务。这项工作虽然有强迫命令性质，但是在大学生自主创业初期是必需的。

第五，高校要完善鼓励大学生自主创业制度。加强创业教育、创业培训和创业服务。各高校要广泛开展创业教育，积极开发创新创业类课程，完善创业教育课程体系，将创业教育课程纳入学分管理。积极推广创业培训模式，鼓励大学生参加创业培训和实训，提高创业能力。要根据不同大学生创业特点和需求，组织开展政策咨询、信息服务、跟踪扶持等"一条龙"创业服务。

第六，在全社会形成支持大学生自主创业的文化氛围。创业文化是指与创业有关的社会意识形态、文化氛围，其中包括人们在追求财富、创造价值、促进经济发展中形成的思想观念、价值体系和环境意识，其主导着人们创业的思想方式和行为方式。在营造创业文化过程中，政府的公共舆论导向起着主导作用。政府可以通过打造文化品牌、举办创业讲坛、树立创业典型、举办创业事迹报告会等途径，创造和推行崭新的创业文化。提高社会对创业者价值的认识，激发人们的创业热情，增强自主创业的信心和决心，营造鼓励创业的文化氛围，在全社会形成"理解创业，支持创业，帮助创业"的社会文化氛围，使创业成为人们，尤其是大学毕业生可以接受甚至主动要求的职业选择。

七、结论和讨论

从目前的情况来看，我国大学生创业存在不少问题：创业人数过少，创业人数不到毕业生人数的 1%；创业成功率过低，大学生创办的企业能长期坚持下去的很少。产生上述现象的原因是多方面的，需要从政府、社会、企业、高校、家庭各个方面去共同努力，为大学生创业营造良好的氛围。

政府在大学生创业方面的职能是要秉承"服务型政府"的理念，制定鼓励创业、支持创业、服务创业、保护创业的公共政策。如何为大学生创业者提供系统、完善、积极有效的创业政策已成为目前政府迫切需要解决的问题。一方面，要完善鼓励大学生创业的法律法规。大学生创业政策法规涉及教育、科技、人事、计划、财政、金融等诸多部门，这就要求政府做好统筹和协调工作，制定统一的有利于大学生创业的政策，鼓励大学生创业。另一方面，劳动保障部门要推动创业大学生的失业保险的建立，为大学生创业解决后顾之忧；公安部门要解决创业大学生的户口和自由流动的问题；人事部门要提供人事档案存放和职称评定；工商、税务部门在降低企业注册资本、简化企业审批手续，税收优惠、知识产权保护等方面为大学生创业提供方便。

通过建立创业服务体系，成立专门的大学生创业扶持机构，为大学生提供创业咨询，创业项目平台、创业培训等全方位的服务。构建大学生创业信息体系，重点分析和预测社会发展对未来创业机会的影响，为大学生创业提供信息服务。政府还可以联合各方面力量拓展大学生创业的融资渠道，建立"大学生创业基金""新技术援助基金"，从而使大学生创业融资多元化，解决大学生创业面临资金缺乏的最大障碍。

全社会要营造一个良好的创业氛围，从舆论导向、社会宣传、价值观念上鼓励创业、崇尚创业。要尊重大学生的创业选择，为大学生创业提供强有力的社会支持。要引导人们改变观念，让创业的学生感到"社会上有地位、政治上有荣誉、经济上有实惠"。通过各种媒介渠道宣传大学生中的创业典型，鼓励大学生向这些先进人物学习，投入到火热的创业生活中去，为祖国的建设多做贡献。同时社会还要通过各种渠道，宣传创业政策，让更多的大学生了解在创业上的优惠政策，并把这些优惠政策切实用好。

本 章 小 结

创业研究在社会层面开始成为一个新的学术热点，创业教育在政府层面成为当代高校教育改革的一个基本领域，创业在学校层面成为中国大学生就业趋势之一。无论是国内还是国外，大学生自主创业研究的历史不长，在美国、英国、德国、韩国等国家形成了各具特色的大学生自主创业支撑体系，并取得了显著成绩。相比之下，尽管我国已有高校的教育支持体系和政府的优惠政策支持体系两个相对完善的支持体系，但大学生群体在创业方面当前还存在认识不足、难度大、意愿偏低和能力素质不高等问题，导致整体创业率偏低。目前正朝着建立政策支持、教育支持、企业支持、社会舆论支持"四位一体"社会支持体系发展。

思　考　题

1. 结合国际和国内经济形势，谈谈研究和探讨影响高校大学生自主创业的社会因素对我国发展有哪些重要意义？

2. 从社会、政府和高校层面，分析有哪些因素正密切影响着我国大学生自主创业？

3. 对比国外和国内对创业的研究，有哪些成果对开展我国大学生创业教育具有借鉴意义？

4. 高校大学生自主创业社会支持体系是指影响大学生自主创业的各种社会因素的总和，按照本章所讲述的"四大子系统"，高校支持体系如何做好创业精神理念和创业技能的教育？

第四章　大学生创业教育的困境和出路

发展大学生创业教育是促进就业、发展经济的有效方式，是培养大学生创业意识、激发大学生创业动机的重要方法。国外的创业教育研究较早，教育体系完善，而我国的大学生创业教育起步较晚，陷入创业教育资源欠缺、投入不足和体系不完善等困境。所以，我们有必要认真研究我国的大学生创业教育发展状况，并对其存在的困境进行科学分析，进而找到改善大学生创业教育的出路，以提高创业教育的实效。

第一节　大学生创业教育的发展现状

一、创业教育的发展历程

创业教育研究和实践最早兴起于美国，关于创业教育的研究与实践美国仍然处于领先地位。美国拥有大量的创业学术期刊，这些期刊通过关注高校各种创业教育项目的方式，巩固了创业学的研究领域的地位，而且极大地调动了美国高校对于施行创业教育的积极性，高校纷纷开设创业学专业，成立创业教育中心和创业教育研究会等组织。

我国创业教育理论研究开始于 20 世纪 90 年代初，早期主要集中在教育学界。1990 年下半年，由原国家教育委员会基础教育司牵头设立了"提高青少年创业能力的教育联合革新项目"国家项目，并专门成立了国家协调组进行创业教育的实验和研究。创业教育的理论与实验研究被列为国家教育委员会"八五"教育科学规划项目。当时，创业教育在中国 6 个省市、20 个县乡和 30 多所学校进行实验研究。"经过两个阶段的研究，在创业教育的目标、课程设置、素质教育与创业教育、创业教育实验等问题方面进行了有益的探索，取得了一定的研究成果"。

我国对于创业教育实践也就更晚一些。1998 年，清华大学在国内管理学院中率先为 MBA 开设了"创新与创业管理方向"，并在同年举办首届"清华大学创业计划大赛"。紧随其后，各高校相继掀起创业大赛活动，一些国内著名的高校也陆续开设了创业方面的课程。2002 年，为响应由联合国教育、科学及文化组织在"面向 21 世纪教育国际研讨会"上正式提出的"创业教育"和会议报告提出的学习的"第三本护照"，即创业能力问题，并要求把创业能力提高到与学术性和职业教育同等的地位，我国高校开始试行创业教育。2002 年 4 月，教育部确定了中国人民大学等 9 所高校为全国创业教育试点高校，表明创业教育已经从萌芽阶段，发展到了提升的阶段。

2009 年国务院办公厅颁发的《关于加强普通高等学校毕业生就业工作的通知》指出：鼓励高校积极开展创业教育和实践活动。随着高校、政府对创业教育的日渐重视，我国大学生对创业的认知度在不断增长，参与创业活动的热情在不断增强，学生对创业教育的渴望程度不断提高，而各种创业竞赛在高校开展得如火如荼。

二、高校创业教育的实践和探索

（一）高校创业教育模式

中国高校在开展大学生创业教育的十多年过程中初步形成了一定的模式，尤其是在创业教育试点的 9 所高校中，他们相继设立创业学院，开设相关的创业课程，并编写了创业教材，也逐渐行成了四种创业教育模式：第一种模式主张以课堂教学为主导的创业教育方式，该模式以中国人民大学为代表，重在培养大学生创业意识和完善大学生创业知识结构。第二种模式主张以提高大学生创业技能为主的教育方式，该模式以北京航空航天大学为代表，强调在商业化运作的创业园中教授大学生学会创业。第三种模式主张综合创业教育模式，该模式以上海交通大学为代表，既重视在创业教育教学过程培养创业素质，还提供一定的创业平台和创业支持。第四种模式主张创造、创新和创业相结合的多样化人才培养模式，该模式以武汉大学为代表，武汉大学提出创造教育、创新教育和创业教育的"三创理念"，尊重学生个性，调动教师积极性，跨学科开设课程，完善学生知识体系。

（二）高校创业教育的主要做法

其他高校也对创业教育给予了热烈的关注，制定了促进大学生创业的相关制度，也推出了相关创业教育课程和培训项目，主要做法如下所示。

1. 以特定专业为主导，遴选特定专业学生组建创业实验班

湖南农业大学"为发挥农业院校的自身优势，学校于 2005 年在 2004 级学生班级当中构筑了四大模块（即植物生产类、动物生产类、生物技术类和农业经济管理类）10 个专业的创业型人才培养实验班"。该高校对实验班学生有明确创业学分要求，制定了不同于同专业普通班级的教学计划，比普通班级增加了 8% 总学时，用来增设外语、计算机、数学、新开设的学科基础课、专业主干课或新增实验项目等。南京农业大学于 2005—2006 学年第一学期开设开办了第一期"创业人才实验班"，开设的课程共 5 门，计 10 个学分。

2. 开设创业理论课程和讲座，强调创业意识和创业知识结构培养

如南京农业大学开设创业必修课和公共选修课，还开设了企业管理实务类课程，如《市场营销学》《企业管理》等 20 余门专业选修课，帮助大学生掌握经济、管理和营销类知识。如华南农业大学为实施创业教育，开设专门的创业教程和选修课程，如《大学生创业概论》，讲授有关企业和创业的基本知识。

3. 举办创业创新大赛和项目

为推动大学生创业教育，引导和帮助大学生学习创业知识、树立创业精神、培养创新意识、提高创业能力，华南农业大学每年开展"丁颖杯"大学生创业计划竞赛，其中的优秀作品还可以参加广东省创业计划大赛和"挑战杯"中国大学生创业计划竞赛。建立了华南农业大学四洲大学生创业园，设立 80 万元用于支持大学生开展科技创新创业活动，支持理科类创新项目 200 项，每项给予 1500元资助，支持文科类创新项目 100 项，每项给予 800 元资助。

部分高校逐渐认识到大学生创新创业教育的重要性，已经开始探索和推进。中国农业大学在"十二五"规划中提出"大学生创新创业训练计划"。这不仅体现了学校对学生提高了创新水平要求，而且明确了对学生创业的支持和鼓励。为此，学校在本科教育教学十大改革措施中明确提出强化创新创业教育，包括进一步加大对联盟体资源计划（Union Resource Planning，URP）、大学生创新实验计划、学科竞赛支持；新建生物、资源与环境、化学、人文、经济管理、农业科学类竞赛平台；研究型学院全面实行本科生导师制和 URP，其他学院进一步扩大覆盖面（50％ 以上）；支持建立学院大学生创新实验中心；创业教育系列课程建设；创业项目策划与实习实践等。

第二节　大学生创业教育的困境

我国高校在培养创业人才方面已积累了一些经验，但相比国外而言，我国大学生创业的实践度仍然很低。近年来，发达国家的大学生创业平均比例维持在20％—30％，我国大学生创业比例约为 0.3％。据相关部门统计，世界上大学生创业成功率在 8％ 左右，而中国则不足 1％。究其原因，我国创业教育仍然存在较多不足，包括对创业的认识理念、教育资源、教育体系和创业文化氛围等方面，没有真正从整体上发现创新能力培养的内在教育机制。

一、创业教育理念不正确

（一）应对就业的创业理念

在"面向 21 世纪教育国际研讨会"上第一次提出的"创业教育"，创业教育是未来的人的"第三本教育护照"，并要求把其提高到与"学术护照"和"职业护照"同等的地位，它是一种培养学生未来从事创业实践活动所必备的意识、心理品质、知识和能力的教育。但这种教育理念并未被高校师生完全接受，大多高校把它视为提高就业率的无奈之举，毕业生更是把创业视为是失败之举，是求职不顺之后的选择。

（二）技能型创业理念

当前我国创业教育理念总体来说是技能型创业教育，在这样的创业理念指导下的创业教育带有较强功利性质，以培训创业技能为主要内容，以成功创业为主要目标，是促进就业的一种补充形式。这种技能型创业教育逐渐沦为一种功利主义的教育形式，发挥不了教育应有的作用，对于提高学生创业能力的作用也是非常有限的。创业教育不仅仅是创业技巧和技能的传授，应该是以培养大学生的创业意识和创业精神为目的。以美国百森商学院帝蒙斯教授为代表的创业教育专家认为，大学生创业教育不应以追求眼前功利为目的，而应该着眼为美国大学生"设定创业遗传代码"，以培养出创新和创业的一代新人为价值导向。只有通过开展素质型的创业教育，才能普及创业理念，激发学生的创业意识和兴趣。

二、教育对象小众化

（一）创业教育受益面较窄

人们普遍对创业教育存在一种误解，认为只针对有创业意愿的学生开展创业教育，使其毕业后能顺利创业。我国的创业教育的面向对象面很窄，主要面向高职高专大学生和本科大学生中的小部分，这相对于我国庞大的大学生群体来说比例是非常小的。

教育面向的对象本身应该是大众的、普遍的，但目前创业教育仅使一小部分学生受益，并没有形成大学生创业创新的大氛围。目前创业教育的对象，一是局限于经济管理类、工商类专业学生开创创业教育课程；二是仅面向具有强烈创业愿望的学生开设创业培训班，在高校中较多的创业学院里开设了创业精英培训班，面向的学生很少；三是面向社会部分人员的创业辅导，面向部分打算创办企业的社会人士开展集中培训。

高校的创业教育具有较明显的精英化倾向。在高校具体创业教育指导中，只针对部分有创业具体计划的学生进行创业指导，或者仅依靠讲座和创业计划大赛的简单形式，从参赛的实际情况来看，往往只是某一小部分学生反复参加这些大赛，创业教育对学生的影响范围不广。学校关注的目光更多地投向了部分学生的创业竞赛成绩。竞赛成了少数人参加的活动，大部分学生只是袖手旁观的"看客"。"象牙塔式"的创业竞赛并不一定会培养成"象牙塔式"的创业人才。

（二）创业教育各阶段发展不完善

学生的创新意识和创业精神的培养，是需要一个潜移默化的过程。创业教育也是应该从娃娃抓起，创业教育课程应该涵盖从小学到初中，再到高中和大学，甚至继续教育阶段的过程。国外发达国家已经形成了比较系统的创业教育系统，普及到教育的各个阶段，从小学到大学形成一个连贯的体系，贯穿人们从儿童到老年的成长阶段。

我国的创业教育往往从高校开始起步，小学、初中、高中和大学毕业之后的各个阶段没有开展系统的创业教育。尽早接触创业思想，可以有利于从小培养孩子的创业意识。仅从大学开始开展创业教育，起步较晚，较难帮助学生重新调整规划未来方向。社会上的人们在经历过一定的历练和积累了创业资本之后，更有创业冲动，通过接受创业教育可以帮助他们解决实际中遇到的问题，对于创业者本身和社会发展来说都是具有重大意义的。大众的创业教育、贯穿一生的创业教育将是顺应今后国家社会发展的潮流，也是今后发展的必然。

三、创业教育课程体系不完备

（一）缺乏系统教学体系

美国在课程开设方面大多数院校把创业作为一个专业或研究方向，因而具有系统的教学计划和教学体系。而我国创业教育尚处于试点阶段，课程体系教学方案的设计仍处于探索期，大多数课程是以选修课的形式出现，在创业理论课程方面也缺少有针对性的内容，或者由就业指导课、职业生涯等课程转变而成，或者以讲座、培训课程的形式开展，课程内容单一，课程没有衡量标准，课程分散缺少整合，缺少系统化的创业教育体系。

（二）教育课程层次不够分明

创业教育课程缺少分层次教学，应该根据教育对象的不同需求、不同专业背景等因素来开展分层次的创业教育。对于全体大学生，应开设素质教育系列课程，讲授创业教育基本知识；对于有创业意向的教育对象教授创业技能和专业知识，对于有具体创业计划的教育对象开设创业实践课程等。

（三）学科课程和活动课程呈现两极化倾向

部分高校已设立了创业管理学院、创业教育中心等机构，开设了有关创业的系列课程、辅修专业、双学位等学习体系，编写了相应的教材。但从全国高校实施的创业教育情况来看，出现了两个极端：一是部分高校有活动课程化倾向，强调开展活动课程，认为创业教育就是开展创业实践活动，忽略创业基础知识的积累。二是部分高校有学科课程化倾向，注重开设传授创业知识的学科课程，缺少与实践结合。

四、创业教育资源欠缺

（一）脱节的创业教育实践活动

当前国内的高等教育几乎都是千篇一律的教学模式：统一刚性的教学计划，同一专业的学生以同一种模式培养，忽视学生的个性特点，扼杀学生的创业性和创造性；且大多数高校的创业教育仅局限在校内和课堂上，还是一种较为陈旧、封闭的教育模式。这种传统教育模式培养出的学生在创业过程中除了能"纸上谈兵"之外，对具体市场开拓缺乏经验与相关知识，缺乏从职业角度整合资源、进行管理的能力，实践经验严重不足。

（二）创业教育师资不足

开展创业教育最早的美国高校，创业师资大多是接受过系统的创业教育，具备扎实的创业教育知识，同时又拥有创业实践经历。而当前我国高校缺少创业教育的专业教师，创业教育师资队伍基本上从思想政治部、学生工作部及就业指导中心等部门的学生管理人员转型而成。非专业的创业教育教师队伍自身缺少创业教育系统知识，也缺少创业实践经验，很难成为推动高校创业教育发展的教师队伍。同时，由于缺少专门的创业教育指导经费，教师对指导学生开展创业教育和创业大赛的热情不高也是师资不足的原因之一。

（三）缺乏权威的创业教育教材

目前大多数高校的创业教育案例和教材都是借鉴国外高校，没有与我国高校的实际情况结合，没有统一规范的创业教育教材，教学内容和教学方法缺少规范性。在教材使用方面，课程设置不合理，没有将学生层次和学科类型的差别纳入考虑范围，针对适用于我国文化特色修订的教材不够。由于结合具体专业开展创业教育本身不足，适应不同学科背景的创业教材更是甚少。从教材内容来说，培养高校创新创业人才是一个系统性问题，不仅从技术操作层面上来指导创业实务，还要从创业理论层面上关注高校创新创业人才培养的内在教育机制问题，在此基础上，结合相关学科专业来建构创新人才培养的模式及相应的实践教学内容。

此外，创业教育资源欠缺还表现在缺少专门的创业教育管理机构、校内资源不能有效整合、社会资源利用不足等多方面。

五、校园创业文化氛围不足

良好的文化环境和教育氛围是开展创业教育和培养创业人才的奠基石。高校所处的文化环境主要包括校园文化和社会文化两种类型。两种文化既体现为一种观念，也体现在学校、社会的制度和物质环境中。它们对学生创业素质的提升具有整体引导、塑造和培养的功能，具有耳濡目染、点滴渗透的效果。

中国传统的文化教育，要求人们墨守成规，忽视个性的教育观念，磨灭了学生们的创造性，再加上几十年计划经济体制下的长远影响，铸就了我国根深蒂固的就业文化：人们安于现状，求稳怕变，习惯于被动地接受、服从，寻求安逸稳定的工作，不习惯于主动的创业和变革。在这种传统守旧的观念影响下，目前我国多数高校尚未形成一个完善的、浓郁的创业文化氛围。学校内部的文化氛围、培养目标、激励导向、评价体系都未能向培养学生创业素质方向倾斜。大学生们在学校里无法感受到一种不畏困难、勇于探索、自力更生的创新创业气氛。大多数学生抱有的只是一种归于平庸、虚度年华的窘态或是一种"一心只读圣贤书"的书呆子形象。此外，由于我国高校实施的大学生创业教育始于创业大赛，因而印有极强的精英化痕迹，关注的只是少部分人的骄人成绩，大多数学生只是袖手旁观的"看客"，这客观反映了创业教育的不普及性，同时也制约了普通同学参与的积极性。

第三节　创业教育的路径选择

近年来，教育部多次强调，要进一步提高创新创业人才的培养水平。2009年，时任教育部部长的周济院士批字"要将大学的创业教育推向高潮"。2010年3月温家宝总理指出，"要整合教育资源，改进教学方式，着力培养学生的就业创业能力"。2012年在中国共产党第十八次全国代表大会报告中提出，鼓励多渠道多形式就业，促进创业带动就业，提升劳动者就业创业能力，增强就业稳定性。当前，党和国家把促进就业摆在突出的位置上，如何实现就业和创造更多的就业岗位是我们国家、社会及个人需要思考和解决的问题。

我国创业教育要培养出具有创新意识、创业精神和创业能力的人才，根本出路在于要探索出具有中国特色的创新创业教育人才培养模式，进一步完善创新创业教育学科体系建设，开发丰富的教学资源，改革教学方法与教学模式。

一、树立科学的创业教育理念

（一）高校创业教育基本理念是培养大学生的创新创业精神

社会经济发展的需要是检验大学教育现代化和人才培养质量的标准，而大学生创新创业能力是人才质量的核心要素或者是检测关键点。国外创新创业教育的基本趋势是"以能力培养为导向"的创业教育，我国的创业教育理念上也应该转变到提高大学生的创新创业能力上来，激发学生的创造性。创新创业能力，泛指在知识学习和经验积累基础上，对所学知识进行系统和科学加工，从而产生新思想、新概念、新知识、新方法，并应用它们创造性地解决新问题的能力。

创业教育不仅仅是创业技能的传授，也不仅仅是参与各种创业大赛。创业教育是在长期的教育过程中，将创业意识、创业能力和创业精神等特质传承给受教育者，并使之内化为一中特有的创新精神。这种创新精神，不但能促进学生的自我成长，并且能通过学生的创新创业素质推动社会经济发展。

（二）把被动的就业观念转变为主动的创业观念

1. 树立全面的创业教育观

创业教育不是单纯进行创业知识的传授和技能的训练，而是一个素质教育的过程。从高校层面来看，高等学校创业教育是指以开发和提高大学生的创业基本素质，培养具有开创性个性人才的教育思想和教育实践。通过创业教育，培养大学生从事创业实践活动所必须具备的创业知识、能力和心理品质，是一种激发和形成学生创造性的教育理念。高校要转变观点，取消因为学生面临就业难而采取提高创业技能的应急行为，要警惕把创业教育变成应试教育，要把弘扬创新精神和培养创新人才为主要教育理念。

2. 引导学生正确认识创业，转变择业观念，拓宽职业目光

在传统的毕业出路选择上，大部分人认为毕业去向分为就业、考研和出国，在观念上往往忽略了创业这一去向；而在就业观念中，也只把毕业生看做是谋取职业的就业者。在创业教育教学中，教师首先要转变教育观念，着眼于学生的自主学习和个性化，引导学生树立新观念，帮助学生调整职业预期，把被动就业观念转化为主动创业观念，要使学生毕业后由传统的谋职者、就业者，转变成为新岗位的创造者。

二、拓展创业教育对象

创业教育对象的拓展是创业教育继续发展的必然，今后创业教育的发展应该在时间上贯穿受教育者一生，也会覆盖到教育各个阶段的学生群体，覆盖到大学

生全体，不应是少数学生的福利和特权，而应当是所有学生都能获得的一种教育资源，真正体现教育大众化和公平性。

（一）政府政策层面上，率先引导、全力推进创业教育

从发达国家的创业教育过程来看，政府对创业教育的支持、引导对于推进创业教育有很大作用。从教育方针上，将创业教育纳入国民教育体系，提倡从小学、中学到大学的各个阶段开展创业教育，促进全员接受创业教育；提供支持创业的商业环境，出台降低创业成本和风险成本的金融政策；出台其他创业相关的配套政策，让更多的人拥有接受创业教育的机会，降低参与创业的门槛。

（二）高校教育层面上，重视创业教育，加大创业教育投入

高校重视创业教育，把创业教育引入高校的办学理念，大力培养创业教育师资，改革创业教育课程设置，开设面向全体大学生的创业基础课程，设置创业必修主干课程，投入建设创业实践基地，多去筹集创业资金，在全校营造浓郁的创新创业文化氛围。只有师资、课程、创业平台和资金等问题得到了妥善解决，面向全体学生的创业教育才有可能开展，教育对象才得以拓展。

（三）社会舆论层面上，强化舆论引导，营造创业氛围

中国自古追求"学而优则仕"的安稳工作，近年来的考公务员热、考事业单位热也印证了这一点。而对于充满变数的创业之路，人们普遍不看好。社会发展日新月异，创新精神和创业意识是时代发展所需的，也是应对社会发展的必备素质，我们要通过多种舆论引导人们转变思想，更新对创业的看法、观念。新闻媒体主动报道大学生创业成功事例，让社会形成创业光荣的理念和氛围；及时传达国家和各省市对于创业的政策扶持，宣传高校的创业教育开展情况，通过网络新媒体、电视媒体等多种方式，让多方参与到创业教育宣传互动工作中来，使人们认识到创业教育、理解并支持创业教育，全员参与，创业教育才能真正开展起来。

三、建立较完善的创业教育课程体系

实施高校创业教育，逐步建立起科学有效的创业教育学科课程体系，满足大学生不同程度的需求，开设的创业课程应有知识深度及广度上的差异。

（一）构建创业基础理论课程、专业创业课程与创业实践类课程三位一体

1. 创业基础理论课程

该类课程主要讲解创业学基本知识，属于普及型或通识类创业课程，面向大

学生全体。该层次课程主要通过课堂学习的方式进行，主要包括创业学原理、企业管理、财务、市场营销、经济法律、创业政策等内容。

2. 专业创业课程

该类课程指结合相关专业开设的创业类课程，专业教育与创业教育相互渗透，面向有创业需求的学生或针对某些鼓励创业的专业。在专业教育方面，注重拓宽基础性课程，在讲授专业课程中结合其所需要的创业知识有针对性地开展创业教育。比如，我国自古以来就是一个农业大国，农业一直是国民经济的命脉，农业的发展直接关系着社会的稳定与发展，要引导大学生振兴农业、发展农业，可在农业高校对农作物专业学生开设"农作物科技创业"系列课程；针对电子类专业学生开设"IT科技创业"课程；针对法学专业学生开设"咨询创业、服务创业"等课程；并且结合不同专业特点讲授创业成本估算、场地规模及市场需求等，这样更具有针对性。

3. 创业实践训练类课程

大学生创业理论课程的教育应侧重理论性，也要兼顾实践性。可利用活动课程来开展隐形教育，让学生在创业实践训练类课程中认识自我、开发自我。实践训练类课程是创业教育实施的重要方式之一，可以组织参加创业大赛和项目课程、案例分析课程及SYB培训课程，制作项目计划书、参加企业实习和参加创业讲座等方式积累创业训练经验。在大赛中完善创业计划，对即将创业的学生提供指导，包括如何组建创业团队、创建一个企业所需要的资本和程序等方面。

以创业基础理论课为公共基础课、创业专业课程为专业选修、创业实践课程为实践课的三位一体创业学科课程体系，逐步深入，互相促进。同时，将创业教育纳入教学计划，根据不同专业创业特点制定相应的学分，保证教学计划顺利执行。

（二）学科课程与活动课程相统一

1. 科学设置学科课程，开展好课堂教学活动

创业教育是开发和提高青少年创业基本素质的教育，具体包括创业意识、创业精神、创业品质、创业知识、创业能力等多方面的内容，创业课程设置要合理科学。课堂教学作为大学教育的基本环节，课程设置、课程内容对塑造大学生的知识、能力和素质，对提高创业意识和创业能力具有核心作用。同时在学科课程中将创业与学生专业有机结合，结合学生所学专业特点设计课程板块，选择相应的课程内容，注意采用与实践密切结合的教学方法。

2. 创业教育的课程必须重视实践，注重操作

创业实践活动以其自身具有的协作性、实践性、社会性和综合性等特点，在培养学生创业综合素质中也有着不可替代的作用，应当不断加强创业实践活动。高校通过模拟创业计划大赛、模拟公司、运作公司等方式开展创业实践教育，获得创业技能。然而，单纯的创业实践活动不等同于创业教育，还应该在创业活动开展过程中普及创业教育理论知识，通过课堂传授创业相关知识和技能，培养创新创业精神。

因此，创业教育不要走两个极端，或只开设几门课程或仅开展创业实践活动，而应将创业教育纳入整个高校的教育体系中，根据创业教育的目标和内容设置课程内容，以课堂教学和实践活动为载体，在专业教育和学科教学中渗透创业教育，将学科课程和活动课程有机结合起来，形成一个完善的创业教育课程体系。

（三）创建有特色的课程体系，凸显学校办学特色

特色对于高校的发展来说，是办学质量和品位提升的必由之路。特色建设是教育公平的体现，是在每所高校的具体条件下，给每个学生提供更好的教育。实践证明，抓好高校课程开发可以凸显学校办学特色。

1. 凸显高校特色

不同高校类型、办学层次、经济实力、地理环境、学科设置等不同，在开展创业教育时需要突出特色，做到有的放矢。根据师范、工科、农业、医药等不同高校类型，结合专业，开展富有特色的创业教育和创业实践活动。电子科技类高校开展创业教育，充分利用专业优势，积极开展以互联网为平台的电子商务创业教育活动；师范类高校以创办辅导机构、补习班、私立学校为创业实训案例。还可以根据高校所处的地理环境和经济实力来开展创业教育，如中西部地区学校由于缺乏强有力的经济社会资源支撑，开展高科技创业实践活动比较困难，但可以围绕地区经济热点发展一些资金需求小、实用性强的项目，如农业领域技术服务、加工行业的价值提高等。

2. 开发富有特色的核心课程

如美国、澳大利亚和日本等国家的课程体系日趋完善，我国高校在设计创业教育课程体系方面，不能生搬硬套国外的课程体系，只有根据高校自身特点定位创业教育理念，打造富有中国特色的核心课程，创业教育才有出路。一是创业机会识别课程，要根据中国发展现状、新兴行业和未来规划重点识别创业机会，发现创业商机；二是创业计划书课程，指导学生撰写创业计划书；三是创业精神课程，从宏观上讲授创业知识，普及创业精神和创业理念，激发学生的创业激情；四是创业见习或商业实训，通过讲座、参与创业竞赛和实地见习的教学方式，让学生在体验中理解创业过程，学习创业经验。

3. 改革学科课程

要构建具有创业特色的课程结构，就必须改革学科课程。在课程开设上，要遵循以培养学生创业综合能力为目标，突出创业。可开设"创业案例分析""创业社会常识""企业营销管理""创业心理和技能""连锁店经营管理""公关和交往""法律和税收""电子商务与网店管理"等与创业密切相关的课程。在课程结构方面，增加综合课程的比重，注重跨学科、跨专业、跨院系课程的开设，拓宽学生的知识面。

高校必须根据自身实际和特点，探索建立与创业教育价值取向相一致的通识教育和与专业教育相结合的课程体系，形成创业基础理论课、专业创业课和实践类课程相互渗透、功能互补的立体多元化的课程体系，形成系统的学科课程体系和完善的课程实践体系。

四、构建多维度的创业教育培养体系

创业教育是一个复杂的系统，涉及多方领域。高校是大学生创业教育的具体实施者，在创业教育中占据主体核心地位。创业教育的开展，应当充分发挥高校的核心作用，调整高校教育的内容和重点，建立完善的创业教育课程体系，提高创业教育师资力量，挖掘创业教育资源，搭建创业实践平台，营造浓厚的创业文化氛围，整合多方资源建立创业教育培养体系。

（一）科学规划，着眼顶层设计

尽管我国创业教育已正式启动多年，但从整体来说，创业教育的效果并不理想，创业成功率较国外而言存在很大差距。我国要提升创业教育水平，必须科学规划，着眼于顶层设计。

1. 国家层面对于创业教育的层次规划

创业教育尚未进入国民教育体系，而且创业教育缺乏一个全面可持续的发展规划。各省市、地区对创业教育的重视力度不一，发展水平参差不齐，对创业的政策扶持也存在各自为政的混乱局面。对此，教育部、国家发展和改革委员会等部门应该牵头整改和理顺思路，在对我国创业教育的现状调研分析的基础上，从基础课程安排、师资队伍建设、创业政策制定等方面与各地区、高校共同制定我国的创业教育发展规划。

2. 高校自身对于创业教育的层次规划

部分高校已经开展创业教育，并尝试建立自己的创业教育体系。但也有不少高校，还未对创业教育有足够的重视，随波逐流开展创业教育，照搬照抄的痕迹比较明显，在课程设置上简单效仿国外的做法，师资力量薄弱，教学环节"走过场"。高校应该结合自身特色和发展战略，将创业教育纳入整个教学体系，明确整理发展思路，从课程设置、教学方法设计、师资队伍建设等方面制定出合理的规划。

（二）整合校内资源，形成教学合力

1. 创业教育的师资队伍建设

创业教育的师资队伍在我国高校普遍存在着专业化程度不高、创业教育教师缺乏创业经验等问题。我国高校应在专职化、专业化方面狠下工夫，着力打造一支创业教育强有力的师资队伍。一方面，着力打造专职教师队伍，教师的创业知识结构应纳入全体教师的培养规划中，同时创造各种条件，组织教师参加创业教育课程相关知识的培训，或者送到企业中接受企业创业培训师的培训，同时提供给教师相应的创业机会，着力培养教师的创业意识，增加教师的创业经验，努力培养一支符合本校创业教育实际，能够勇于探索创业教育的专职队伍；另一方面，要聘请一批兼职教师，形成稳定的校外创业专家队伍。高校要聘请创业成功人士、企业家、技术创新专家到高校担任兼职教师，并且确保这支队伍达到一定的比例。创业教育需要更多的是实践，校外创业专家拥有丰富的实际经营和管理经验，主要负责创业实践阶段的指导，为学生拓展社会关系提供平台。

为配合高校创业教育的发展，形成教学合力，除了建设专业的创新型教师队伍之外，还需要开发配套着重培养学生创业素质和创业能力的创业教育教材。根据不同学校层次和创业教育侧重的模块，研发模块化的教材，满足不同学生对象和各自的兴趣选修学习；开发与专业相关的创业教材，满足不同专业学生的创业需求；开发注重培养创新实践能力的教材，提升学生的创业实践能力。

2. 营造良好的校园创业文化氛围

创业氛围的形成对学生的影响是潜移默化的。而打造自由、宽松、和谐的创业氛围和环境，是高校开展创业教育、培养创业人才的基本前提。加强校园创业文化建设，通过开展丰富多彩的校园创业活动、举行创业计划竞赛、模拟创业活动等形式丰富大学生对创业的认识，有利于锻炼和提高学生的观察力、思维力、想象力和动手操作能力，并使其处于一个有创业文化氛围的环境中；经常性地举办一些创业讲座，以定期邀请一些创业成功者讲述个人创业经历，分析成功与失败的原因，为学生提供借鉴。例如，为拉近学生自身与创业之间的距离，高校可以利用丰富的校友资源，邀请那些创业成功的校友来做创业教育的客座教授，也可以定时定量送我们的学生到他们的集团亲身体验创业的激情和创业的艰辛。这样一来，既激发了大学生的创业热情和欲望，也能在全社会范围内形成一种浓厚的鼓励和支持大学生创业的氛围；组建大学生创业机构，高校应积极支持大学生成立创业协会，鼓励就业指导教师进行有关创业的学术研究，并可设立大学生创

业基金，为大学生创业提供物质上的保障。学校也可专门举办创业培训班，培养学生的动手能力和创新思维，尽可能地为学生提供多方面的帮助，为学生营造一个良好的校园创业环境。高校可以通过学校各类创业组织，如创业协会、创业指导机构、大学生就业指导机构等向学生宣传创业知识、创业的重要性、创业的可行性等，也可通过组织学生到社会上的一些创新型企业进行参观、访问、考察实习。除此之外，政府部门还可以借助电视、报纸等媒介大力宣传大学生创业优惠政策及相关的法律法规等，营造一个全民创业的氛围，使大学生处于良好的创业文化氛围中。

3. 改进教学方法和考核手段

2010年3月，温家宝总理指出："要整合教育资源，改进教学方式，着力培养学生的就业创业能力。"启动创业教育不仅要改革课程设置，也要采用与之相适应的教学方法。创业教育不能采用单一填鸭式的灌输法，只侧重对创业理论知识的记忆和考核。引导大学生创业必须要对教学方法进行改革，在课堂中努力营造一种自由、互动的教学气氛。可采取体验式教学方法，以学生为主体，教师通过设计体验模式，并引导和激励学生从变化多端的环境和不确定的风险中走出困境，激发学生的创业兴趣，影响创业活动；在授课方法上还可以采用案例教学、启发式教学、模拟实践教学等方法。高校需根据创业教育开展的实际，革新通过死记硬背取得考分的考核手段。考核手段以考查为主，考试为辅，通过机会识别训练、商业计划书的制作、创业项目选定、项目筹备汇报和模拟创办企业等形式来考查不同类型的创业教育。把完全学分制变为弹性学分制，允许学生根据自己的能力与兴趣安排个人的修学计划，为创业实践提供可能。

4. 建立创业教育组织管理机构

创业教育实施机构是关系创业教育开展的广度和效果。目前国内高水平大学基本成立了专门的创业学院或创业指导中心，如中山大学的创业学院，温州大学的创业人才培养学院等。这些创业教育机构的设立有利于推荐创业教育的发展，但由于他们的设立挂靠学校团委或者学生处，或者是以管理类或经济类学院为依托开展创业教育，开展的创业教育往往面对少数学生，较难开展全校范围的创业精神普及教育。例如，由高校的教务处部门来牵头成立创业教育学院，并将其纳入教学体系，在全校范围内开展创业教育。

5. 搭建创业实践平台

在高校开展创业教育，让学生参加创业实践，无疑是创业教育的有效途径之一。高校通过组织创业实践教学、开展创业竞赛、设立大学生创业社团等多种形式，提升大学生的创业实践能力。搭建大学生创业实践平台，也是目前我国高校支持大学生创业实践的有效举措，通过创立大学生创业园，免费给大学生提供创业实践，参照商业化的企业运营模式来开展创业试水。随着网络和电子商务的兴起，网络创业实践也将成为创业实践的有效方式。

(三) 三方协调联动，实现系统运作

美国的创业支援主体涉及"民、官、学"，即民间组织、政府和教育机构等多层次相结合，以民间组织为主，以政府为辅，由教育机构参与，互相分工合作，形成了整个社会的创业支持体系。可见，美国的创业教育是政府、高校、社会三方合力而成。因此，我国要充分调动创业热情，挖掘创业教育资源，提升创业效果，应该合力构建一个高校、社会、政府良性互动发展的创业教育生态系统。

1. 以高校为主体

高校是创业教育的主阵地，高校一方面要加强大学生的创业教育，通过建立浓郁的高校创业校园氛围、完善高校内部的创业教育机制，开设完善的创业课程等方式提高大学生的创业素质和创新能力；另一方面，高校与企业紧密结合，主动发挥优势，将科研成果及时转化为社会生产力，将创业产业的发展成为促进社会经济增长的动力。同时，还要发挥高校在引领社会创业氛围的主导作用，高校通过培育校园创业文化、举办创业活动，影响社会对创业的关注，形成校园内外、高校与社会互相促进的创业机制。

2. 以政府为引领

党和国家高度重视创业教育，是推动创业教育发展的有力支持。政府是发展创业教育的外部保障力量，创业教育的顺利开展需要政府的重视和支持，政府应从各个方面支持创业教育的发展，主动适应创业教育的发展需求，为创业教育开辟前进的道路。

政府积极出台帮扶高校创业教育开展的政策，制定明确的优惠政策，确保在社会和高校实施创业教育政策具有可行性；提供创业资金支持，为大学生创业提供小额贷款和创业税收优惠政策；政府牵头主办具有影响力的创业竞赛，为创业者提供支援项目，调动高校、社会和企业共同关注；各地政府主动联系高校，关注高校的创业发展需求，双方建立畅通的沟通渠道，大力支持高校创业的商业化成果，调动企业为其及时提供相应的资金和政策支持。

3. 以社会为助力

社会上存在较多的创业教育社会机构，包括科技园、风险投资机构、创业培训机构、创业协会、创业研究机构等。高校主动联合这些社会机构和企业，推介校内创业项目，举荐创业型大学生，建立稳定的关系为提供学生创业实践的机会，铺设创业桥梁。

校内把创业家和各类社会创业资源引入高校，开展创业交流和创业讲座等，同时要开展形式多样的创业模拟实践活动，既可以缩短学校与社会需求之间的距离，又能使学生理论联系实际。社会与高校之间可大力推动产学研相结合，不断拓展校企之间的合作，加强各种形式的实践教学基地和实验室共建，对企业所属领域进行研究或与企业合作进行产品开发，这样一方面调动了企业的积极性，可以为学校筹得科研资金；另一方面学校的教师和学生在开发的过程中也得到了锻炼，进而形成高校创业教育推动社会经济发展、社会经济发展反哺高校创业教育的良性循环。

本 章 小 结

我国高校大学生创业教育陷入教育理念不正确、教育对象小众化、创业课程体系不完备、教育资源欠缺和校园创业文化氛围不足等困境，没有真正从整体上发现创新能力培养的内在教育机制。经过多年的探索和研究，明确我国创业教育根本出路在于要探索出具有中国特色的创新创业教育人才培养模式，进一步完善创新创业教育学科体系建设，开发丰富的教学资源，改革教学方法与教学模式。树立科学的创业教育理念，拓展创业教育对象，建立较完善的创业教育课程体系，构建多维度的创业教育培养体系。

思 考 题

1. 我国创业教育在理论研究和创业实践方面起步晚，导致当前国内创业教育陷入困境，试分析大学生创业教育所处困境具体表现在哪些方面？

2. 20 世纪 90 年代初我国启动创业教育理论研究以来，国内高校在开展大学生创业教育的十多年过程中初步形成了一定的模式，结合各种模式的学校代表分析各种模式有哪些特点？高校开展创业教育有哪些主要做法？

3. 我国创业教育要培养出具有创新意识、创业精神和创业能力的人才，不是单纯进行创业知识的传授和技能。我国创业教育要培养出具有创新意识、创业精神和创业能力的人才，不是单纯进行创业知识的传授和技能的训练，而是一个素质教育的过程。高效开展正确的创业教育应该走怎样的路子？

第五章 校内科技创新的引导和驱动

第一节 高校科技创新的组织

一、科技创新的概述

(一) 科技创新的内涵与过程

1912 年熊彼特 (Schumpeter) 在《经济发展理论》中首次提出创新 (innovation) 的概念，认为创新是经济发展的动力和源泉，开创并完善了创新理论体系。20 世纪 50 年代以来，随着科技进步对经济增长的贡献日益明显，创新研究集中在技术创新和制度创新两个主要方向。在当代研究中，创新的概念有泛化的倾向，现实中的创新包括制度创新、管理创新、战略创新、市场创新、观念创新等。狭义的创新主要指科技创新，倾向于围绕发明的开发和实施过程，包含把新颖的和改进的物料、流程、产品和服务开发并转移到它们相适宜的工厂或市场的过程。科技创新是科学创新和技术创新两部分的总和，科学创新包括基础研究及其应用方面的创新，技术创新是包括应用技术研究、实验开发和技术成果商业化、产业化的创新。它被认为是对经济增长和产业发展起到关键作用的重要创新。

从宏观上来讲，关于科技创新的运行规律，经济学家试图用多种理论加以描述，1890 年马歇尔提出用生物学概念分析经济现象，熊彼特也从进化的角度探讨了经济生活如何在社会环境和自然环境中进化。纳尔逊和温特奠定的自然选择论认为，一个进化的经济系统能够为经济实体指明选择的决定因素、动力机制。在科技创新的过程中，选择和搜寻是两个关键要素，搜寻体现技术进步的累积性，选择环境决定不同科学技术被采用的方式。另一些学者在路径依赖理论中指出，技术发展的历史因素影响未来的技术变迁。最初市场、技术管理、制度、规则、消费者预期等都会影响科技创新，而成功的创新和采用的新的科学技术取决于现有技术的发展。科技创新的运行规律昭示科技创新能力是能够被引导、驱动和管理的。

从微观上来讲，科技创新是一个持续循环的过程，图 5-1 展示了一个企业、科研部门、科学工作者进行科技创新的循环过程。

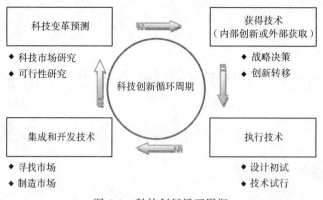

图 5-1　科技创新循环周期

（二）科技创新的类型

1. 根据 SPRU 研究进行分类

20 世纪 80 年代，英国 Sussex 大学科学政策研究所（Science Policy Research Unit，SPRU）提出了基于科技创新程度和影响范围的创新分类。

渐进型创新（incremental innovation）是一种不断进行的累积性改进。虽然创新程度不大，但是对提高生产效率、降低劳动成本、提高质量有很大作用。渐进型创新是数量最多的、最常见的创新，利用资源不多，对企业发展和成功很重要。

根本型创新（radical innovation）是一种在科技突破或市场需求吸引下完成的研究开发。这种创新是不连续的，偶然发生的，其成果通常导致产品的性能与功能，生产工艺发生质的变化。根本型创新数量较少，所需资源多，对企业发展、行业变化作用很大，甚至导致新产业的出现，对经济发展的影响较大。

技术系统的变革（change of technology system）是一种在严密组织和计划下，耗费大量资源，有目的地完成的现有技术的改进和复杂技术系统的建立。一般是在国家计划和推动及行政干预下进行的，高度依赖杰出的科学家和出色的工程技术人员。这类创新虽然有限，但创新成功往往带动相关产业的重大变革。

技术范式的变革（change in technology paradigm）是一种既包括根本性创新，又伴随技术系统变更的一种科技创新。这种创新影响多个经济部门甚至整个经济环境，并改变人们对科技、经济和社会的认识及行为方式。

2. 根据技术变动方式进行分类

吴贵生提出技术变动的方式包括两种：一种是结构性变动，另一种是模式性变动。结构性变动是指技术要素结构或联结方式的变动。模式性变动是指技术原理的变动。根据技术变动方式的不同，可以将科技创新分为四类：

局部性创新，指在技术结构和模式未变动的条件下的局部技术改进或形成的创新；

模式性创新，指技术原理变动基础上的技术创新，如通信技术中由模拟交换到数字交换的创新就是模式性创新；

结构性创新，指技术模式未发生变化，技术结构的变动形成的技术创新，如有线电话到无线电话的创新，通信原理并未改变，只是在一定程度上改变了通信连接方式；

全面性创新，是指技术结构和模式均发生变动所形成的创新，如由模拟式有线通讯技术到数字无线通讯技术的创新。

二、高校大学生科技创新的组织

（一）高校科技创新及其组织构建

高校科技创新是以高校和科学研究院所为主体组织实施的科技创新，是一种重要的科技创新组织形式。科研机构和高校不仅为企业创新提供科技人才、开放基础研究设施，还通过从事前沿研究开发工作，为企业产品创新输入技术创新，促进技术产业及其相关知识服务业发展，最终带动经济发展。

高校科技创新的组织，首先要着手科技创新的组织体系的建设，为高校创新活动提供目标引导、组织程序、更好地控制与引导校内创新，为获得更多更成功的科技创新提供保障。高校科技创新体系包括重视创新的学术研究氛围、团结协作的科技创新组织、优秀的科研项目带头人、合理有效的激励机制，以及通畅的信息传递渠道和有效的组织协调机构。

1. 高校科技创新的研究氛围

高校科技创新受到校内领导的重视程度、文化环境、学术氛围等的影响较大。按照科技创新的路径依赖理论，现有的科技创新影响未来的技术变迁。营造良好的创新文化应容忍创新过程中遭遇的失败，培养科技创新组织的专家意识，应给予科技工作者良好的研发环境和极大的信任与支持，鼓励科研部门间的横向交流、跨学科合作，提供给青年学生更多参观、见习的研究机会。

2. 高校科技创新的组织

高校科技创新组织是高校科技创新体系最主要的组成部分，组织成员性格特质、科研水平、风险意识、责任感和归属感、团队协作能力、共同的价值观等决定了科技创新组织的成熟度，对科技创新的成败起到至关重要的作用。高校科技创新组织根据不同的目的组建而成，包括响应国家部委号召，集中学校科技力量组成的专项课题攻坚小组；为组建学校重点学科、优势学科成立的教研科研小组；为培养科技人才、参加"挑战杯"等大学生科技创新比赛而成立的学生科技创新兴趣组等。不同的科技创新组织各自拥有专门的管理审批部门，保证各个组织共同繁荣，创造更多的科技创新成果。

3. 高校科技创新的项目带头人

高校科技创新的项目带头人一般为在该领域深耕多年，具有很高学术造诣和实践经验的专家、学者。科研项目带头人对于科技创新的研究方向、研究成果及科研资源的分配与利用直接负责，同时决定了科研团队能否发挥应有的作用，创新成果能否很好地实现商业化和产业化。科技项目带头人是校内科技创新体系的中坚骨干，是接受科技信息、沟通校内外组织成员的重要连接点，对科技组织绩效评估和奖励也发挥着主导作用。

4. 高校科技创新的激励机制

高校科技创新不仅要依靠科研技术工作者较高的学术追求和科学精神，也需要提供合理的物质、精神激励。由于科技人员在目标定位、价值系统、需求结构和行为模式方面都有很大不同，因此对校内科技人员的激励应有其独特性。物质激励应与相应制度结合，根据实现的创新目标与相应的社会和历史时期相比较，制定合理的绩效激励机制，使物质激励体制化，形成奖惩分明、赏罚有度的制度氛围。针对校内科技人员给予适当的精神激励尤为重要，主要的精神激励包括目标激励、工作激励、参与激励、荣誉激励和情感经历，鼓励科技人员最大限度地贡献自己的科研力量，提高科技创新给科研人员带来的满意感和成就感。

5. 高校科技创新的信息传递渠道

高校科技创新离不开对前沿科技信息的了解和深入分析，建立信息传递渠道必不可少，包括为校内科技创新专门购买的信息数据库、定期参与举办某一特定领域的科技研讨会、推选学者参与国际交流与合作项目，组织科技成员走进企业发现实际生产中的科技产品需求等。科技信息传递能够帮助校内科技创新团队成员及时了解创新课题的最新信息，相关领域的技术动向和进展，更好地完成高质量的科技创新。

6. 高校科技创新的组织协调机构

高校科技创新的有序进行需要健全的组织协调机构，处理和规范科技创新过程中的项目申请递送、经费管理、程序审核，项目审批等工作，协调机构将与相关部门的分工配合，协调处理，保证科技创新程序的合理性与有效性。

高校科技创新组织体系如图 5-2。

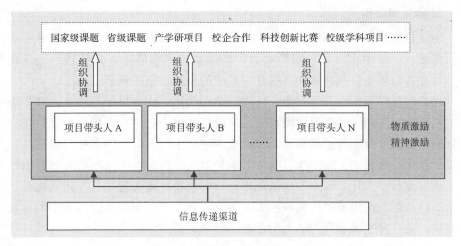

图 5-2 高校科技创新组织体系

（二）大学生科技创新组织形式

大学生科技创新的组织，以获得科技创新成果和促进科技创新为目的，通过获得科技创新资源，动员大学生参与创新的科学性、系统性活动。其中，优秀的科技创新组织在科技创新的组织工作中显得尤为重要。学生科技创新的组织形式有几种基本的分类方法：按照动力模式划分，可以分为学校推动型和自愿结合型；按照模式的功能划分，可以分为人才培养型和研究开发型；从主导模式的主体角度划分，可以分为学生主导型、教师主导型、学校主导型和社会环境主导型等。以下对几种基本的科技创新组织形式进行介绍。

1. 学校推动型

各高校在注重科技创新的同时，也越来越注重大学生素质的提高，特别是其创新精神和创造能力的培养。因此，学校会举办一些学生参与的课外科技活动，鼓励和促进学生参与到科技创新活动中，培养学生科技创新意识和创新素质能力。

在学校推动下形成的学生科技创新组织通常是由学校分管领导牵头，校团委、校科学技术协会、科研、学生工作部、教务处等部门负责科技创新活动规划，按班级、年级、团支部、党支部等为组织单位，成立专家指导委员会，负责学生科研项目的立项、评审。学校推动型科技创新有一定的强制性，组织形式和团队成员有一定的限制，与学校政策配合紧密。例如，大学生参与的科技创新活动被纳入教学计划，规定科研单位将科研项目交予学生与学生共同完成。这种形式的科技创新能够很好地将教学计划与科研计划相结合，便于学生对所学知识深入理解并在实践中进行检验。

2. 学生自发型

学生自发型科技创新组织是学生自发组织的，具有良好的组织结构和明确的科研课题，在学生中具有一定影响力，能够实现自我管理、自我培训、自我发展，并在各项创新科技比赛中取得良好成绩的科技创新小组。

这类科技创新组织与学校组织成立的学生社团，或者以导师牵头、项目为依托的创新组织不同，学生自发型科技创新组织从组织建立、招聘、制度制定、工作计划、与企业合作等一系列活动都有很大的自主权，学校和老师只提供协助和建议。在这一模式中，对学生自身的要求相对比较高，要求参与科技创新的学生扎实地掌握科学文化知识、夯实基础理论，并能很好地管理项目与团队成员。但是这类科技创新组织培养出的科技人才更具有独立性，更能够适应未来的科技创新要求，是一种充满朝气与活力的创新组织形式。

3. 教师主导型

教师主导型科技创新组织是一种比较传统的组织形式，一般由专业领域的学科带头教师牵头，开展各项活动主要以老师申请的课题或项目为依托，学生见习参与，是一种"导师带徒"的机制。

这类模式的形成是由于科技创新活动需要严格遵循科学性原则、实用性原则和适应性原则。科学性原则是指课题的内容、研究开发的计划及采用的手段和方法都应是科学的；实用性原则是指课题的内容和可预见的成果应具有现实针对性或潜在的应用价值；适应性原则是指课题要与学生已有知识水平、学校环境及学生精力相适应。这一类型的组织在校内科技创新组织中所占比例很大，既能够保证科研项目的顺利进行、科技成果的科学性、实用性和适应性，还能保证在导师的指导下，发挥学生主观能动性，培养学生的观察能力、创造性的思维能力和实践能力，在与导师的经常性的学习交流过程中得到启发，主动进行创新。

4. 企业开发型

企业开发型科技创新组织是在企业实际需求的基础上组建的，专门针对企业科技攻关、产品创新、科技成果商业化等方面进行的科技创新。

这类创新通常以产学研合作的形式开展，企业作为产学研合作的主体单位，学生创新组织就某一给定课题项目进行创新，能更好地把握技术创新的市场导向，迅速实现科技成果的产业化应用，扩大高校科技成果的应用范围和影响力。企业开发型科技创新组织是产学研合作的研发主力，要求科技创新组织不仅要考虑技术层面的情况，更应适应经济大环境和企业需求进行技术研发，以使技术创新成果能更好地适应市场，降低商业化风险，为合作双方带来更多收益。这类形式的学生科技创新是高校鼓励和支持的，培养这类既有专业技术，又熟悉市场和企业需求的复合型人才也正是高校的办学目的及培养人才的方向。

5. 社会导向型

社会导向型科技创新组织主要以适应就业环境为导向，旨在促进以适应实际需求为目的的科技创新，关注科技创新的市场化与产业化，是科技创业的主要源泉之一。

该种类型的学生科技创新组织能使学生了解到第一线对科技的需求，加深对"科技是第一生产力"的理解，增强掌握新知识、新技术、新成果的主动性，培养开拓进取的创新精神。社会导向型科技创新要求学生在坚实的理论基础上还要拥有较强的科技研发、市场开拓及工作适应能力。组织形式比较灵活，可以在导师的带领下，学生自发组织，也可以采用校企合作的模式，对学生的创新能力和实践能力的培养较其他创新组织形式更有成效。目前，全国高效已成立了多个大学生科技公司，大学生科技从立足校园到走向社会已经成为趋势，社会也将投资的目光投向校园，各界都对大学生科技创业给予极大的关注与支持。

以上几种组织形式的驱动力量各有不同，在组织过程中发挥主体能动作用的主体也不尽相同。表5-1主要依据各种组织方式的灵活性、科技成果的市场化能力、学生参与程度、研发成功的概率、对学生创新能力的培养，以及该类型在学生科技创新组织中所占比例几个方面进行比较。

表5-1　学生科技创新组织类型比较

类型	组织灵活性	市场化能力	学生参与度	研发成功率	创新能力	类型所占比例
学校推动型	不强	不强	较强	较高	较弱	较大
学生自发型	较强	较弱	较强	较低	较强	较小
教师主导型	不强	较强	不强	较高	一般	很大
企业开发型	不强	很强	较强	较高	较强	居中
社会导向型	较强	较强	较强	一般	很强	较小

高校科技创新的组织不仅要建立起健康有序的科技创新体系，保证科技创新的良性发展和持续进行，还要求高等院校和科学研究院所发挥主观能动性对科技创新的不同组织形式进行理性选择、合理安排和优化组合，以确保高校内各个科技创新组织适度竞争、繁荣发展。

（三）高校科技创新的组织策略

高校科技创新的目的在于培养科技创新能力，提高科技创新水平和提供科技创新成果，高校科技创新的组织工作必须围绕科技创新的根本目的，从环境氛围、运作机制、主体能动性几个方面开展。

1. 扩大宣传范围，丰富活动内容，营造创新氛围

高校科技创新活动的组织要借助一切可以利用的资源进行包装、宣传和报道，拓宽信息渠道，利用网络、广播、宣传橱窗等载体，以图片、实物展示、现场比赛等方式进行多方位、多渠道的宣传，吸引学生科技创新的热情和积极性，鼓励学生投入科技创新活动。

积极开展多种科技创新的相关活动，如通过社会实践、志愿者活动夯实科技创新活动，通过实践指导、帮助学生科技创新的构思，实现科技成果的转化。

充分发挥高校创新的优势资源，举办科技讲座、学术沙龙，组织科技竞赛、学术研讨等相关活动，拉近学生和科技创新的距离，形成人人关注科技、人人感受科技、人人参与科技的良好科技创新氛围。

2. 加强制度建设，完善激励机制，搭建创新平台

组织学生科技创新活动离不开健全的制度政策和管理规范。在科技创新组织架构的基本框架下，高校应形成权责明晰、职责清楚的各职能部门，确定管理层级和领导权限，并成立相应的协调机构和监督机构，认真贯彻、实施主要负责部门和院系制定的《大学生科技创新活动具体实施细则》《大学生科技创新专项经费管理办法》《大学生科技创新成果鉴定、转化实施办法》等具体操作层面的管理规范，以确保学生科技创新拥有良好的制度环境，为具体组织开展学生创新活动提供政策支持和制度依据。

组织学生科技创新活动离不开有效的激励机制。高校应积极出台学生科技创新奖励办法，对参与科技创新和各类学科竞赛中获奖的学生，不仅可以给予适当的物质奖励，还可以奖励免修学分、研究生推免资格或国际交流的机会等，最大限度地调动学生的科技创新热情。

组织学生科技创新活动离不开创新平台的有力支撑。高校应不断提高自身平台的吸引力，组织、挖掘、整合校内科技资源，为学生科技创新组织提供坚实的基础，积累优势学科力量，提升高校科研实力。

3. 重视人才培养，发挥带头作用，塑造创新意识

学生科技创新的主要生力军是青年学生，科技人才的培养，特别是对高等院校在校学生的培养是组织学生科技创新的重中之重。这就要求学校一方面抓好学生队伍的建设，加强"学生科研人才库"建设和创新促进委员会等协调组织的建设，对于重点培养的科技人才、优秀学生，提供活动的场地、组织经费，并积极提供学习机会和竞赛机会，并针对学生科研情况和科研水平进行考评和针对性的指导；另一方面，要求学校抓好指导教师队伍的建设。在科技创新组织体系中，与学生互动最多、影响最大的主要角色就是指导老师。要使得学生的科技创新成果具有高水准，就必须建设一支高水平的技术工作队伍，选拔和培养理论知识丰富、实践技能强，有耐心、有责任心的高素质导师，对学生科技创新发挥引导和带动作用。

组织学生科技创新活动的目的和最终落脚点即在于培养和提高学生科技创新

能力。因此，能否成功塑造学生的创新意识成为组织学生科技创新的关键因素。高校应提升科技创新在高等教育体系中的重要地位，在其他学科的教育活动中渗透创新教育，加强思维创新方面的训练，帮助学生自发地形成创新意识，以更好地为高校学生科技创新贡献力量。

第二节　高校科技优势的挖掘

一、高校科技优势

高校科技优势是指在校内科技创新过程具有的独特优势，能够对科技研发速度、创新水平和市场化能力等起到积极作用，是增强研发强度、提高研发效率，对实现科技创新具有重要影响作用的核心资源和整合能力。

高校科技优势主要可以从两个方面分析理解和挖掘：一方面是高校科技创新具有的科技资源优势；另一方面是开发、利用和整合高校科技资源的平台优势。高校科技优势见图 5-3。

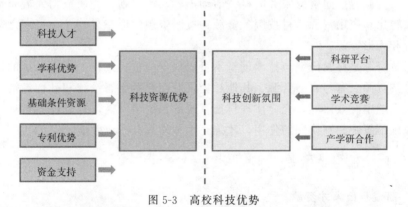

图 5-3　高校科技优势

二、高校科技资源优势

（一）科技资源的概念

科技资源（science technology resource）是一种特殊的资源，是科技活动的物质基础，是创造科技成果的必要条件，是推动经济和社会发展的要素的集合。广义的科技资源是能够直接或间接地带动科技进步，而促进科技发展的一切资源，包括专门从事科学研究的人员、资金、科学技术存量、信息等。狭义的科技资源主要指科技人力资源和科技财力资源。

高校科技资源优势是指高校科技创新活动的物质基础和必要条件，能够促进高校科技创新，是高校科技优势的重要方面。

（二）科技资源的分类

科技资源主要可以分为科技人力资源、科技财力资源、科技物力资源、科技信息资源、科技制度资源和科技组织资源几个方面。科技资源是各要素及其相互联系、项目作用而构成的系统。

科技人力资源指从事科技活动的全部人员，包括直接从事科技活动的人员和为科技活动提供直接服务的人员。科技财力资源是指科技活动经费，主要来源有政府拨款、单位自筹资金、银行贷款和各种捐赠资金等。科技物力资源指直接用于科技活动的各种仪器设备和基础设施。科技信息资源指各种科技文献、科技期刊、专利、光盘数据库、档案和资料等。科技制度资源指由科技法规、政策与规章等构成科技活动规范的体系。科技组织资源指政府科研机构、企业研究机构、高等院校及研究机构、非营利机构、私营研究机构、科技中介机构等的总和。这些科技资源的质量和数量决定了一个国家、地区、组织的科技发展水平。

科技资源还有其他几种分类方法：按照资源的区域划分，可以划分为国际资源、国内资源；按照资源服务的科技活动内容，可以划分为研究与发展资源、科技成果转化和应用资源、科技服务资源；按照资源的形态来划分，可以划分为有形资源和无形资源。

科技资源是科学研究与技术创新不可以缺少的重要条件，具有系统的协同作用，科技资源只有与自然资源、其他社会资源在自然生态系统和社会经济系统组成的大系统中有效协同，充分体现科技资源的系统协同性，并且注意各项资源在内部系统配置中相互协同的作用，才能正确地发挥其产出效能。

（三）高校科技资源

1. 高校科技人才资源

高校科技人才资源是高校科技资源中最重要的资源之一。高校聚集了各个学科的拔尖科技人才，除了庞大的教师科研队伍，还有科技工作者、研究院、实验员和在读的研究性硕士、博士，为高校科技创新提供了人才资源保障。

以广东为例，广东高校重点学科科技资源问卷报告了 2009 年广东省内 17 所高校，98 个重点学科的科技资源。相关重点学科科技人员数量 6105 人，其中科技特派员 474 人，从事高技术产业的科研人员居多，高达 2152 人，其次为先进制造业，科技人员人数 1164 人。在从事相关产业学科研究人员的职称分布中，有高级职称者比例达 58%，中级职称者比例为 32%。在调查的高校重点学科中，高级职称者为科研人才的主力。另外在调查的重点学科中，2009 年在校学生达 11 万人，其中博士生比例 4%，硕士生比例 7%，本科生 67%，各重点学科培养的研究生与本科生比例接近 1∶4，超过全省平均水平，表明重点学科是博士、硕士研究人员的重要摇篮。

2. 高校优势学科资源

高等学校不仅为公平进行高等教育，提供综合性的教学课程，也是重点学科教学研究的重要阵地。高等学校根据优势学科及所在领域、科技研究能力、研究生培养制度特点等，建设重点学科点，形成特色鲜明的学科发展研究方向，针对我国目前及长远经济发展、社会发展、科技发展具有重要意义的相关学科进行研究，并积极组织跨学科合作研究。学校已有的重点学科对未来在相关方面进行科技创新有重要意义，已经形成并趋于成熟的科研团队和已有的科研成果为进一步研究提供了良好的研究基础，是校内科技资源的优势之一。

广东高校重点学科科技资源问卷调查显示，广东省 98 个重点学科主要分布在 6 个主要领域：先进制造业领域 9 个，高技术产业领域 38 个，传统产业领域 10 个，现代农业领域 16 个，现代服务业 15 个，城乡建设与现代交通领域 10 个。重点学科对珠三角地区的改革发展、加快产业优化升级、促进经济社会科学发展起到很大作用。

3. 高校基础条件资源

高校基础条件资源是高校科技创新最基础的科技资源，包括校内实验室、工程（技术）中心、科研仪器设备、图书资料等。学校基础设施资源不仅对学校科研工作者、教职员工开放，为学生教学实验和科技研发服务，在审批下还能够面向企业开放，或者与兄弟院校合作建设。高校科技基础条件资源的利用率高，使用范围广，有较高的投入回报率。

广东高校重点学科科技资源问卷调查显示，广东重点学科都很重视基础研究，建设实验室多余工程中心，主要集中在高技术产业和传统产业。拥有与高技术相关的实验室 171 个，工程技术中心 29 个。在传统行业如轻工、食品、中医药等发展较为成熟的行业，工程（技术）中心较多，达 69 个，实验室和工程中心为新技术开发和优势传统产业的改造、提升提供了有力的科技支撑。科技仪器设备方面，广东省相关重点学科实验室、工程中心拥有固定资产值 28.8 亿元，以及设备 36 万多件，价值 19.2 亿元。与高技术产业相关的设备价值最高，达 10亿元。

4. 高校内科技成果、专利、知识产权资源

科技创新的能力着重体现在科技成果、专利和知识产权的其他方面，科技成果是产品创新、行业发展的重要推动力量。高校拥有众多可转让的科技专利、获奖的科技成果等，为科技创新提供了延续的基础，也是高校科研能力的体现，为学校获得更多其他科技资源提供条件。另外，校内科技成果、专利和其他知识产权资源为获得企业青睐，实现产学研合作双赢，扩大学校影响力等方面都具有重要作用，是校内科技创新的宝贵资源。

广东高校重点学科科技资源问卷调查显示，从 2007 年到 2009 年，调查涉及的 98 个重点学科共申请专利 3267 件，获得授权专利 1606 件，其中申请发明专利 2377 件，授权发明专利 915 件。其中高技术产业获得授权专利 1001 件，先进制造业获得授权专利 748 件。同期，重点学科共转让专利 110 件，合同金额 3920 万元。其中高技术产业转让 49 件，合同金额 1461 万元；传统产业 41 件，合同金额 1627 万元。

5. 高校科研经费支持

高校科研经费是高等学校开展科研活动的物质基础，是衡量学校科研工作规模、实力和地位的一个重要指标。科研经费主要根据高校申请课题数量、质量，科技创新平台规模和科研成果数量、水平，重点学科数量及其发展状况等因素进行划拨。拥有大量科研经费能够保障校内科技创新顺利进行，并且能够有效激励科技工作者投入科技创新活动中。

广东高校重点学科科技资源问卷调查显示，从 2007 年到 2009 年，调查设计的重点学科科研经费投入达 28.81 亿元，其中政府投入 19.22 亿元，企事业投入 9.59 亿元。

三、高校科技平台优势

高校科技创新能够调动多方资源，提供丰富的活动载体，为科技创新提供良好的平台基础。通过高校的平台优势，学校可以组织各类科技前沿学术讲座、学术沙龙；在基础学术活动平台上为广大学生和科研工作者提供规范、正式的科研和创新训练平台，开展科研训练计划；充分利用学校的学术科技竞争平台，组织学生积极参与"挑战杯"、数学建模、电子设计等科技竞赛；充分利用校内学生科技创新组织之间的影响力，强化学生科技创新意识；借助产学研合作平台，连接校外企业资源，实现科技创新的商业化、产业化运作。

高校科技创新的优势之一是能够提供平台整合科技资源中的人力资源、信息资源、资金资源、基础条件资源等，更好地发挥校园科技创新优势，并在研发中培养，在培养中取得卓有成效的科技创新。高校创新的主要优势平台包括科研平台、学术竞赛平台、产学研平台。

1. 科研平台

科研平台是校内科技创新最重要的平台之一，是学校科研规模和研发实力的集中体现，科技创新平台多为在国家部委批准下，或者在教育局及学校的审核下，挂靠在院系，由学科带头人、指导老师作为负责人成立的某一学科领域或专业方向的专项研究室、工程中心、实验室或基地。一般而言，学校科研平台主要围绕该校重点学科展开，体现了科技创新的"路径依赖"，因此科研平台对校内科技创新具有很重要的作用。以华南农业大学为例，从 1980 年至今，已经成立了 176 个科研平台，涵盖农学院、园艺学院、兽医学院、食品学院、工程学院、生命科学学院等。

广东高校重点学科科技资源问卷调查显示，2009 年广东省 98 个重点学科中，拥有科研平台和基地 664 个，包括各类实验室 404 个。高校在光电材料、生命科学、轻工食品、建筑行业等多个领域拥有国家级重点实验室；在生物技术、环境保护、造纸领域、金属材料、医药等领域拥有国家工程技术研究中心。这些科技创新平台有力地促进了高校的科技创新，为稳定持续开展产业基础研究创造了条件。

2. 学术竞赛

高校作为提供教学和研究条件的教育机构，是参与各类学术竞赛的主体单位。作为学术竞赛的平台，可以促进学生科技创新的兴趣和爱好，提升学生自主从事科技创新的意识。在学术竞赛的过程中，在竞争与合作中提升科技创新能力、创新思维、团队合作能力等，对高校发展和提升科技创新能力有很重大的意义，特别是对高校科技创新人才的培养发挥着引导和支持作用。

目前，高校科技创新组织、成员经常参与的学术竞赛有"挑战杯"全国大学生系列科技学术竞赛，是由中国共产主义青年团、中国科学技术协会、教育部和中华全国学生联合会共同主办的全国性的大学生课外学术实践竞赛，包括大学生创业计划竞赛和大学生课外学术科技作品竞赛；全国大学生数学建模竞赛，是全国高校规模最大的基础性学科竞赛，也是全世界规模最大的数学建模竞赛；以及各省市地方举办的各类科技创新大赛，旨在培养科技人才科技创新能力，发现优秀科技研究成果。

3. 产学研合作

高校和科学研究院所是产学研合作中的重要部分，在产学研过程中，具有较强的科技研发能力，科技人才或科研设备、获得科研经费的能力都优于企业，对企业科技创新发挥重大作用。对于高校而言，获得产学研合作平台也是提升学科科研实力、积蓄科技创新力量的宝贵机会。企业和高校能在产学研合作中各取所需，同进共赢，获得资源与信息的交互合作，实现创新能力的共同进步。

广东高校重点学科科技资源问卷调查显示，2009 年广东省 98 个重点学科中，各类工程、技术中心及产学研基地有 141 个，与企业共建实验室 119 个，其中省部级以上工程中心和产学研基地有 110 个。在这些产学研和实验基地中，高校重点学科发挥了现有科研条件、实现资源共享，将基础研究应用开发和产业化有机结合，为企业和地区产业发展注入强大动力。

四、高校科技优势评估与优势挖掘

(一) 高校科技优势评估

高校科技创新具有很多共同的优势，包括高校拥有的高素质、技术熟练的科技工作者；设备齐全，研究条件良好的实验室、科研中心；来自政府、企事业单位的充足的科研经费资助；学校历史积累形成的丰厚的知识产权和学科优势；还有学校拥有的众多科技平台、丰富的学术竞赛平台和充满活力的产学研合作平台优势。但是要深入挖掘效能科技优势就必须对众多学校科技优势进行科学合理的评估，并根据实际情况，制定相应的优势挖掘策略。

对校科技成果的评价主要可以从科技资源的利用率、对科技成果成功转化的贡献、通过资源获得的科技成果价值几个方面考量，重点在于找到校科技创新的突出优势，并努力挖掘尚未完全体现的优势。高校科技优势评估重点见图 5-4。

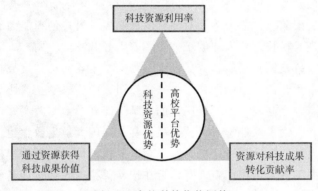

图 5-4　高校科技优势评估

通过各科技资源优势和平台优势的评估：一方面要锁定科技创新优势中的突出优势，给予重点关注，保证该方面的优势可持续发展，这类优势是校内创新优势的关键因素，一般体现为资源利用率高，通过资源获得的科技成果价值很大，对科技成果转化的贡献很大；另一方面，加强开发科技创新优势中的潜力优势，加大培养力度，促进潜力优势成为突出优势，提高校内科技创新整体实力，这类优势是校内创新优势进一步扩大的突破口，一般体现为资源利用率不高，通过资源获得的科技成果价值很大，对科技成果贡献明显。

(二) 高校科技优势挖掘策略

高校科技优势资源的挖掘要结合高校科技资源的评估结果，适应学校学科发展和学生培养计划，加强资源利用率，促进科技资源向科技成果的有效转化，提高科技创新质量和价值。

1. 加强制度建设

加强对高校科技资源的管理力度，推动科技创新活动的制度建设，积极出台《高校科技创新实施办法》等制度，确保科技活动获得的扶持资金专款专用，协调基础设施、科技信息资源等其他科技资源的合理分配和充分利用。加强科技创新组织建设，形成个体实施与组织实施、课题指导与课题督导的综合监管体系，提升科技资源在科技创新过程的实际利用率。

2. 完善激励机制

对科技创新起关键作用的学科带头人或团队成员等科技人员予以合理的物质激励和精神激励。以课题、产学研项目或某项独立的科技创新活动为单位，就其科技创新活动中科技转化率、科技成果及科技资源利用情况进行评价、考核，鼓励科技创新负责人从项目本身出发开发、利用校内资源。

3. 注重人才培养

高校科技创新与企业、中介结构等其他科技创新主体的最大区别在于高校及其研究所是传授知识文化培养科技人才的主要场所。挖掘高校科技资源必须注重人才培养，提高科技创新优势的可持续发展。鼓励学生组织、参与科技创新小组，发挥科技社团组织的作用，积极举办、推广科技创新比赛，利用科研平台优势，为学生营造浓厚的科技创新氛围。

4. 扩宽资助渠道

科研经费等资金支持是高校科技创新的重要保障，挖掘高校科技创新优势除了对自身资源的充分发挥，还需要采取积极措施，通过广泛寻求企业合作，争取社会赞助等方式增加投入经费总量，确保科技创新活动广泛、深入的开展，同时也是保证其他科技资源优势地位的有效途径。

5. 保障信息通畅

挖掘高校科技创新优势是长期的、系统的、艰巨的任务，需要全校上下共同努力，构建通畅的信息沟通和建议渠道。确保科技创新第一线的科技资源需求能够有效传递到管理层，能够更好协调各创新项目组对资源进行合理利用，这是系统挖掘高校科技创新优势的有效措施。

第三节　高校科技资源的整合

一、高校科技资源的整合

（一）高校科技资源整合的含义与特点

科技资源整合是科技资源管理的范畴之一，是使科技活动能够顺利进行统筹、协调、调整等活动采取的一种策略。科技资源整合是在特定区域、空间和时间范围内，以市场机制为主导，优化投资环境，合理动员、利用和科学有效地配置科技资源各要素，增强相互之间的关联与合作，使之在市场竞争过程中动态调节、相互补充、相互作用、相互协调，从而优化配置状态，产生整体涌现性和聚合能动效应，推动科技进步和社会经济持续、协调发展。

高校科技资源整合即是在某一院校或院校科研机构内部进行的，促进各项科技资源要素有效配置，并通过增强相互关联与合作、竞争与协调，使各要素处于优化配置状态。

（二）高校科技资源整合的意义

科技资源整合是各国科技管理和科技政策优先关注的核心问题之一，也是社会资源配置的重要方面。科技资源的稀缺和期待效用最大化的特征，决定了当今各国都将科技资源整合视为重大战略。高校及其科研机构是科技创新的一个重要主体，高校科技资源整合是国家科技资源配置的合理举措。

1. 高校科技资源整合是促进科技发展的现实要求

科技活动的有效组合提高了科技活动的效率，提高科技资源整合效率，实现科技资源的优化配置是科技发展的客观要求。作为科技创新主体之一的高校，要最大限度地优化科技资源，提高科技资源的利用率，使知识的生产、分配和使用处于最佳状态。

2. 高校科技资源整合是推进创新体系高效运行的必然选择

科技创新在知识经济时代的重要性不言而喻，高校科技资源整合有利于促进产学研几个方面紧密相连，使全社会的科技资源在体系内各要素的功能间形成有效流动和合理重组，从而提高社会范围内的各要素和功能的科技活动效率，促进创新体系高效运作。

3. 高校科技资源整合是提高学校核心竞争力的重要手段

高校的科研水平和科研实力是评价高校的重要依据，高校科技资源整合有利于科技资源要素在校内分配和使用更为高效，还能通过与企业合作，促进科技研发和科研成果的产业化，提升学校核心竞争力。

（三）高校科技资源整合类型

科技资源整合的分类方法很多，有的按照科技资源使用主体划分为项目模式、机构模式、基地模式和个人模式；有的按照科技资源的层次分为微观、中观、宏观几种模式；还有的根据资源整合的主体和供给分为大学资源开放模式、行业资源集聚模式、孵化器整合资源模式和政府下设中介机构整合资源模式。

从这几类科技资源整合模式来看，高校科技资源整合属于机构模式，以科技研究机构为对象和经费载体；也可以划分为微观模式，即企业、高等院校、科学研究院所组织本着"平等互利、优势互补、资源共享、风险共担"的原则，结成联盟，实现资源整合；同时也是属于大学资源开放模式，主要是依托学校建立的科技园区、重点实验室、工程研究所等科技资源与相关产业相结合，实现科学研究院所与企业之间的优势互补。

高校科技资源整合是高等学校及其科学研究院所内的资源整合，根据其驱动力来源可以分为以下几种类型。

一是政策驱动式。以国家政策为驱动力量，在相关学科、基础研究层面，利用专项基金，建设科学数据中心，推进科技信息共享，促进科技成果有效转化为生产力。

二是项目驱动式。以科研项目作为资源整合的驱动力量，鼓励不同机构就统一项目展开合作，促进科技资源在不同机构间的相互流动，促进学习型组织形成。

三是仪器驱动式。以提高校内科技仪器的使用率为主要驱动力量，保障投入使用的科学仪器"物尽其用"，促进兄弟院校科技交流，更好地进行产学研各环节的互动。

（四）高校科技资源整合策略

1. 科技基础条件平台建设

科技基础条件平台是运用信息网络等现代技术，对科技基础条件资源进行战略重组和系统化，建立以共享机制为核心、以资源整合为主线，促进高等学校及其科研机构科技资源高效配置和综合利用的有效方法。

高校科技基础条件平台应包括研究实验基地、科学仪器、设备共享平台，自然科技资源共享平台，科技文献和数据库共享平台，成果转化公式服务平台等。该科技基础条件平台的建设能够加强对科技资源统御管理的能力，促进科技交流的效率，扩大资源共享的范围，实现高校科技资源的有效整合。

2. 校际科技共建

高等院校及其科研机构之间是合作与竞争并存的关系，校际科技项目共建是科技资源管理的一种灵活互动机制，能有效地实现多所高校创新系统的协同，强调优势合作，共建重点实验室、培育基地、科研中心等，不仅能促进科技项目、科研设施的合理利用，还能促进科技人才的交流学习、共同成长。

校际科技共建是高校科技资源整合的重要方式，是在合作与竞争环境中实现资源突破的有效方式，能够有效提高校内科技资源的利用率，也能够突破资金限制合力建设大型实验室和研究基地，保证了拥有重点学科试点的高等院校集中精力投入某一专业领域、专项课题的科研中，对参与校际科技共建的院校而言能够分配更多的资源使用权，促进校内科技创新和科技成果转化。

3. 推进产学研合作

产学研合作是企业与大学、科研机构之间进行合作研究开发。产学研合作是高校、科学研究院所将拥有的创新资源转化为现实生产力的有效途径，也是优化配置科技资源、经济资源和生产力要素，整合国家科技与经济系统结构的有力措施。推进产学研合作是整合校内科技资源、提高自主创新能力的必由之路。

产学研合作的一个重要功能是实现知识在组织间的传递和转移。高校主要通过提供有产权的知识服务企业，为经济发展做贡献。通过合作，组织科技生产力纽带，在实现科技资源重组和优化配置的基础上，畅通科技成果转化渠道，使合作成为研究者、生产者、经营者、调控者的实施运行枢纽。

4. 提供市场化驱动

市场化驱动指充分发挥市场的导向作用，企业、高校、专业技术开发机构、科技中介机构按照市场需求进行资源整合，以促进科技资源配置与社会经济发展目标相适应，与产业基础相适应。通过科技资源的合理配置，提高校内科技资源的投入产出率。

通过提供市场化驱动，能够促进高校科技资源的整合。市场驱动导向可以为高校科技资金来源提供多一些途径，使得校内科技创新经济目的性得到提高。对于一些基础性研究，因为具有一定的社会、学术效益，市场机制难以发挥效果，仍然需要由学校投入科技资源。

二、高校科技资源整合案例——以华南农业大学科技创新平台建设为例

华南农业大学是广东省和农业部在"九五""十五"期间共建"211工程"全国重点大学，该校建校以来一直贯彻"经济建设必须依靠科学技术、科学技术必须面向经济建设"的战略方针，落实国家和广东省中长期科技发展规划纲要，加大对自主创新的投入，深化科技管理体制改革，着力突破制约经济社会发展的关键技术，支持基础研究、前沿技术研究、社会公益性研究，持续推进创新体系建设和创新环境建设，引导和支持创新要素向企业集聚，促进科技成果向现实生产力转化。

1. 重视基础科研平台建设

华南农业大学每年投入专门经费，加强对学校基础科研平台的建设，包括五星级重点实验室、试验基地、科研信息网络、科技创新群体等方面的建设，实施全方位的科技创新平台建设工程，以切实提高我校科技创新能力。积极申报和筹

建国家重点实验室、国家工程中心、教育部、农业部和广东省重点实验室。利用"共建"、广东省政府贴息贷款及其他渠道筹措资金，加大对各级实验室的投入。同时，学校每年按学科建设总经费的 5‰ 设立校级重点实验室发展基金，支持校级重点实验室建设。各级重点实验室对全校相关专业科研人员实行"全面开放，设备共享"。对校级重点实验室，每年检查或评估 1 次，根据其绩效，采取"滚动管理"的激励机制，推动校级重点实验室建设的规范化和高效化，以增强其科技创新能力。这批科技平台的建设，有力地促进了学校学科建设、人才培养的科学研究水平的提高和发展。

2. 良好的科研条件

华南农业大学拥有良好的科研条件，现有 160 多个科技平台，1 个国家工程技术研究中心，5 个农业部重点开放实验室，2 个教育部重点实验室，6 个广东省重点实验室，3 个教育部工程研究中心，2 个广东省人文社会科学重点研究基地。农业部植物新品种测试分中心（广州）、农业部畜禽产品质量监督检验测试中心（广州）、国家农业转基因作物检测与监测中心（南方）、国家兽药安全评价（环境）实验室、广东农村政策研究中心和广东省木材及木制品产品质量监督检测中心均设在学校。

3. 建设科技创新平台

华南农业大学科技创新平台是指通过有效优化、整合学校学科科技资源，为科技人员提供研究开发、成果转化、产业孵化、技术服务、人才培养等各类科技活动的载体。纳入本办法的创新平台包括重点实验室、工程技术中心、人文社会科学研究基地、大学科技园等各级各类科研机构的联合体。创新平台建设坚持"边建设、边服务、成熟一批、建设一批"的原则，实行"公平、开放、联合、竞争"的运行机制。

华南农业大学科技创新平台以整合校内科技资源，创造良好的科学研究条件和学术环境，以吸引和聚集国内外拔尖人才和优秀人才为目的，立志承担国家级、省部级等重大重点课题，争取国家级或省部级重点实验室，国家级或省部级工程研究中心，旨在培育和造就学科领军人物和科研创新团队，培养高水平的研究队伍；使本领域科学研究水平达到国内领先、国际先进水平。

4. 规范的科技管理

华南农业大学为深化其科技体制改革，进一步规范和加强学校科技创新平台管理，加快科技创新体系建设，促进科技资源高效配置和综合集成，提高科技创新能力，推动科技工作的跨越式发展，特制《华南农业大学科技创新平台建设与管理办法（暂行）》办法。办法规范了科技创新平台的管理体制、申报条件与审批程序及建设与考评方案。

在管理体制内，安排科学技术处担任创新平台的职能管理部门，负责平台相关制度制定、执行，组织协调创新平台建设项目的申报、评审、考核与评估；对创新平台建设进行指导、监督与管理；积极策划和组织重大科技项目。创新平台建设实行首席科学家负责制。进入创新平台的人员实行并行管理，科研管理在平台，教学管理在学院。

学校明确规定了申请创新平台的条件，申报及审批程序，为科技资源的规范管理和利用提供了具有实操性意义的制度规定。学校对每个创新平台给予200万元以内的资助。资助经费分年度下拨，主要用于购置先进适用的仪器、设备、软件、图书资料及设置开放课题等。

创新平台实行绩效考核和动态管理，组织有关专家进行验收评估。科学技术处组织专家对创新平台每个方向的研究成果、项目意义等进行全面考核，对完成任务较好的人员给予相应的奖励（具体实施细则另行制定）；对未能完成任务的人员，退出平台，从而保证平台资源的合理配置和高效利用，在合作与竞争中促进校内科技创新。

第四节　产学研模式的新探索

一、产学研合作的概述

（一）产学研合作的内涵与特点

产学研合作是以企业、高校和科研学研究所及政府、金融中介机构等有关各方从各自的发展战略目标和战略意图出发，为实现在激烈的市场竞争中取胜，加快技术创新、实现共同愿景、争取最佳利益、提升综合优势等目标而结合建立的一种优势互补、风险共担、利益共享、共同发展的正式但非合并的合作关系。产学研合作是实现科技创新活动的一种新型组织方式。

产学研合作是参与合作的多方依据各自占有的优势资源按经济规律进行配置的经济活动方式，与一般合作的区别在于，合作要求成员之间实现风险共担和利益共享。

（1）产学研合作建立在市场需求基础上。一般情况的产学研合作最终目标是要实现企业的技术创新，这一合作应以企业为主导，在把握市场需求的基础上实现竞争，获得产学研合作的成功实现，保证产学研合作的经济效益。

（2）产学研合作建立在合理分配合作方利益的基础上。利益分配直接影响产学研合作的长期性和稳定性，决定了驱动产学研合作动力的强度和方向，因此，在产学研合作中注意合理分配、平衡各方利益至关重要。

（3）产学研合作要实现知识在组织间的转移。产学研合作模式的核心即是知识产权的转移，由于知识在技术创新中至关重要又具有隐形性，实现知识在组织间的转移面临很大的风险和调整。

（4）产学研合作成功的关键在于形成有效的合作机制。产学研合作需要具备合理的利益分配机制、动力机制、监督机制和更新机制。采取有效机制使得产学研有机结合，实现共赢。

（二）产学研合作的主体

产学研合作的主体主要包括企业、科研机构和高校、中介机构、金融服务机构和政府。

在产学研合作过程中，企业和高校、科研机构是产学研合作最重要的主体。企业是创新投入、创新运作、创新结果承担的主体，动员社会资源，并通过创新的方式实现生产要素的重新组合，最终获得潜在市场盈利的机会。高校是技术创新人才的主要培养基地，科研机构和大学集聚了大量优秀的科技人才，拥有先进和齐备的科研基础设施，是促进高技术产业和相关知识服务发展的摇篮。

产学研合作的过程中还涉及中介机构、金融服务机构和政府机构几个主体。中介机构包括提供各类科技中介服务的中介，包括技术开发中心、创新咨询公司、科技工业园区、孵化器等。金融服务机构指为企业创新活动提供融资支持的机构。政府是创新活动规则的制定者和创新活动的参与者。图 5-5 展现了产学研合作主体之间的关系。

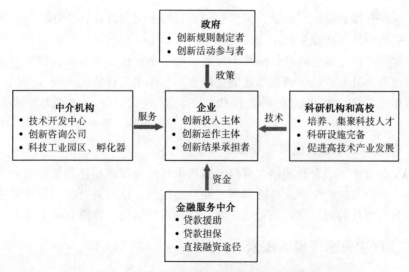

图 5-5　产学研合作模式的主体及其相互关系

（三）产学研合作的意义

1. 增强技术协同效应

随着新技术复杂性的提高和不同学科、技术领域之间的交叉融合趋势日益明显，产学研合作显示出强烈的必要性。通过产学研合作，科技创新主体能够获得互补性的资源和知识，形成技术协同效应和技术组合优势。在产学研合作中充分发挥各自科技资源优势能够有效促进产学研多方共赢，实现各自战略目标，共同促进科技创新。

2. 分担成本、降低风险

在许多技术领域，特别是高新技术产业和系统性基础研究领域，研究成本通常很高，超出单独某一个企业的承受能力，合作创新成为其完成科技创新的必须途径。与其他方式的创新合作相比，高校及科学研究院所因为需要承担完成科技研发、培养科技人才的责任，能更好地帮助企业分担成本，有效规避企业创新的不确定性风险。

3. 缩短研究开发周期

随着新产品生命周期的缩短和竞争的加剧，企业亟须加快科技创新速度，缩短研究开发周期。通过产学研合作能够集成各方资源和力量，采用并行作业方式，能大大缩短研发周期。

4. 便于技术转移、加强知识学习

产学研合作是建立在企业、大学、研究机构之间的合作，往往是为了将大学和研究机构中的科技成果转化为现实的生产力，是一种技术转移的过程。这些技术转移常会使企业实现跳跃式的技术发展，增强企业核心竞争力，带来社会福利的大幅提升。另外，产学研合作还能促进参与主体中的科技人才交互作用，实现知识的相互交流，特别为获得合作伙伴的隐形知识、技术和能力提供了便利条件。

5. 帮助科技成果转化与市场化运作

高校参与产学研合作能够促成其科技成果转向科技产品，开拓科技创新产品的市场。企业通过产学研合作能够拓展新产品范围、推动其开发的新产品进入新市场，实现市场的国际化、全球化扩张，影响市场结构，提高其竞争能力。

二、产学研合作模式探索

（一）产学研合作模式分类

根据目前对产学研合作理论的研究，对产学研合作的模式有不同的分类：从合作动力的角度，可以分为市场需求牵引型与政府引导产学研合作模式；从合作的层次角度来看，可以分为技术协作型、契约型和一体化型产学研合作模式；从合作目标的角度，可以分为人才培养型、研究开发型、生产经营型及目标综合型产学研合作模式；从企业在产业链中与其他部门的关系角度，可以分为横向型、纵向型、混合型产学研合作模式。具体不同分类可见图5-6。

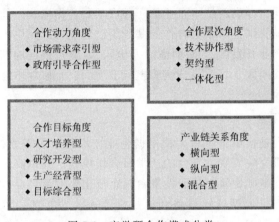

图5-6 产学研合作模式分类

（二）产学研合作模式现状

目前发达国家有几种产学研合作模式值得借鉴。美国模式以大学为主组建的产学研合作模式，形成了"斯坦福研究园"，促进了"硅谷"的崛起。英国模式采取分层更加明晰的政府层面、中介层面和私人公司层面，有效地推行政府优惠产业政策，促进中小企业的发展。日本政府强调政府在产学研合作中的积极作用，引导产生了共同研究制度、委托研究制度、建立共同研究中心、创办促进科技成果转化的中介机构。德国模式高度重视企业、政府、大学和科学研究院所之间的密切关系，采取"创新网络计划""主题研发计划"并通过公共研究机构促进科技转移，不管是基础研究还是应用研究、产品开发、中间性试验生产的技术协作研究中都形成了严谨、高效的科技创新体系。

我国产学研合作呈现出层次不断提高、形式不断创新等特征，合作的取向更加市场化，合作的途径更加多样化。目前，我国比较具有代表性的产学研合作模式主要包括科技攻关合作、合作创办高新技术企业和科技园区、共建研发平台、联合培养创新人才、校地合作等。

1. 科技攻关合作

联合开展科技攻关是一种以项目为纽带的产学研合作方式，主要包括产学研联合承接国家重大科研项目和围绕企业遇到的重大技术难题组织进行产学研联合攻关。资金来源主要是国家的投入和企业筹措。"十一五"以来,我国由产学研联合承担的国家科研项目比例明显增加。国家科技支撑计划首批立项项目,90%以上为产学研合作项目,其中企业牵头的占 1/3。

2. 合作创办高新技术企业和科技园区

合作创办高新技术企业和科技园区是由高等院校及科学研究院所投入技术,企业投入资金共同创办高新技术企业的一种产学研合作模式,能有效促进科技成果的产业化。目前我国在产学研合作的基础上已建立 69 个国家大学科技园和 56 个国家高新技术产业开发区。"深圳虚拟大学园",就是根据深圳高新技术产业发展需求成立的科技园区,目前已成为参与合作的 48 所海内外著名高校科技成果转化和产业化基地。

3. 共建研发平台

共建研发平台是指由企业和高校根据企业技术创新的需要共同建立实验室、工程研究中心或研究院等研发平台的产学研合作模式。其中高等院校和科学研究院所主要侧重建立基础性研究的研发平台,企业主要侧重产品技术开发平台。共建研发平台能够提供大型仪器设备和科技创新人才的共享,降低技术创新的成本,共担风险。广东省自 2006 年以来已经与全国 200 多所高等院校、科学研究院所长期合作,建立了多家研究院、研发基地、重点实验室和工程中心等科技创新平台。

4. 联合培养创新人才

产学研目前已经扩展到人才培养领域,特别是企业亟须的创新创业型复合人才。产学研联合培养人才的模式主要由高等院校为企业定向培养专业技术人才或相关管理人才,或者与企业共建博士后科研工作站,培养科技人才就企业的技术创新进行研究,研究工作有很强的针对性。联合培养创新人才的产学研合作模式突出企业和市场的导向,深受企业欢迎,目前我国数百家大企业已建立起博士后科研工作站。

5. 高等院校与地方合作

高等院校与地方合作的产学研合作模式主要指高等院校或科学研究院所与一个地区乃至一个省的全面合作,是产学研合作由点到面扩展的重要标志,是产学研合作迈向区域性创新的重要部分。目前中华人民共和国教育部、中华人民共和国科学技术部、广东省人民政府已共同组织 100 多家著名高等院校参与校地合作,进入珠江三角洲进行产学研合作,不仅提升了广东企业的技术创新能力,还促进了高等院校自身学科建设发展。

(三) 产学研合作模式发展趋势

我国产学研合作发展经历了由低层次向高层次,由点到线、面,由小规模到大规模的发展时期。未来，产学研将在科技创新活动中发挥更加重要的作用，产学研合作不断深化，结合领域不断拓宽，层次不断提升；产学研合作向深层次、紧密性、实体化方向发展，呈现出多形式、多方位、多层次和多元化的趋势。

1. 产学研合作模式向战略联盟方向发展

未来产学研合作模式将会更加注重在战略层面的合作。产业技术创新战略联盟是一种新型的产学研合作组织形式，是以提升产业技术创新能力为目标，以契约为保障，由高等院校、科研机构等按照市场经济规律组建的产学研战略利益共同体。

与项目层面上的产学研合作相比，产业技术创新战略联盟具有战略性、长期性、稳定性的优势，能更有效地组织和配置联盟内各成员单位的优势资源。目前，我国钢铁、石油化工、汽车、新能源、生物、信息等产业均已逐渐形成技术创新战略联盟。

2. 产学研合作模式向深层次和实体化方向发展

未来产学研合作模式将由表面合作挂名合作专项有效踏实的实际合作，由突击式合作走向经常性合作，由偶然碰头合作转向网络系统合作，从单一的教学实践、人员培训和单项的技术联合攻关向技术、资金、人才三项紧密联合的深层合作，加强共建多种经济实体。

主要的形式包括共建实验室、技术中心、联合创新平台等。这类产学研模式为产学研合作提供了技术交流的场所，并且集中了一个行业或者一个地区的技术研发力量，合作各方在资源、条件、信息等方面的依赖性更强，合作更加紧密，能够最大限度地利用价值并发挥合作的最大效用。

3. 产学研合作模式竞争性逐步加强

随着知识经济时代，产学研合作各方的技术创新意识、商品意识和市场意识不断增强，在产学研合作中的竞争性关系也越来越明显，市场化的趋势日益明显。

具体表现为企业与院校的结合或者院校与企业的结合都考虑对方的选择性因素，能够有效避免单纯依靠行政力量的委派、撮合影响合作带来的弊端。企业对人才的培养意识也得到强化，越来越重视超前介入获得优秀的科技人才。另外，产学研合作模式趋向市场化模式，在合作对象的选择和能力考核等方面，会采用招投标的方式进行合理适度的竞争。

4. 产学研合作模式涌现跨行业运行

伴随着新科技的发展及跨行业的兼并重组，各产业出现融合现象，技术的适用性被极大地拓宽，某项技术不再单纯属于某一行业或者领域，一些基础性、共性技术研究变得越来越重要，产学研合作模式将会更加注重促进知识、信息在不同部门、不同行业之间的迅速流动，促进科技创新在不同产业发现历史机遇，为创新产品找寻不同领域的市场空间。

跨行业的产学研合作模式能够有效地分担基础性研究的高投入和高风险，并有机会享受技术在产业间扩散获得的收益，有利于科技成果在不同产业背景下的再度开发，促进行业交流，提升社会整体科技创新水平。

本 章 小 结

本章阐述了学生科技创新组织及形式，校内科技优势的种类包括校内科技人才资源；校内优势学科资源；校内基础条件资源；校内科技成果、专利、知识产权资源、校内科研经费资源。以华南农业大学科技创新平台建设为例，介绍了校内科技资源整合策略：重视基础科研平台建设、建设科技创新平台、规范科技管理。介绍了产学研合作的内涵与特点，产学研合作是以企业、高校和科学研究院所及政府、金融中介机构等有关各方从各自的发展战略目标和战略意图出发，为在激烈的市场竞争中取胜、加快技术创新、实现共同愿景、争取最佳利益、提升综合优势等目标而建立的一种优势互补、风险共担、利益共享、共同发展的正式但非合并的合作关系。产学研合作的分类、现状及发展趋势。

思 考 题

1. 大学生科技创新组织，以获得科技创新成果和促进科技创新为目的，通过获得科技创新资源，动员大学生参与创新的科学性、系统性活动。学生科技创新的组织形式按照模式的功能划分，可以分为人才培养型和研究开发型。科技研发和人才培养作为高校两项重要职责，在组织科技创新工作时高校如何兼顾好两方面的工作？

2. 作为高校，开展校内科技创新资源优势是明显的。然而，校内资源的利用和整合不足却会使优势弱化，试提出哪些有效措施可以克服该困难？

3. 产学研合作以企业、高校、科学研究院所和政府等多方依据各自占有的优势资源按经济规律进行配置的经济活动方式、合作要求，风险共担和利益共享，是实现科技创新活动的一种新型组织方式。结合产学研模式发展趋势，高校应如何继续做好科技创新工作？

第六章 校内创业竞赛的组织和实施

第一节 创业竞赛的设计

一、关于创业竞赛

(一) 发展历程

创业计划又名"商业计划"(Business Plan),是一无所有的创业者就某一项具有市场前景的新产品或服务向风险投资家游说,以取得风险投资的商业可行性报告。

创业计划竞赛采用风险投资的实际运作模式,要求参赛者组成优势互补的竞赛小组,提出一个具有市场前景的技术产品或服务,围绕这一产品或服务,以获得风险投资为目的,完成一份完整、具体、深入的商业计划。完整的创业计划应该包括企业概述、业务展望、风险因素、投资回报、退出策略、组织管理、财务预测等方面的内容。

在中国,首届大学生创业计划竞赛于 1998 年在清华大学举行。1999 年,由中国共产主义青年团、中国科学技术协会、教育部和中华全国学生联合会主办的,清华大学承办的首届"挑战杯"中国大学生创业计划竞赛成功举行。2000年,第二届"挑战杯"中国大学生创业计划竞赛在上海交通大学成功举办;2002年第三届"挑战杯"中国大学生创业计划竞赛在浙江大学举办;2004 年第四届"挑战杯"中国大学生创业计划竞赛在厦门大学举办;2006 年第五届"挑战杯"中国大学生创业计划竞赛在山东大学举办;2008 年第六届"挑战杯"中国大学生创业计划竞赛在四川大学成功举办,把大学生创业浪潮推向了新的高峰;第七届"挑战杯"中国大学生创业计划大赛决赛于 2010 年 9 月在吉林大学成功举办。第八届"挑战杯"中国大学生创业计划大赛决赛于 2012 年 11 月 28 在同济大学成功举办。

(二) 背景资料

"创新是一个民族进步的灵魂",懂得创新的民族才能在激烈的竞争中立于不败之地。创业计划大赛可以培养参赛选手创业方面的知识和技能体系,培养团队合作精神,使参赛者体验创业过程中的艰辛与快乐,拓展知识面,提高大学生的综合素质，培养有创新精神和创业能力的创新型人才。早在 1983 年，德克萨斯州立大学奥斯汀分校就曾成功地举办了世界上第一个商业计划竞赛。目前，全球已经有 30 余所大学举办这项竞赛，并形成了一个全球商业计划竞赛网络，其成员主要来自美国，欧洲也有三所著名大学在最近加入其中。

1. 国外创业计划大赛发展情况

全球商业计划竞赛网络的成员来自美国、欧洲、亚洲等地区。全球商业计划竞赛网络每年举行一次年会。1999 年 1 月 11 日至 14 日在新加坡国立大学举行全球商业计划竞赛网络年会，来自清华大学、新加坡国立大学、麻省理工学院、香港中文大学、台湾政治大学、韩国科技大学、日本早稻田大学、以色列 MIT 企业论坛等大学、研究机构和公司的代表共 120 余人参加了本次会议。清华代表团作为中国内地唯一的代表应邀出席会议并发表重要讲话。"全球商业计划竞赛组织者论坛"第一次听到了来自中国大陆的声音。

在美国，有 10 多所大学每年举办商业计划竞赛，其中包括著名的麻省理工学院（Massachusetts Institute of Technology，MIT）、斯坦福大学（Stanford University）等。Yahoo、Excite 等公司就是在斯坦福大学校园里的创业氛围中诞生的。五万美金商业计划竞赛在 MIT 举办 9 届，影响非常之大。1997 年有 150 多组选手参加了比赛。从 1990 年至今，每年都有不少新的企业从中诞生，并且有相当数量的"计划"被附近的高技术公司以高价买走。在这些"创业计划"孵化的企业中，有的在短短几年内，营业额已达每年 2 亿美元。一批批创业者在竞赛中得到锻炼和成长。各行业风险投资家们不约而同进军大学校园，寻找着未来的创业精英。从某种意义上说，高校的大学生创业计划竞赛按住键成为新经济时代美国经济腾飞的驱动力量之一。

2. 国内创业计划大赛发展情况

由中国共产主义青年团、中国科学技术协会、教育部、中华全国大学生联合会主办的创业计划大赛不但是一种创新活动，更是一种科技创业的启蒙教育。中国的创业计划竞赛始于清华大学。竞赛旨在宣传风险投资理念，以"崇尚科学、追求真知、勤奋学习、锐意创新、迎接挑战"为宗旨，传播自主创业意识。创业计划竞赛的举办为大学生在走出校门前提供了一个创业实践的平台、一条争取风险投资的途径。

在中国，清华首届创业计划竞赛于 1998 年 5 月由清华大学的一个学生社团——清华大学学生科技创业者协会发起并举办。首届大学生创业计划竞赛进行了 5 个多月，共有 98 个竞赛小组递交了 114 份预赛的作品。参赛选手以清华大学经济管理学院和理工院系的博士生、硕士生、本科生为主，北京大学、中国人民大学、北京交通大学、北京农业大学等高校同学积极加入其中。他们的作品中有许多是自己或导师多年的科研成果、国家高技术研究发展（"863 计划"）或专利发明，参赛选手希望借创业计划竞赛能够成立自己的公司，将自己的创业计划变成产品。由于比赛的创新性，它吸引了众多媒体、教授、企业家和风险投资家的高度关注。高校大学生创业计划大赛逐渐成为中国社会各界关注的焦点。

高校大学生创业计划竞赛是全国范围内的创业启蒙教育，它有助于推动中国教育体制的改革及高新技术产业模式的转型升级。在全国各地，"创业"已经成为一个使用频率相当高的词语，在高校内，已经有不少学生将自己的科研成果转化成产品，正在积极准备寻求风险投资进行高科技创业的实践。比如清华大学信息学院一位博士研究生开发的智能大型全文检索系统达到了国际水平，已经获得了不俗的社会评价。全国范围内，举行了一档商战真人秀节目——《赢在中国》，从 2006 年开始进行比赛，每届比赛共选出 6 名优胜选手，获得冠军的队伍将能成功获得 1000 万元以上的公司注册资本，用于新设企业运营。获得亚军的队伍将能成功获得 700 万元以上的公司注册资本，用于新设企业运营。第 3 名、第 4 名、第 5 名的队伍将各获得注册资本 500 万元以上的公司注册资本，用于新设企业运营。第 6 名的队伍则获得不低于人民币 300 万元的注册资本，用于新设企业经营。各地级市也纷纷开展大学生创业计划竞赛，如广州市的"赢在广州"大学生创业计划竞赛自 2012 年首届大学生创业大赛启动以来，在广州市的 32 所高校大力宣传并发动学生报名，积极组织校园选拔赛。每年从 3 月份的宣传报名阶段到年底 12 月的后续跟踪阶段，都开展高校范围内的广泛征集和认真选拔，对于大学生优秀创业项目的选拔和企业的成功运营都起到了重要的推进作用。

（三）积极意义

大学生创业计划竞赛的举行对于学生的个人成长、成才具有重要的作用，而且能够多方面促进大学生的健康成长、成才。

1. 创业的知识和技能体系

参赛者在创作创业计划的过程之中，接受大赛提供的系统的培训，以及同创业导师的学习与创业同伴的交流，能够全面地接受创业者所应具备的知识和技能体系。

2. 创业的合作伙伴

大学生通过参加创业计划竞赛，可以结识未来创业的合作伙伴。参赛小组的成员将最有可能在将来形成创业合作关系，开创成功事业。

3. 创业的商业关系网络

参赛者通过比赛，可以结识风险投资家。国内外风险投资家对大学生创业计划大赛充满了浓厚兴趣，将对具有实际运作价值的作品，进行投资可行性分析。

参赛者通过比赛向不同行业的风险投资家充分展现自己的产品、服务的市场前景，争取得到投资者的认可，能够为进一步创业赢得资金。参赛者还将结识法律界、商界人士，为将来的创业建立良好的人际关系网络。

4. 创业的良好媒体关系

中央电视台"十二演播室"、人民日报海外版、China Daily、光明日报、中国青年报、北京电视台、北京青年报、中国教育报等新闻单位都表示要对大学生创业计划大赛进行跟踪和报道。投入实际运作项目的参赛小组会受到新闻媒体的关注和及时报道，创业团队具有向社会推荐自身和产品的良好机会。

5. 团队精神

参赛者将有机会通过加入一个充满智慧和活力的小组，与小组伙伴携起手来，接受挑战。参赛者在比赛过程中能够体会到前进中相互激励的力量，体验灵感火花碰撞时的震撼，分享胜利时的喜悦。在这一过程中，参赛者会感受团队精神的力量。这将是一种全新的体验。

6. 综合素质的提高

大学生通过参加竞赛，可以获得对产品、服务从构想变为现实的全局把握。在完善商业计划的过程中，培养创业团队的组织能力、沟通能力与谈判能力。在接受挑战的过程中，增强创业的能力、勇气和信心。

二、校内创业竞赛设计

（一）时间节点

高校大学生创业计划竞赛的时间安排直接关系到作品提交质量的好坏，一般来说，校内创业计划竞赛的举行都是为了省级创业计划竞赛选拔参赛作品，因此，必须根据省级创业竞赛的时间节点来划定校内创业竞赛的时间节点，且为了保证学生参赛作品的质量，应该提前下发比赛通知，以便让学生有充裕的时间准备创业计划书的撰写与包装。校内创业计划大赛的作品征集时间应该从下发通知后的4个月为宜。

（二）比赛规模

创业计划竞赛根据比赛规模的大小，可以分为院级、校级、省级和国家级。各种级别的不同也相应对创业竞赛作品的要求不同。一般而言，各级的比赛层层推进，也是为了更好地筛选优秀作品，让具备一定优势的作品参加到更高层次的比赛当中。比赛一般分为初赛、复赛和决赛三个阶段，各个阶段规模也不一样。初赛的规模一般较小，为学院层次的筛选，复赛阶段为校级层次的筛选，决赛阶段为最后几只优秀队伍的角逐，相应的规模也最大。

（三）作品收集

1. 作品内容

校内创业竞赛的作品收集根据参赛项目的方案而定，人文社会科学类的参赛作品一般收集创业计划书，自然科学类的参赛作品除了收集创业计划书之外还应该收集作品实物。在创业计划竞赛作品收集过程中，应该将学生的作品进行全校范围内的展示。一方面，可以通过网络平台对各个参赛队伍进行展示与介绍；另一方面，可以通过每支队伍的参赛展板进行展示，以此宣传学生的参赛作品，营造良好的创业氛围。通过对学生的创业计划进行展示，并设立局外学生对作品的咨询环节。一方面，可以让局外的学生了解创业作品的内容和思路，增加对创业计划作品的了解；另一方面，可以让参赛学生通过与局外学生的交流与答疑，让参赛学生不断完善自己的创业思路，及时发现问题、解决问题，为接下来的复赛、决赛的现场答辩做好思想准备。

2. 传承作用

创业计划竞赛作品的收集，一方面能够广泛收集大学生的创意与思想；另一方面能够将高校的科技成果转化为创业的产品，推进高校的产学研进程。同时，通过收集历年的"挑战杯"作品，可以将成型的科技作品进一步孵化成型，助推学生创业的成功案例，以此鼓励、扶持学生的创业，为高校创业计划竞赛的传承帮扶和社会增加贡献。但在大学生创业竞赛过程中，许多低年级学生认为自己专业知识的欠缺，故而放弃参加创新创业竞赛，亟待高年级学生带动低年级学生的科研传承。这种科研传承活动以参加过大学生创业计划竞赛并获奖的学生为主，这类学生经验丰富，且创业知识较为丰富，能够作为低年级学生的带头人，帮助低年级学生克服比赛过程中的畏惧心理，在参加竞赛过程中有章可循。同时在比赛过程中将自己的心得体会及注意事项与低年级学生进行交流，有助于形成良性循，提高队伍的参赛自信，提高高校的学术氛围。

三、创业竞赛的实施

1. 宣传动员

一般的创业计划竞赛由高校的主办单位拟定竞赛办法，并且提出具体要求。由各学院按照要求及时部署，并在广大同学中做好宣传工作，及时组织学生开展各项工作。

2. 通知下发

学校主办单位在全校范围内下发校内创业计划竞赛的通知，同时各个学院及负责科技创新活动的学生组织下发相应的通知。

3. 专家评审

各学院组织经过对学生报送上来的创业计划作品进行筛选，将选送的作品报至主办单位，主办单位组织校内外有关专家评审，经过初赛、决赛等环节，评选出优秀作品。

4. 总结表彰

竞赛组委会在选定作品的基础上，评选表彰校内大学生创业计划竞赛获奖项目和团体。

四、竞赛原则

大学生创业计划竞赛中所遵循的原则可分为市场优先原则和技术创新原则两个方面。

1. 市场优先原则

在创业计划竞赛过程中，主办方举行竞赛的原则主要依靠的是市场的导向性原则，毕竟创业最终面向的是市场，因此，所选择的优秀产品与服务必须要有市场可言，只有具备较好的市场前景，才有盈利的可能，才有运营的机会。

2. 技术创新原则

在创业竞赛过程中，另一个不容忽视的地方就是技术创新原则，创新乃国家发达不竭的动力与源泉，在创业竞赛的过程中，创新始终是一个发展的主题，只有具备创新元素的产品或者服务，才有打进市场的可能。且对于技术类参赛作品而言，是否具备技术上的创新是直接影响该产品是否具有持续生命的根本因素。

第二节　创业计划的写法

一、创业项目的选择

（一）项目选择的途径

在大学生创业计划竞赛当中，常常使用以下方法作为项目的选择途径：寻找生活中的创意，将其转化为有实操性的创业项目；询问学校相关专业老师及同学，寻找较好的创业创意；在学校的人才库搜索，将获过奖或者有较好技术含量的项目纳入考虑范围；找到已经持有公司或者项目的同学进行组队。

1. 创业项目的基本分类

对历届大学生创业计划竞赛的项目大致分为服务类、技术类、技术服务类三类。

服务类：这类项目主要出创业团队的成员根据自身条件和对市场的调查得出，其技术含量较低，主要集中在第三产业上，主要的核心竞争力在于创意和服务内容。

技术类：这类项目主要是创业团队成员本身拥有专利技术或者在高校中通过与相关教授签订项目授权书得到的相关技术，创业团队对该技术进行包装并将其投入市场中，其核心竞争力在于先进的技术含量和产品，对于服务的要求不高，一般集中在价值链的上游。

技术服务类：这类项目主要是创业团队成员本身拥有专利技术或者在学校中通过与相关教授签订项目授权书得到相关技术，创业团队以这项技术为基础，衍生出相关的服务项目并对其进行包装并将其投入到市场；此类项目的主要核心竞争力在于技术和服务的双结合，以技术为支撑，体现创业和服务的内容。

2. 项目选择的主要渠道

高校大学生创业项目的选择渠道主要有以下几个方面，如图 6-1 所示。

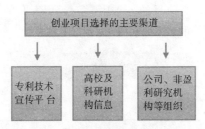

图 6-1　项目选择的主要渠道

(二) 项目选择的原则

大学生创业计划项目选择的过程应该遵循三个原则，即匹配性原则、可行性原则和盈利性原则。

1. 匹配性

在创业项目选择过程中并非选择最好的项目就可以实现最大的价值，而是要选择最为适合团队的创业项目，只有与团队成员最匹配的项目才能够让团队实现价值最大化。在项目选择与自身资源匹配的问题上，可以通过图 6-2 所示步骤确定所选项目。

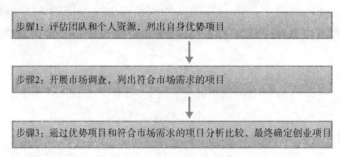

图 6-2　匹配性项目选择步骤

2. 可行性

从创业团队从自身角度评价分析了所选择的项目以后，还应该从项目的可行性的角度进行评估分析。项目的可行性分析就相当于筛选项目的一道滤网，可以帮助创业团队通过量化的标准将高风险的项目排除在外，为项目的进一步实施和发展再次提供保障。项目的可行性分析要求以全面、系统的分析为主要方法，以经济效益为核心，微弱影响项目的各种因素，运用大量的数据资料论证模拟项目是否可行。图 6-3 是项目可行性分析所包括的内容。

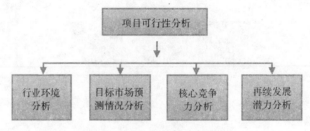

图 6-3　项目可行性分析内容

3. 盈利性

创业团队选出一些具有市场潜力的项目后再根据风险投资的标准进行二次筛选，尽可能地挑选出具有商业投资认可的价值和被投资潜力的项目，评价的项目就是判断项目在市场中生存和盈利的可能性。在盈利性方面，一方面需要着重考虑毛利、纯利及达到应回归平衡和正现金流的时间；另一方面需要考虑投资收益潜力与回报潜力。

二、创业计划的提纲

对于选定好的创业项目，则需要通过一份详细的创业计划书来对其商业计划进行阐述分析，从而吸引投资者或者所面向的消费群体，创业计划书的提纲一般由以下几个部分组成。

1. 公司摘要

公司摘要主要介绍公司的经营商品，产业和服务，公司的成立时间、地点、市场优势及所处阶段等基本情况。

2. 公司业务描述

公司业务介绍公司的宗旨和目标，公司的发展规划和策略。

3. 产品或服务

主要介绍公司的产品或服务，对产品和服务的用途和优点进行描述，对相关的专利技术，软件著作权，政府批文等进行介绍。

4. 收入

主要介绍公司的收入来源，预测收入的增长。

5. 竞争情况及市场营销

分析公司现有的和未来将出现的竞争对手，分析竞争对手的优缺点，本公司的优势进行分析和劣势进行比较。对目标市场做出营销策略的分析。

6. 管理团队

对公司的管理团队进行介绍，包括公司员工的职务、工作经历、受教育程度等。

7. 财务预测

公司目前的财务报表，五年的财务报表预测。投资的退出机制（公开上市、股票回购、出售、兼并或合并等）。

8. 资本结构

介绍公司目前的资金使用情况和未来资金的筹集方式，公司的融资方式，融资前后的资本结构对比表。

9. 附录

对支持上述信息的资料的整理，包括管理层简历，销售手册，产品图纸等，以及其他需要介绍的地方等。

三、创业计划的核心内容

创业计划的核心内容基于具体的产品、服务，着眼于特定的市场、竞争、营销、运作、管理、财务等策略方案，描述公司的创业机会，阐述把握这一机会创立公司的过程并说明所需的资源。其核心内容重点包括，公司及产品、服务的介绍、市场概况、营销策略、生产销售、管理计划、财务预测；指出新思想的形成过程和对企业发展目标的展望；介绍创业团队的特殊性和优势。

1. 产品、服务的技术特点

要求：说明其技术创新点、专利权、著作权、政府批文、鉴定材料等。重点包括指出产品、服务目前的技术水平是否处于领先地位，是否适应市场需求，能否切实可行地实现产业化；产品既不能依赖不成熟的技术，也不能过分超前于市场。

2. 市场分析

要求：市场调查和分析应当严密科学。重点包括，对现有市场的分析及对未来市场的预测，包括市场容量与趋势、市场竞争状况、竞争优势、市场变化趋势及潜力；细分目标市场及客户描述；估计市场份额和销售额。

3. 竞争策略

要求：阐明公司的商业目的、市场定位、全盘战略及各阶段的目标等。重点包括，确定市场份额开发策略和准入策略；考虑如何满足主要客户的需要，分析现有及潜在的竞争对手，总结自身优势并研究战胜竞争对手的战略方案；思考自身发展过程中如何提升自身竞争力；考察与替代品的竞争。

4. 营销策略

要求：制定有效的营销计划。重点包括，阐述如何保持并提高市场占有率；把握企业的业务进度，对市场份额、产品研发、现金流、手指平衡点、合作伙伴、融资等事件的安排。

构建一条通畅合理的营销渠道，施行与之相应的新颖而富于吸引力的营销手段。

5. 经营管理

要求：对公司的经验管理状况描述准确、合理，经营管理追求公司的可持续发展。重点应描述，以产品生产或服务为依据的原材料的供应情况，工艺设备的运行安排，人力资源安排等。

6. 团队组成

要求：介绍团队中各成员有关的教育和工作背景。重点包括，介绍公司的领导层成员，公司组织结构情况，主要投资人的持股情况，管理层成员的分工职能、工作经验、能力、专长；组建营销、财务、行政、生产、技术团队；指出企业产权比例的划分。

7. 财务分析

要求：分析要有一定的科学性和可信度。重点包括，企业的经营收入、现金流、盈利能力和持久性、固定和变动资本；前两年财务月报，后三年财务年报；数据应基于对企业的经营状况和发展趋势做出的正确估算，并能有效反映出公司的财务绩效。

8. 融资方案

要求：融资方案包括公司关键的会计报表（包括资产负债表、收益表、现金流量表），财务分析〔信息资源元库（Information Resource，IRR）、净现值（Net Present Value，NPV）、投资回收期、敏感性分析等〕，财务假设等。

9. 关键风险和问题

要求：客观阐述本项目面临的技术、市场、财务等关键风险和问题，提出合理可行的规避计划。

10. 书面表达

要求：创业计划书的书面表达应该追求简洁、专业、条理清晰且有侧重点。

四、创业计划的包装

（一）注意问题

商业计划书的核心目标主要有两点：一是明确企业的运作模式与经营计划；二是用于招商引资。因此，项目商业计划书的质量标准也要围绕有效实现这两个目标来衡量。笔者认为，一份合格的创业计划书应注意以下问题：产品与服务介绍清晰准确；商业模式清晰；目标市场分析清楚；本项目的目标市场定位有效；创业团队具有实现计划书所设定目标的能力与要素；资金运用合理，现金流分析令投资人信服；产品估值合乎行业规矩，融资出价公允，合理的投资人风险退出机制；项目风险分析详细，风险规避措施合理有效；文字处理精要准确，错误的地方要少，包装简洁大方，体现认真精神。

（二）编制调研资料清单

大学生创业计划书编制调研资料清单包括以下几个方面。

1. 公司资料

包括：公司宣传手册；公司介绍电子版；公司资质证书、荣誉证书、重大合作协议；子公司、控股公司、分支机构；厂区图片、照片；公司地址及现有建筑物面积土产权证；公司组织结构；总体发展规划；技术工艺、质量管理体系图；生产模式销售研发示意图。

2. 产品资料

包括产品名称图片说明书；产品技术专利；现有产品的生产情况（自外包部分最近 3 年产量）；最近 3 年全部产品的报价单。

3. 财务报表

包括最近 3 年财务报表；财务制度文件等。

4. 项目资料

包括项目简介；项目名称及建设方式；项目总投资及资金来源构成；项目建设地址（或测绘图）与用地面积；项目主要产品计划量价格；项目主要原辅材料及年用量价格；项目主要技术及工艺流程；项目建设周期与生产计划；项目班次工作日安排；项目贷款与还款计划；项目组织结构与用工安排；项目厂区布置草图。

（三）美化设计

在确定创业计划书内容后，必须要对创业计划书进行美化，使创业计划书看起来更加专业和美观。在美化创业计划书之前，首先应该选择一种与产品配合的主题色调，同时在后续的美化上也以此为基调，让创业计划书更加美观和个性化。其次是封面设计，创业计划书的封面作为评委首先关注的地方，好的封面能够让评委眼前一亮，帮助创业计划书脱颖而出，其设计的原则应遵循简洁专业为宜。图 6-4 和图 6-5 是华南农业大学第八届"挑战杯"中国大学生创业计划竞赛美景天创业团队的作品设计。页眉和页脚也是创业计划书的重要组成部分，直接体现了整份创业计划书的风格和内涵，合理利用页眉和页脚能带来显著的效果，如图 6-6 所示。图表和图像作为创业计划书的一个重要组成部分，在创业计划书中应当一目了然，逻辑性强，能够将复杂的内容简单地解释给读者，其设计应该和创业计划书的主题色调一致（图 6-7）。

图 6-4　创业计划书封面设计

图 6-5　创业计划书的背面设计

广州美景天屋顶绿化有限公司创业策划书

图 6-6　创业计划书的页眉设计

产业结构	机会
零散产业	联合
新兴产业	先发优势
成熟产业	产品改进；强调服务；流程创新
衰退产业	领导战略；利基战略
	收割战略；剥离战略

图 6-7　图表设计

第三节　创业计划的评审

一、创业计划的评审方法

（一）评审原则

在大学生创业计划的评审过程中首要原则是公正原则，评委在评审过程中要坚持公平、公开、公正。以此保证大学生创业计划评审的公平与正义。其次是保密原则。评委要遵守国家关于知识产权保护的相关法律规定，注意保护参赛团队的知识产权及商业计划的合法权益，未经作者同意，不得擅自向第三方传播参赛创业计划书及商业计划的具体内容，或将其用于商业目的。同时要对评审工作的各个流程进行保密，在主办单位未同意的情况，不得私自泄露评审工作的细节。再次，必须遵循回避原则。评委在评审过程中如遇到与本人有利益关系的参赛项目，应实施回避。最后，应当突出实战原则。对国家新兴产业鼓励发展的项目类型，特别是拥有自主核心专利技术的项目和具有明显产业化前景和成长潜力的项目，在评分过程中予以倾斜。对已开发成功并有现场成果展示的项目予以加分。

（二）评审机构

大学生创业计划大赛应当设立评审专家委员会，由高校、企业、管理咨询、创业投资、科学技术等机构的专家和知名人士组成。同时，根据大赛规则，不同阶段比赛的评审专家由大赛组委会从评审专家委员会中指定产生，组成不少于5

人的评审小组。评审小组按照评审规则独立开展竞赛评审工作。

(三) 评审方式和程序

大学生创业计划大赛所采取的评分办法，包含对网上、书面创业计划书进行匿名评审，同时根据规则进行打分。最终根据评委独立打分后计算的平均分数，经评委合议后进行排序。评审程序分为对各个参赛项目团队进行资格和形式审查；对进入初赛的参赛项目进行网上评审，根据评分情况确定进入决赛项目；对进入决赛的项目进行书面评审及对参赛团队公开陈述、图片成果展示、现场答辩进行书面打分，根据综合得分情况决定获奖名次。

(四) 评审打分标准

大学生创业计划大赛中的评分标准分为初赛和决赛，初赛实行百分制，其中，创业计划书的评分标准分为以下几个方面：市场机会占20%，包括市场规模、快速发展潜力、产业生命周期、市场调研；项目商业构想占20%，包括创新自主、技术专利、市场可持续性、市场价值；管理能力占40%，包括管理团队人员构成及素质、创业信念、实施计划能力；财务方面占20%，包括资金需求、收益预测、退出策略等。决赛过程也实行百分制，评分标准分为以下几个方面：书面报告占40%，主要是对进入决赛的队伍的创业计划书进行更加严格的筛选与评分，其涵盖着整个创业项目的方方面面；公开陈述、图片成果展示占30%，一般而言，进入创业计划竞赛的项目队伍都需要在最后的决赛答辩环节之前有对创业项目、创业产品的现场展示环节，通过展示本创业团队的产品或者服务思想，让观众对该创业团队的产品有直观的了解；现场答辩占30%，创业计划大赛当中，通过现场答辩环节，能够让专家、企业家对创业团队的商业构想提出质疑，创业团队对所提出问题做出回答。

二、创业计划的书面审议

大学生创业计划竞赛要求参赛者组成优势互补的竞赛小组，提出一个具有市场前景的产品或服务，围绕这一产品或服务，完成一份完整、具体、深入、可行性、操作性俱佳的创业计划。创业计划基于特定的产品或服务，着眼于特定的市场、竞争、营销、管理、财务等策略方案，描述公司的创业机会，阐述把握这一机会创立公司的过程并说明所需资源。在大学生校内创业计划书面评议过程中，评审专家可以参照以下标准。

1. 概述方面

对于大学生创业计划书概述的书写要求，应该着重审核该创业计划书是否简明、扼要，并且具有鲜明的特色。同时，分析其是否有重点对该公司的产品或服务进行介绍，是否对市场概貌、营销策略和生产销售、管理计划和财务等方面进行预测；该公司新思想形成过程是否以企业发展的目标作为期望；是否介绍该创业团队的特殊性和优势等。

2. 产品或服务方面

在考察大学生创业计划项目的产品或服务方面，应该考察该创业计划书是否有满足关键用户需要；是否有准入策略和市场开发策略；指出该产品或服务的技术水平是否处于领先水平，能否实现产业化。产品是否会因过分超前市场而无法被接受。产品是否具备专利权、软件著作权、政府批文、专家鉴定材料等；

3. 市场方面

在考察大学生创业计划项目的市场方面，应该注意考察其市场的容量和趋势是否分析得当、市场变化趋势及潜力是否把握合适，细分的目标市场及客户描述是否正确，估计市场份额和销售额是否合理等。

4. 竞争方面

应该考察包括创业计划书所描述的公司的商业目标、市场定位和营销战略及各阶段的目标是否合适，对现有和潜在竞争者的分析是否全面充分，是否找到竞争替代品，是否总结本公司的竞争优势并且研究战胜对手的方案。

5. 营销方面

在大学生创业计划的营销方面，应该着重考察创业团队是否正确保持并提高市场占有率，是否把握企业的总体进度，对收入、盈亏平衡点、现金流量、市场份额、产品开发、主要合作伙伴和融资等重要事件是否有所安排，并构建一条通畅合理的营销渠道和与之相适应的新颖而富于吸引力的促销方式，都是评审的关键所在。

6. 组织方面

创业计划的书面评审当中对公司组织方面的评审标准为是否详细介绍管理团队成员中各成员的有关教育和工作背景、经验、能力和专长。同时，在组建营销、财力、行政、生产、技术团队等方面是否合理；公司的领导层成员，组织架构，创业顾问及股东持股情况是否合理等。

7. 财务方面

创业计划的书面评审中应该着重对该公司的财务进行考核，考核其公司的营业收入和费用、现金流量、盈利能力是否持久、固定。考察该公司能否对企业的经营状况和未来发展做出正确的估计，并能有效反映出公司的财务绩效。

三、创业计划的方案展示

一般而言，通过对校内创业计划竞赛进入公开答辩环节的作品应再进一步完善、包装，并进行展示答辩准备。进入方案展示环节的团队应当进一步完善作品及展示材料，通过多种形式、技术展示自己的作品优势，并进行现场答辩。展示的作品可以是一项发明创造、技术专利；也可以是围绕一个具有市场前景的技术产品或服务概念，以获得风险投资为目的，一份包括企业概述、业务与业务展望、风险因素、投资回报与退出策略、组织管理、财务预测等方面内容的创业计划书。通过大学生创业计划大赛的方案展示，能够将大学生创业作品在全校范围内进行公开，形成竞赛的群众性基础条件。竞赛组委会和评委会对创业竞赛团队的作品展示进行相应的量化评分。优秀项目及其团队将受邀入驻大学生创业实践基地。

四、创业计划的答辩评审

（一）正式陈述

大学生创业计划大赛的答辩评审环节中，必须要对创业计划进行正式的陈述，具体的陈述标准有以下几个方面（表 6-1）。

表 6-1　评定团队正式陈述的标准

产品或服务介绍	全面且客观地介绍和评价产品或服务的特点、性质和市场前景
市场分析	对市场进行细致的调查，并对调查结果进行严密科学的分析
公司战略及营销战略	公司拥有短期和长期发展战略及应对不同时期的营销战略
团队能力和经营管理	对本公司的团队能力有清晰的认识，掌握并熟知本团队经营管理的特点，明确公司的经验和组织结构情况
企业经济财务状况	公司不同经营时期的经济/财务状况要清晰明了，经济/财务报表要有严密性
融资方案及回报	有完善且符合实际的融资方案，并明确企业资本回报率测算
关键风险及问题的分析	对企业在经营中可能遇到的关键风险和问题进行考虑和分析，并附有实质性对策

（二）回答问题

大学生创业计划大赛的答辩评审环节中，必须要对创业专家团队提出的问题作答，具体的评定标准有以下几个方面（表 6-2）。

表 6-2　评定团队整体表现的评定标准

正确理解评委的提问	对评委问题的要点要有准确的理解，回答具有针对性而不是泛泛而谈
及时流畅地作答	能在评委提出问题后迅速作答，内容连贯有条理
回答内容准确可信	回答的内容简历在准确的事实和可信的逻辑推理上
特定方面的充分阐述	对评委特别之处的方面能够做充分的说明和解释
整体答辩的逻辑性及清晰程度	陈述和回答提问的内容具有一致性，语言清晰明了
团队成员协作配合	团队成员在陈述时有较好的配合，能够互补
在规定时间内有效作答	在规定时间内回答评委提问，无拖延时间的行为

第四节　模拟项目的运营

高校大学生创业教育中模拟项目的运营通常包括模拟营销策划大赛、模拟公关演练、ERP（企业资源规划，Enterprise Resource Planning）沙盘和模拟企业竞争等类型，通过模拟项目的运营，能够为大学生的创业计划竞赛提供良好的实践平台，能够让大学生更好的接触到创业竞赛，为创业的成功做全面的准备。

一、模拟营销策划

模拟营销策划是高校大学生创业竞赛的主要比赛形式之一，大学生通过模拟公司构建过程中的各个环节，为公司的管理和营销提供一个良好的模拟环境。其中模拟营销策划的步骤分为以下几个环节。

（一）分析营销机会

大学生模拟营销策划大赛运营过程中，分析营销机会是取得营销策划成功的关键。而分析营销机会则需要从以下几个方面入手：首先要管理营销信息与衡量市场的需求，包括营销情报与调研，预测概述和需求衡量；同时要评估营销环境，分析宏观环境的需要和趋势，对主要宏观环境因素的辨认和反应（包括人文统计环境、经济环境、自然环境、技术环境、政治法律环境、社会文化环境）；其次，还要分析消费者市场和购买行为、消费者购买行为模式、影响消费者购买行为的主要因素（包括文化因素、社会因素、个人因素、心理因素等）及购买过程（包括参与购买的角色，购买行为，购买决策中的各阶段）；再次，分析行业与竞争者，包括识别公司竞争者（包括行业竞争观念，市场竞争观念）、辨别竞争对手的战略、判定竞争者的目标、评估竞争者的优势与劣势、评估竞争者的反应模式、选择竞争者以便进攻和回避、在顾客导向和竞争者导向中进行平衡；最后，确定细分市场和选择目标市场，包括确定细分市场的层次、模式、程序、细分消费者市场的基础，细分业务市场的基础，有效细分的要求，目标市场的选定，评估细分市场，选择细分市场等。

（二）开发营销战略

开发营销战略也是大学生模拟营销策划取得成功的关键因素，其关键方法需要明确营销差异化与定位。不同的营销战略决定的产品差异化、服务差异化、渠道差异化与形象差异化。营销战略传播着公司的理念，产品研发动向，机会与威胁分析，有效的执行安排，组织架构设计；也体现新产品开发过程，包括营销战略发展，商业分析，市场测试等；管理生命周期战略包括产品生命周期、技术生命周期。产品生命周期中的营销战略分为几个阶段：引入阶段、成长阶段、成熟阶段、衰退阶段，产品生命周期概念的归纳和评论；要对自身定位——为市场领先者、挑战者、追随者和补缺者设计营销战略；设计和管理全球营销战略，考虑关于是否进入国际市场的决策、关于进入哪些市场的决策、关于如何进入该市场的决策，包括直接出口，间接出口，许可证贸易，合资企业直接投资，国际化进程。

（三）营销方案

营销方案直接决定了公司的产品线、产品包装和品牌战略、产品线组合决策等几个方面，产品线决策包括产品线分析，产品线长度，产品线特色化及削减；设计价位方案，制定目标定价，分析需求量，预计成本，最终确定价格；选择和营销渠道包括渠道设计决策、渠道管理决策、渠道动态及合作竞价等；其中，选择和管理渠道包括渠道设计决策、管理决策、动态、合作、冲突和竞争；管理广告方面包括广告目标确定，广告预算决策，广告信息选择，媒体评价等。管理销售队伍方面包括销售目标，销售战略，销售结构，招牌和挑选销售代表，销售代表培训，销售代表的监督，销售代表的评价等几个方面。

（四）管理营销

管理营销是大学生模拟营销策划的关键因素所在，一方面，通过组建营销组织，来开展营销部门的工作，并且明确营销部门与其他部门的关系，来建立整个公司营销导向的战略；另一方面，也通过营销执行监控以保证营销的有效性，通过控制营销活动，达到控制年度计划、控制盈利能力、控制效率的目的。

二、模拟公关演练

高校大学生模拟公关演练策划方案需要考虑以下几个方面的内容。

（一）企业档案

模拟企业档案包括公司名称及所属行业；部门设置包括市场部，仓管部，采购部，生产部，财务部，技术部；客户区域范围包括介绍产品行销范围及出口地区；公司简介则主要介绍公司的规模、历史、产品、业务、技术力量、核心价值体系、现状及未来的发展趋势等；企业运营背景则介绍企业经过多长时间的运营，产品行销哪些地方，得到哪些用户的认可与好评。

（二）公司对 ERP 的认识

随着信息技术的迅速发展，大大加快了企业的现代化与信息化的过程。现代企业信息化已成为经济全球化的发展趋势。以企业资源规划（Enterprise Resource Planning，ERP）为代表的信息化管理是企业信息化技术特点的重要体现，也是我国企业管理信息化向上一个层次的表现。现代企业管理体系的形成有赖于计算机技术的升级与管理科学的融合。企业管理逐步涉及企业经营战略、经营目标、组织与文化、制造资源、资金与成本、技术与产品开发、生产计划与控制、供应链与企业协同等方面。现代企业管理技术基于现代企业管理模式，在资源集成、信息集成、功能集成、过程集成和企业间集成的基础上，通过集成化管理与决策信息系统支持企业全面、合理、系统地管理生产和经营过程，可以最大限度地发挥企业内外部资源、技术和人员的作用，大幅度提高企业经济效益和市场竞争力。作为集成化的企业管理信息系统，企业资源计划 ERP 是计算机技术与企业管理技术的集合。近年来，越来越多的企业采用 ERP 等先进技术，提高了企业的整体效率和市场竞争力。

（三）公司对 ERP 软件的需求

1. 信息化目的与需求

对于公司而言，建立办公自动化系统（OA 系统）对公司的运营至关重要，此系统应包括公司内部人员通讯录，电子邮件系统，文件在线签约系统，信息公告平台等功能。可以有效实现企业内部人员工作过程的实时通信，办公实现无纸化，提高企业工作效率；实现企业内各个部门的及时沟通交流，各项业务从订单到成品出库全程一体化，实现了受货订单、排程计划、采购、生产、库存等信息的有效对接；提高会计核算和财务管理方面的管理，达到高度自动化的目的。对决策系统进行优化，对生产计划、能耗需求、车间控制、制造标准等生产管理模块进行有效控制；改进企业内部计划、组织、领导、控制、决策系统，综合管理财务、生产、供应、人事、经营等模块，实现企业的物流、资金流、信息流的相统一。改善企业业务流程，提高生产服务效率，从而增强企业核心竞争力，实现经济效益的最大化。

2. 信息化的定位

在公司运营过程中，运用 ERP 系统，提高企业运作的自动化程度，降低企业运作成本，改善管理，提高生产效率；构建供应链，提高利润；减少污染、降低能源损耗；企业的产品结构面向信息产业和利用信息技术；企业经营中心为信息化经营，能够加强科技创新，提高产业竞争优势。

3. 信息化的成本

企业合理运作的信息化成本包括采购成本、实施成本、使用成本和机会成本。这就要求，把好采购关，正确选择生产材料；改变传统的信息化商业模式：从以往的以项目为主逐步转向服务为主；从企业自身入手：科学规范企业管理流程，降低实施和运作维护成本；加强信息化培训，让员工越熟练使用 ERP 信息系统，系统产生的效益越大，成本就随之降下来了。

（四）各部门对 ERP 的具体要求

1. 生产部门

可以帮助生产计划部门制订生产计划、分解、合并和打印采购计划、生产任务单。充分利用企业各方面资源满足客户需求，对生产流程进行合理预算，调度所需原材料、零件等在成品和半成品过程中进行把握，使资金得到有效利用。通过 ERP 管理系统能够使生产过程中的各项计划订单、更改或者终止等得到有效调整和安排，能够掌握或遇见某一产品的生产问题并及时做出调整和安排。

2. 仓管部门

仓库部门需要提供准确的库存信息，提高计划的效率和成效，降低库存水平和积压库存。针对现存库管员文化程度低，希望 ERP 软件编码录制难度低，基本操作容易上手，且容易为部门培训所利用的情况，应尽量安排好各项工作计划，减少仓库排程满的问题，减少临时加班加点现象的发生。

3. 市场部门

销售管理流程：将潜在顾客按产品统计的销售额、按顾客统计的销售额、按区域统计的销售额与销售指标进行对比分析；按每个地区最有利润的产品列出明细表；找出某个地区销售态势疲软的产品；对各地区销售人员工作情况进行对比分析；及时了解库存的短缺或过剩。

销售预测流程：细分市场潜在顾客，对公司的产品和服务进行统筹安排，满足客户的需求。

产品定价系统：根据产品的市场定价，目标顾客的可承受价位、可支配收入，材料成本和人力成本等各种因素进行调查和分析，建立产品定价模型。

4. 信息部门

建立公司内部的标准业务流程，以及支持其运作的信息系统和系统标准功能。增强企业管理信息的透明度，加强对公司各部门的管理，加强对公司的财务分析、成本控制，以及采购计划、生产和库存的管理，实现物流、资金流与信息流的统一，为公司各级管理人员提供及时、可靠的决策信息，销售商需向公司提供 ERP 培训服务，以便员工熟悉相应系统流程，推动 ERP 的实施。

5. 财务部门

将财务系统的使用从简单的财务处理提高到财务分析与控制的层次，实现其管理功能；对公司每个月的各项财务收支应该及时进行结算，如资产负债表、月损益表等，减少财务人员为了借贷不平而去费力统计；往来明细账管理一目了然，随时管理公司应收未收、应付未付的金额。及时掌握调配资金流，查明工厂的资金使用、结余情况，对资金的使用提供合理方案。各部门在系统作业上环环相扣，最终的单据由财务人员审核记账，方便工厂内部管理的内部监督、内部控制。

（五）服务的具体需要

根据企业性质需求按以下区分做出 ERP 管理界面。以产定销：这种模式也相当于"计划经济"，厂家先制造出所有的产品，进行订单发放、货物管理。以销定产：厂家根据客户所发的订单数，生成定义物料清单（Bill of Material，BOM）清单，分配物料单、委外加工单、列出生产计划，根据车间生产能力进行排班和质量控制（Quality Control，QC）质量检测程序。ERP 的实施和成效是一个艰巨的任务，实施过程中任务的规划是非常重要的。帮助企业培训员工具有一定的计算机操作基础。ERP 的所有操作流程都是在计算机上完成的。销售商需帮助企业对员工进行计算机操作的关键技术培训，以便员工能正确地操作 ERP 系统。

三、ERP 沙盘

（一）ERP 沙盘介绍

ERP 沙盘，是企业资源规划（Enterprise Resource Planning）沙盘的简称，主要是利用实物沙盘直观、形象地展示企业的内部资源和外部资源。通过 ERP 沙盘可以直观展示企业的厂房、设备、仓库、员工、订单、资金等资源；还可以展示包括企业供应商、客户和其他合作组织等外部资源。ERP 模拟沙盘由 6 个相互竞争的模拟企业组成 6 个沙盘面，按照企业职能部门的不同划分了营销策划中心、物流中心、财务中心等。各个职能中心涵盖了企业运营的市场营销、产品研发、资金规划、物资采购、设备改修与财务预算等多个环节，将企业运营过程抽象化。模拟五六年的企业经营，通过学生参与、对抗练习与讲师讲评、学生感悟等一系列环节，融合理论和实践为一体，使大学生参与市场商业竞争过程中的一系列营销组织与财务管理，培养团队精神，全面提升管理能力。同时也对企业资源的管理过程有一个实际的体验。

（二）ERP沙盘教具

ERP沙盘模拟教学以一套沙盘教具为载体。沙盘教具主要包括沙盘盘面6张，分别代表6个相互竞争的模拟企业。图6-8就是沙盘盘面全图。

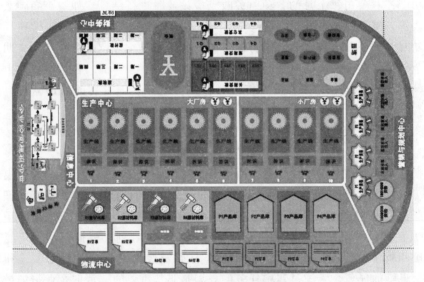

图 6-8　ERP 沙盘模拟流程图

沙盘盘面按照制造企业的职能部门划分为4个职能中心，分别是营销与规划中心、生产中心、物流中心和财务中心。各职能中心覆盖了企业运营的所有关键环节：战略规划、市场营销、生产组织、采购管理、库存管理、财务管理等，这是一个制造企业的缩影。

（三）沙盘模拟教学的环节

1. 组织准备工作

在大学生创业模拟项目运营中，ERP沙盘模拟教学的组织准备工作是首要环节。主要内容包括三项，首先是学员分组，每组一般为5—6人，这样全部学员就组成了6个相互竞争的模拟企业（为简化起见，可将6个模拟企业依次命名为A组、B组、C组、D组、E组、F组），然后进行每个角色的职能定位，明确企业组织内每个角色的岗位责任，一般分为 CEO、营销总监、运营总监、采购总监、财务总监等主要角色。当人数较多时，还可以适当增加商业间谍、财务助理等辅助角色。在几年的经营过程中，成员之间可以进行角色互换，从而体验角色转换后考虑问题的出发点的相应变化，也就是学会换位思考。特别需要提醒的是，诚信和亲历亲为是不容忽视的问题。诚信是企业的生命，是企业生存之本。在企业经营模拟过程中，参赛学生不要怕犯错误，因为比赛的目的就是发现问题，解决问题的过程。图 6-9 为沙盘模拟教学图。

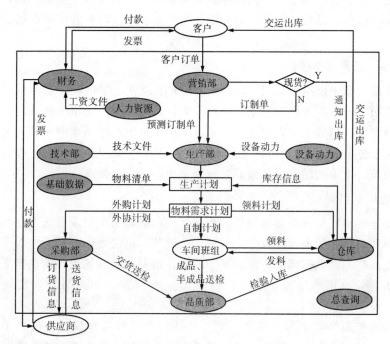

图 6-9　沙盘模拟教学图

2. 基本情况描述

沙盘模拟教学环节要求大学生模拟企业经营者在刚开始接手一个企业时，需要对企业有一个基本了解，包括对股东的期望、企业目前的财务状况、市场占有率、产品、生产设施、盈利能力等。基本情况描述以企业起始年的资产负债表和利润表为基本索引，逐项描述企业目前的经营成果和财务状况，并对企业其他方面进行补充和说明。

3. 市场规则与企业运营规则

模拟企业在一个开放的市场环境中生存，企业之间的竞争需要遵循一定的规则。综合考虑市场竞争及企业运营所涉及的方方面面，一般而言，可以简化为 8 个方面的约定：市场划分与市场准入；销售会议与订单争取；厂房购买、出售与租赁；生产线购买、转产与维修、出售；产品生产和原材料采购；产品研发与质量、管理体系认证；融资贷款与贴现；综合费用与折旧、税金。

4. 初始状态

ERP 沙盘模拟不是从创建企业开始，而是接手一个已经运营了三年的企业。虽然已经从基本情况描述中获得了企业运营的基本信息，但还需要把这些枯燥的数字活生生地再现到沙盘盘面上，由此为下一步的企业运营做好铺垫。通过设定初始状态，让学员深刻地感受到财务数据与企业运营的直接相关性，理解财务数据是对企业运营状况的一种总结和提炼，为企业"透过财务看经营"做好观念上的准备。

5. 企业经营竞争模拟

企业经营竞争模拟是 ERP 沙盘模拟的主体部分，按企业经营年度展开。经营刚起步时，通过商务周刊发布市场预测资料，对每个市场每个产品的总体需求量、单价、发展趋势做出有效预测。每一个企业组织在市场预测的基础上讨论企业战略和业务策略，在 CEO 的领导下按一定程序开展经营，做出所有重要事项的经营决策，决策的结果会从企业经营结果中得到直接体现。

6. 现场案例解析

现场案例解析是沙盘模拟课程的精华所在，能够实现企业管理者在经过一段时间后都要对企业的经营结果进行分析，反思其不足之处，分析竞争对手情况并做出企业战略的调查。同时，结合课堂的整体情况，对现场出现的典型案例进行深层剖析，并且用数字说话，可以让大学生感悟管理知识与管理实践之间的距离。

在沙盘模拟的各个不同阶段，结合具体任务，教师与学员扮演着不同的角色，表 6-3 列出了这些角色的不同。下面就以教师与学员在模拟中的角色分工为例进行说明。

表 6-3　课程的不同阶段教师与学员的角色

课程阶段	具体任务	教师角色	学生角色
组织准备工作		引导者	认领角色
基本情况描述		企业旧任管理层	新任管理层
企业运营规则		企业旧任管理层	新任管理层
初始状态设定		引导者	新任管理层
企业经营竞争模拟	战略制订	商务、媒体信息发布	角色扮演
	融资	股东、银行家、高行贷者	角色扮演

课程阶段	具体任务	教师角色	学生角色
	订单争取、交货	客户	角色扮演
	购买原料、下订单	供应商	角色扮演
	流程监督	审计	角色扮演
	规则确认	咨询顾问	角色扮演
现场案例解析		评论家、分析家	角色扮演

四、模拟企业竞争

(一) 关于模拟企业竞争

企业竞争模拟指的是运用计算机技术产生模拟的企业竞争环境，模拟参加者组成虚拟的公司，在模拟的市场环境里进行经营决策的训练。1983年北京大学为了改进中国管理学教学方式，给大学生提供一个企业经营管理实践的平台，开始研发中国人自己的企业经营模拟系统，并在教学中使用。此后几年，该系统经过了不断地完善和改进，1996年中文版企业竞争模拟系统问世。经过不断改进，在1997年5月通过北京大学、清华大学等高校及全国企业家协会的专家、教授的技术鉴定。在1998年北京大学百年校庆期间，利用因特网成功地进行了远程竞争模拟，参赛的10个队中在北京地区以外有浙江大学、南开大学、哈尔滨工业大学和中山大学的代表队。2000年全国大学生电脑节"企业经营决策竞争模拟比赛"以该系统为竞赛平台。自2001年起，该系统承担了全国MBA（工商管理硕士）企业竞争模拟大赛（后发展为全国MBA培养院校企业竞争模拟大赛）。大赛延续至今，已由最初的十校邀请赛发展成为今天的上百所院校、数千支队伍参与的大规模学生竞赛活动。

至今，该项赛事历届的参赛高校包括北京大学、清华大学、浙江大学、复旦大学、中国人民大学、南开大学、武汉大学、中国社会科学院、中国科学技术大学等众多知名高校。企业竞争模拟系统倾注了北京大学两代教授30余年的心血，是国内自主开发的最早的企业经营决策模拟教学系统，是国内企业管理实践教学新模式的最早尝试，企业竞争模拟赛事亦是国内高校领域最早开展的企业管理实践类赛事，历史悠久，影响深远。"全国MBA培养院校企业竞争模拟大赛"已经成功举办了十二届。实践证明，模拟企业竞争大赛对促进管理理论与实践的结合，对增进MBA培养院校之间的友谊，对培养大学生的竞争意识和团队合作精神，具有重要意义。图6-10为模拟企业竞争环境图。

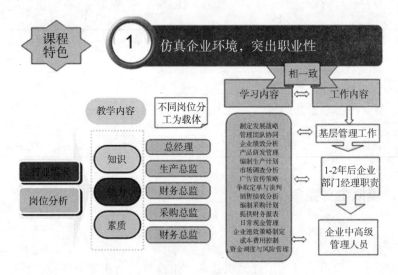

图 6-10　模拟企业竞争环境图

（二）模拟企业竞争的目的

模拟企业竞争的主要目的是培养大学生在变化多端的经营环境下，面对多个竞争对手正确制定企业的决策，达到企业的战略目标。各公司在各期初要制订本期的生产、运输、市场营销、财务管理、人力资源等决策计划，并在规定时间内将决策输入计算机。软件将根据各公司的决策和状况，依据模拟的市场运营机制决定各公司的销售量，并评价一系列经营指标，对各公司的经营绩效做出综合评价。经过多期模拟后，按综合绩效排出名次。模拟企业竞争能够引导大学生全面灵活地运用管理学各学科的知识，提高分析、判断和应变能力，培养团队合作精神。决策模拟所具有的竞争性、趣味性、实用性是其他课堂教学形式难以比拟的。

（三）模拟企业竞争的经营管理要点

模拟企业竞争的经营管理包括以下几个要点。

1. 战略规划

根据市场环境形势制定企业发展战略，模拟企业的所有经营决策工作均围绕企业战略来展开实施，企业各项决策的目标就是保证企业战略的实现。企业战略涉及的内容包括：市场环境分析；企业竞争优势分析；如何制订企业战略；如何平衡长、中、短期战略；战略的选择与执行。

2. 品牌设计

要使产品受消费者的欢迎，首先要根据消费者需求和偏好进行分析，设计出能满足消费者需求的产品，并树立公司的品牌。公司能够面向特定消费群体实施品牌战略，设计出一个或多个品牌，以便提升产品的销售量。与此同时也要多尝试品牌定位实验，尝试多方式品牌运作战略，掌握品牌运营的技巧和方法。

3. 产品研发

研究开发有竞争力的产品，是企业获取市场竞争力的重要因素。在训练中涉及的内容包括，客户需求分析；如何根据用户需求完善产品设计；新产品研发策略，产品投入产出分析；如何根据竞争对手产品特性及市场表现改进企业的相关产品；产品生命周期分析；如何根据产品生命周期的变化调整企业经营策略。如何依据竞争环境变化，推出新的产品计划，应对不断变化的市场需求。

4. 市场营销

市场营销指的是如何围绕企业战略制订各阶段市场营销战略；新产品开发规划与产品组合策略；仔细分析市场分析与产品定位分析，市场情报分析的基本方法与思路，新市场开发策略与投资回报分析，销售预测与营销网点的建设，市场趋势预测与市场机会分析，产品定价策略，广告宣传策略，营销渠道建设；分析价格、广告、设计、渠道等和产品销量之间的弹性关系；根据顾客反馈、竞争者行为，分析市场综合表现与经营绩效，调整营销策略。

5. 生产制造

企业经营模拟系统涵盖了企业生产制造的完整过程，从销售预测、订单管理到原料采购、付款计划，再到产能规划、主生产计划、物料需求计划、生产作业管理等，是学习了解企业一个完整 ERP 流程管理的实践平台。同时，系统还需要生产制造过程中进行多方分析，包括投资回报分析；产能规划决策；生产成本分析；产品设计组合；市场需求、营销策略和设备产能间的关系；库存管理、设备管理等。

6. 财务管理

现金是企业流动的血液，是企业生存的命脉。企业财务管理中的工作任务包括，理清三大财务报表的结构与数据，完成对财务报表的编制；编制现金预算，对企业的运营制定合理的资金使用计划，确保各项业务顺利进行；制定投资计划，评估投资回报；加强应收账款的管理，控制现金流；掌握成本分析的基本方法，控制企业生产成本；预估资金需求，评估各筹资方式的资金成本；制定投资计划，评价决策效益；善于运用各项财务指标对企业的经营状况进行绩效分析，发现运营中的问题，改进出现的问题。

7. 团队管理

在模拟企业的运营过程中，对企业团队的管理，对于提升企业凝聚力，提高工作效率，增加企业利润具有重要作用。管理过程需要注意：区分不同岗位的工作职责，分配组织任务内容；实地学习如何与立场不同的其他部门沟通协调；培养不同部门人员的共同价值观与经营理念；建立以整体利益为导向的组织结构；评估团队成员的技能和工作风格；团队成员间的沟通技巧；领导力与执行力的训练。所有模拟企业组建的公司都为了实现经营目标，多是互相对抗，因此，有效制订战略方案并做出决策是实现胜利的关键。

第五节　注册公司的方式

一、法律规定

大学生注册公司是大学生从校内创业阶段走向成功创业阶段的必经之路，而注册公司也需要按照国家的法律法规来注册，以下是注册公司的法律规定和注册条件。

（一）《中华人民共和国公司法》规定

依据现行《中华人民共和国公司法》第 2 章第 1 节第 26 条的规定，具有两人或两人以上的有限公司的注册资金最低要为 3 万元；而依据《中华人民共和国公司法》第 2 章第 3 节第 59 条规定，由一人注册的有限公司的注册资金则最低需要 10 万元。图 6-11 为公司注册的流程图。

（二）注册条件

注册公司的条件有很多，主要有公司股东、监事、董事、公司名称、经营范围、注册资本、注册地址、公司章程、法定代表人等。

1. 公司股东

新《中华人民共和国公司法》规定，公司注册时必须有一位股东（投资者），一位股东投资成立的公司属于一人有限公司，也可以是两位或两人以上的股东投资注册公司。公司注册时，需提交并验资股东的身份证明原件。

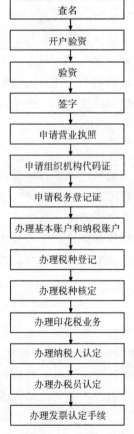

查名
↓
开户验资
↓
验资
↓
签字
↓
申请营业执照
↓
申请组织机构代码证
↓
申请税务登记证
↓
办理基本账户和纳税账户
↓
办理税种登记
↓
办理税种核定
↓
办理印花税业务
↓
办理纳税人认定
↓
办理办税员认定
↓
办理发票认定手续

图 6-11　公司注册流程图

2. 监事

按公司章程规定，公司成立时，可以设监事会（需多名监事），也可以不设监事会，但需设一名监事。一人有限公司，股东不能担任监事；两人及以上的股东，其中一名股东可以担任监事。公司注册时，需要提交监事的身份证明原件。

3. 公司注册

资本注册公司时，必须要有注册资本。依据《中华人民共和国公司法》的规定，公司的注册资本不少于3万元人民币，一人有限公司的最低注册资本为10万元人民币。股东将注册资本打入公司验资账户，由专业的会计师事务所来验资，并出具验资报告。

4. 公司名称

注册公司时，首先要进行公司名称核准，需提交多个公司名称进行查名。而公司名称的查名规则为同行业中，公司名称不能同音、同字，多字号的需要拆开查名。

5. 公司经营范围

公司的经营范围要在注册的时候划分明确，且日后的业务范围不能超出经营范围。可以将要做的或以后可能要做的业务写进经营范围。经营范围字数在100个字以内，包括标点符号。

6. 公司注册地址

公司注册地址必须是商用的办公地址，需提供租赁协议、房产证复印件。

7. 公司章程

公司注册时，需将公司章程提交至工商管理部门。章程需要确定公司的名称、业务范围、注册资本，股东、董事的权利与义务等内容。

8. 董事

公司成立之时，应该设立至少有三名成员以上的董事会，若不设立，则需要设一名执行董事。此外，有些股东也可担任执行董事，但必须出具身份证明原件。

9. 财务人员

在公司进行税务登记时，需提交财务人员的身份证明复印件、会计上岗证复印件与照片。

10. 公司法人代表

公司需设一名法人代表，法人代表可以是股东之一，也可以聘请。公司法定代表人需提供身份证明原件及照片。

（三）公司名称的法律规定

依据公司法规定，公司的名称一般由四部分组成：行政区划＋字号＋行业特点＋组织形式。例如，广州（广州市）＋每憬添＋屋顶绿化＋有限公司；每憬添＋广州（广州市）＋屋顶绿化＋有限公司；每憬添＋屋顶绿化＋广州（广州市）＋有限公司。其中，广州（广州市）为行政区划；每憬添为字号，为减少重名，建议使用三个以上的汉字作为字号；屋顶绿化是行业特点，应与申请经营范围中的主营行业相对应；有限公司是组织形式。如果有分支机构，则分支机构的名称应冠以主办单位的全称。

（四）注册资金法规

公司的注册资金上也有相关的法律法规可以参考，依据《企业法人登记管理条例》第12条规定："注册资金是国家授予企业法人经营管理的财产或者企业法人自有财产的数额体现。企业法人办理开业登记，申请注册的资金数额与实有资金不一致的，按照国家专项规定办理。"与此同时，《企业法人登记管理条例施行细则》中第31条规定："注册资金数额是企业法人经营管理的财产或者企业法人所有的财产的货币表现。除国家特殊规定外，企业的注册资金应当与实有资金相一致。"其中，公司的登记机关登记注册的资本额，也叫法定资本。注册资本是国家授予企业法人经营管理的财产或者企业法人自有财产的数额体现。注册资本与注册资金的概念有很大差异。注册资金所反映的是企业经营管理权；注册资金是企业实有资产的总和，注册资本是出资人实缴的出资额的总和。注册资金随实有资金的增减而增减。

二、公司的形式和种类

（一）公司的形式

公司的形式有国有独资公司、有限责任公司、一人有限责任公司、股份有限公司等多种形式。以下为对公司形式的详细介绍。

1. 国有独资公司

国有独资公司是指国家单独出资、由国务院或者地方人民政府授权本级人民政府国有资产监督管理机构履行出资人职责的有限责任公司。

2. 股份有限责任公司

股份有限公司是采取募集方式创立的，其注册的最低注册资本为3万。但同时要满足以下条件：股东符合法定人数，即由2个以上50个以下股东共同出资设立；股东出资达到法定资本最低限额；股东共同制定公司章程；有公司名称，建立符合有限责任公司要求的组织机构；有固定的生产经营场所和必要的生产经营条件。

3. 一人有限责任公司

最低注册资本为 10 万元。股东为一个自然人或一个法人，而一个自然人只能注册一个一人有限公司，同时，一人有限公司的注册资金也必须一次性缴足。

收资本不少于 500 万元。自成立后，发起人未按照章程的规定缴足出资的，应当及时补缴；成立公司前期，应当有 2—200 人为发起人，且过半数的人有住所。国有企业改建为股份有限公司的，也采取募集设立方式；其中，发起人必须承担公司筹办事务，够买相应股份；而以募集方式设立股份有限责任公司，必须经过国务院授权的部门或者省级人民政府批准；股份有限公司的注册资本最低限额高于上述所定限额的，由国家法律、行政法规另行规定。

4. 个体工商户

个体工商户的注册，对注册资金实行申报制，没有最低限额的基本要求。具备与经营项目相应的资金、场地及业务经营能力的城镇、农村人员及国家政策允许的其他人员，均能申请成为个体工商户。

5. 个人独资企业

申请个人独资企业的，投资人为一个自然人，国家对注册资金实行申报制，并没有最低限额的基本要求。但投资人需具有固定的生产经营场所、设备及从业人员。

6. 私营合伙企业

合伙企业，是指自然人、法人和其他组织依照《中华人民共和国公司法》在中国境内设立的普通合伙企业和有限合伙企业。普通合伙企业由普通合伙人组成，合伙人对合伙企业债务承担无限连带责任。本法对普通合伙人承担责任的形式有特别规定的，从其规定。有限合伙企业由普通合伙人和有限合伙人组成，普通合伙人对合伙企业债务承担无限连带责任，有限合伙人以其认缴的出资额为限对合伙企业债务承担责任。对于私营合伙企业的设立，没有对注册资金实行申报制，也没有设定最低限额基本要求。

7. 普通合伙企业

由两个以上合伙人，并且都是依法承担无限责任者，双方具有书面合伙协议，有各合伙人实际缴付的出资，有合伙企业的名称，有经营场所和从事合伙经营的必要条件；合伙人应当为具有完全民事行为能力的人，其中，由法律、行政法规禁止从事营利性活动的人，不得成为合伙企业的合伙人。此外，合伙人可以用货币、实物、土地使用权、知识产权或者其他财产权利出资；上述出资应当是合伙人的合法财产及财产权利。对货币以外的出资需要评估作价的，可以由全体合伙人协商确定，也可以由全体合伙人委托法定评估机构进行评估。经全体合伙人协商一致，合伙人也可以用劳务出资，其评估办法由全体合伙人协商确定。

（二）公司种类

1. 根据股东对公司所负责任的不同，可以把公司划分为五类

无限公司，即所有股东无论出资数额多少，均需对公司债务承担无限连带责任的公司；有限责任公司，所有股东均以其出资额为限对公司债务承担责任的公司；两合公司，由无限责任股东和有限责任股东共同组成的公司；股份有限公司，全部资本分为金额相等的股份，所有股东均以其所持股份为限对公司的债务承担责任；股份两合公司，由无限责任股份和有限公司股东共同组成的公司。这种划分方法是对公司进行最基本的划分方法。

2. 根据公司国籍的不同，可以划分为本国公司、外国公司和跨国公司

3. 根据公司在控制与被控制关系中所处地位的不同，可以分为母公司和子公司

母公司是指根据一定股份或者协议，具有控制、支配其他公司人事、财产、业务等事项的公司。子公司是指一定数额的股份被另一公司控制或依照协议被另一公司实际控制、支配的公司。子公司具有独立法人资格，拥有自己的财产、公司名称、章程和董事会，具有独立开展业务和承担相应责任的能力。但涉及公司利益的重大决策或重大人事安排，仍要由母公司决定。《中华人民共和国公司法》第13条第2款规定：公司可以设立子公司，子公司具有企业法人资格，依法独立承担民事责任。

4. 根据公司在管辖与被管辖关系中所处地位的不同，可以分为总公司和分公司

总公司又称本公司，是指依法设立并管辖公司全部组织的具有企业法人资格的总机构。总公司通常先于分公司而设立，在公司内部管辖系统中，处于领导、支配地位。分公司是指在业务、资金、人事等方面受本公司管辖而不具有法人资格的分支机构。分公司不具有法律上和经济上的独立地位，但其设立程序简单。我国《中华人民共和国公司法》第13条第1款规定，公司可以设立分公司，分公司不具有企业法人资格，其民事责任由本公司承担。

三、注册资本

依据2006年新《中华人民共和国公司法》的规定，注册公司应当具备一定注册资本，股东有出资的义务。注册资本必须经过拥有专业资质的机构进行验资，并报工商行政管理局备案。以下是公司注册资本的要求。

（一）注册资本要求

1. 一人有限公司注册资本要求

根据《中华人民共和国公司法》的规定，一人有限公司最低注册资本为 10 万元人民币，而且，注册资本需一次性出资，不能分期出资。自然人在中国境内只能注册一个一人有限公司，企业法人可以注册多个一人有限公司。

2. 普通有限公司注册资本要求

最低注册资本为 3 万元人民币，注册资本大于 3 万元的可以分期出资，首期出资可为总额的 1/5，其余注册资本在 2 年内到位。

3. 股份公司注册资本要求

股份公司最低注册资本要求为 500 万元人民币。

4. 集团公司注册资本要求

集团公司依据法律规定，其母公司注册资本最低要求为 5000 万人民币。母、子公司注册资金之和大于 1 亿。

5. 特殊行业注册资本要求

比如国际货运代理最低注册资本为 500 万人民币，二级建筑工程公司为 2000 万人民币。

6. 外资公司注册资本规定

依据最新《中华人民共和国公司法》的相关规定，外资公司注册是需经审批的，不同类型的内资公司与外资公司，其最低注册资本是不同的。

（二）公司注册资本的增减

按照《中华人民共和国公司法》要求的资本确定、资本维持、资本不变三大原则，公司注册过程中必须保持注册资本的相对稳定，但《中华人民共和国公司法》也对公司的增加或减少注册资本规定了具体的条件和程序。

1. 公司增加注册资本

指经公司内部机构决议，依法定程序扩大原有的注册资本，增加公司资本总额的行为。有限责任公司增加注册资本的主要途径是股东增加出资，情况比较简单；股份有限公司可以将公积金增加注册资本，也可通过发行新股来增加注册资本，情况比较复杂。下面主要介绍一下股份有限公司增加注册资本的程序和要求。

（1）由股东大会做出决议。股份有限公司增加注册资本，应由董事会拟订增资方案并提交股东大会，由股东大会决议通过。决议内容应包括新股种类及数额、新股发行价格、新股发行的起止日期、向原有股东发行新股的种类及数额。

（2）增量发行新股应符合法定条件。公司公开发行新股应当符合下列条件：具备健全且运行良好的组织机构；具有持续盈利能力，财务状况良好；3 年财务会计文件无虚假记载，无其他重大违法行为；经国务院批准的国务院证券监督管理机构规定的其他条件。上市公司非公开发行新股，应当符合经国务院批准的国务院证券监督管理机构规定的条件，并报国务院证券监督管理机构核准。

（3）发行新股须进行审批。股东大会做出发行新股的决议后，董事会必须报国务院政券监督管理机构核准。

（4）进行公告。公司经批准向社会公开发行新股时，必须公告新股招股说明书和财务会计报表及附表。

（5）公积金转增资本。股份有限公司经股东大会决议将公积金转为资本时，按股东原有股份比例派送新股或增加每股面值。但法定公积金转为资本时，所留存的该项公积金不得少于注册资本的 15%。

（6）变更登记。公司增加注册资本后，应依法向公司登记机关办理变更登记。

2. 公司减少注册资本

指经权力机构决议，依法定程序削减公司注册资本的法律行为。其法定程序如下：①公司权力机构做出决议或决定。公司减少注册资本，在有限责任公司，须经 2/3 以上代表表决权的股东决议通过；在国有独资公司，必须由国有资产监督管理机构决定，其中，重要的国有独资公司的减资，由国有资产监督管理机构审核后，报本级人民政府批准。在股份有限公司，须经 2/3 以上代表表决权的股东决议通过。②编制表册。公司决议减少注册资本时，董事会必须编制资产负债表和财产清单。③通知和公告。当公司减少其注册资本时，应当自做出减少注册资本决议之日起 10 日内通知债权人，并在一个月内在报纸上公告。债权人在接到通知书一个月内，未接到通知书的自第一次公告之日起 45 日内，有权要求公司清偿债务或者提供相应的担保。④进行变更登记。当公司减少注册资本时，公司章程原定的注册资本发生变化，须向原公司登记机关办理变更登记。办理登记时虚报注册资本的，责令改正，处以虚报注册资本金额 5% 以上 15% 以下的罚款。股份有限公司通过收购本公司股票的方式减少注册资本的，必须在 10 日内注销该部分股份，并依照法律、行政法规办理变更登记并公告。公司减少资本后的注册资本不得低于法定的最低限额。

四、注册步骤

1. 办理企业名称核准

第一步：领取并填写《名称（变更）预先核准申请书》《投资人授权委托意见》，准备表格要求的相关材料；第二步：递交《名称（变更）预先核准申请书》、投资人身份证、备用名称若干及相关材料，等待名称核实结果；第三步：

领取《企业名称预先核准通知书》。

2. 确定公司住所

根据房产的不同，注册公司时所出具的房产证明也不同。可分为以下几种情况：①房屋提供者如有房产证应另附房产证复印件并在复印件上加盖产权单位公章或由产权人签字。②无产权证的由产权单位的上级在"需要证明情况"栏内说明情况并盖章确认；地处农村地区的也可由当地政府在"需要证明情况"栏内签署同意意见并加盖公章。③产权为军队房产，应提交"军队房地产租赁许可证"复印件并加盖公章。④房屋为新购置的商品房又未办理产权登记的，应提交由购房人签字及加盖房地产开发商公章的预售房许可证、房屋竣工验收证明的复印件。⑤房屋提供者为经工商行政管理机关核准具有出租经营权的企业，可直接在"房屋提供者证明"栏内加盖公章，同时出具企业的营业执照复印件并加盖公章。⑥将住宅改变为经营性用房的，应提交《登记附表——住所（经营场所）登记表》及所在地居民委员会出具的经营性用房的证明文件；属非城镇房屋的，提交当地政府规定的相关证明。

3. 形成公司章程

"公司章程"的样本可以在工商行政管理局的网站下载，章程形成后则需要最后由股东进行签字，并署名日期。

4. 申请公司营业执照

时限：受理后5个工作日可领取执照，如图6-12所示。

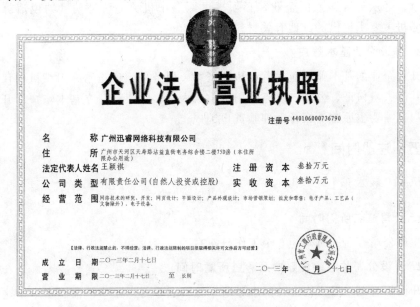

图6-12　企业法人营业执照样本

一般而言，有限责任公司在设立登记应提交的文件和证件包括以下几个方面。

《公司章程》《企业设立登记申请书》《法定验资机构出具的验资报告》《企业名称预先核准通知书》及《预核准名称投资人名录表》《股东资格证明》《指定（委托）书》；经营范围涉及前置许可项目的，需要提交有关审批部门的批准文件。

5. 刻公章

凭营业执照，到公安局指定的刻章社，去刻公章、合同章、财务章。后面步骤中，均需要用到公章或财务章。

6. 办理代码证

企业法人代码登记办事机构为该市质量技术监督局；时限为受理后 4 个工作日之内，需提供的材料有：营业执照副本原件及复印件，单位公章，法人代表身份证原件及复印件，集体、全民所有制单位和非法人单位提交上级主管部门代码证书复印件，正式职工人数，单位邮编、电话、经办人身份证原件及复印件。

7. 办理税务登记证书

办理事项——税务登记（自领取营业执照之日起 30 日内办理）；办理地点：税务登记机关窗口；提供材料：①营业执照副本原件及复印件；②企业法人组织机构代码证书原件及复印件；③法人代表身份证原件及复印件；④财务人员身份证复印件；⑤公司或企业章程原件及复印件；⑥房产证明或租赁协议复印件；⑦印章；⑧从外区转入的企业，必须提供原登记机关完税证明（纳税清算表）；⑨税务机关要求提供的其他有关材料。

8. 开设企业基本账户

开设企业的基本账户应凭营业执照正本、税务登记证正本、组织机构代码证正本及法人身份证、公章、财务专用章、法人章，去银行开立基本帐户。开好基本账户也需要去原验资银行办理验资户销户。

五、注册时间

（一）基本流程时间

1. 公司查名所需时间

注册公司查名的时间为 5 个工作日左右。

2. 开设公司临时验资账户及验资所需时间

开设临时账户后，由会计师事务所来验资股东打入账户的注册资本，这个流程所需时间约在 3—5 个工作日。

3. 办理营业执照所需时间

从工商行政管理局拿到营业执照的时长为自提交注册材料起 5 个工作日。外资企业办理营业执照需 10 个工作日。

4. 刻章

营业执照审批下来后，则需刻公司公章、财务章、法定代表人印章，这样一个工作日即可完成。

5. 办理组织机构代码证所需时间

领取到组织机构代码证的时长为自提交注册所需材料起 3 个工作日。

6. 办理税务登记证所需时间

税务登记证办理时间在 6—10 个工作日。

7. 银行开设基本账户

银行开设基本账户的时长一般为 3 个工作日。

（二）特殊情况注意

若公司经营范围涉及特殊行业，还需办理行业许可证，各行业的许可证办理所需时间没有统一标准；注册外贸公司，还需办理进出口备案手续，办理进出口备案所需时间在 30 个工作日左右；注册外资公司因涉及对外贸易经济委员会审批及办理统计、外汇、财政等登记，其注册公司所需时间比内资公司要长。

六、开业手续

1. 办理税种核定和申请领购发票

法人代表和财务到税务专管员处报到，根据企业实际经营范围办理税种核定，即确定企业是小规模纳税人或是一般纳税人；从事服务行业的申请服务业统一发票；从事商业批发零售的申请商业统一发票；从事特种行业的需要申请专用发票，如广告行业申请广告业专用发票，从事运输行业的申请货物运输统一发票等。公司自领取税务登记证的于次月 1—15 日须进行纳税申报，领取报表正常申报并缴纳税款。

2. 认定

（1）一般纳税人公司注册资金要求：注册资金 10 万，到位资金至少 3 万；认定要求需具备实际经营地址，房产证复印件，租赁协议，租房发票 3 个月，法人和股东的户口簿复印件，户籍证明。

（2）征收方式可根据企业实际情况选核定征收或查账征收，企业所得税税率统一为 25%；

（3）一般纳税人的辅导期为 6 个月，辅导期内开票 80 万可申请转为一机一卡，如果辅导期内达不到要求的企业，则继续辅导。

3. 好处

（1）运作公司的时候，很多合作企业需要对方开税率为 17％的增值税发票，申办一般纳税人可以满足客户的需求。对拓展业务，扩大销售方面有着很大的作用。

（2）在记账报税的时候可以享受免税，抵税，退税等好处。

（3）可以很好地完善财务管理制度，在公司利润、竞争力方面有一定的优势（一般纳税人是大多数企业的首选合作对象）。

（4）因为可以抵税、免税等，所以可以降低企业税负及税收风险（比如说：发票会受到统一管理，全国联入税控系统等）。

（5）国家支持企业申办一般纳税人，也是企业日后发展的趋势所在，先知先行才能引领团队，让自己的企业发展更上一步。

本 章 小 结

创业竞赛的设计、创业竞赛的实施。创业计划的写法，包括创业项目的选择，项目选择的原则：匹配性原则、可行性原则、赢利性原则。创业计划的提纲及核心内容：产品、服务的技术特点，市场分析，竞争策略，营销策略，经营管理，团队组成，财务分析，融资方案，关键风险和问题，书面表达等。创业计划的评审，可以参照以下标准：概述方面，产品服务方面，市场方面，竞争方面，营销方面，组织方面，财务方面。模拟项目的运营：包括模拟营销策划，模拟公关演练，ERP 沙盘介绍，模拟企业竞争。注册公司的条件，公司的形式和种类，注册资本要求的注册步骤和基本流程。

思 考 题

1. 举行大学生创业计划竞赛能在很多方面促进学生成长成才，从学生的角度出发，学生参与创业计划竞赛可以为自身走向创业实战提高哪些方面的能力？

2. 指导大学生参加创业计划竞赛时，根据项目不同类型在完成商业计划书时应注重哪些要点？

3. 高校大学生创业教育中模拟项目的运营能够为大学生的创业计划竞赛提供良好的实践平台，能够让大学生更好地接触到创业竞赛，为创业的成功做全面的准备，学校可以利用哪些资源开展该环节的教学和训练？

第七章　创业孵化基地的构建和运营

当前，大学生创业的大潮涌动，随着社会创业环境的进一步完善，大学生自主创业将成为大学生就业的一个重要发展方向。

在校大学生创业的热情也呈现增长趋势。2011 年 3 月，中国青少年网络协会联合中国传媒大学调查统计研究所、中国青年网、中国共青团网等在北京共同发布《全国大学生创业调研报告》，报告显示，76.7％的在校大学生对创业感兴趣，并有 26.8％的大学生打算今后创业。但无论是在校大学生还是大学毕业生，在创业过程中都不可回避一些现实的问题：没有合适的经营场地，缺乏开办企业的知识，创业初期没有足够的资金，难以建立市场等。一般认为，新成立的中小高新技术企业资金短缺，缺乏有知识和经验的企业家，还会存在企业管理、市场营销能力等问题，成活率一般不高，3 年内新中小企业生存率在 30％左右。

创业孵化基地，也称为创业服务中心或者"孵化器"，起源于美国 20 世纪 50 年代。它是一种特殊的经济组织，通过提供研发、生产、经营的场地，基本的办公条件，咨询、培训服务及在政策、融资和市场推广等方面的支持，降低创业的门槛和风险，提高创业的成活率和成功率。1987 年 6 月，武汉东湖新技术创业中心成立，标志着我国第一个创业孵化基地正式诞生。此后，大学科技园、科技创业园、高新技术开发区等各种形式创业孵化基地在全国各地迅速兴起。

大学生创业孵化基地是创业孵化基地的一个重要组成部分，是大学生成功创业的重要保障措施。经过多年的发展，我国多个地区都建立起各具特色的大学生创业孵化基地。

第一节　苏 州 模 式

一、苏州科技创业园的发展现状

从 1994 年苏州第一高新技术创业服务中心在高新区成立以来，苏州创业孵化基地经历了从无到有、从小到大、从弱到强的建设发展阶段。1998 年，以创业园为主要形式的创业孵化基地进入快速发展期，2001 年开始出现明显高峰期。发展至今，苏州各级科技创业园已达到 31 家，质量和规模居江苏省之首。近年，苏州的创业孵化基地无论是在数量、规模、种类、条件设施，还是在服务功能、孵化质量和效果等方面，都得到迅速突破与提升，形成了综合性企业孵化器、专业性孵化器、大学科技园、民营孵化器等多类型、多性质孵化器竞相发展的新格局，先后帮助 1200 多家企业迈过创业第一关。苏州已成为全国科技创业园密度最高、场地最大、成效最为显著的城市之一。经过近 20 年的发展，苏州科技创业园呈现以下特点。

（一）创业园由高新区等开发区向全市辐射，并逐步形成产业集群

苏州各孵化基地大都立足于产业特色发展自己相关服务，已有多家发展为专业科技孵化器。其中，国际科技园同园区产业结构相适应，将孵化培育重点集中在计算机软件和集成电路设计领域；江苏新药创制中心，成为生物医药企业的孵化和公共技术服务基地；高新创业园则成为吸引和集聚外资研发机构的平台；中科昆山高科技创业服务中心是为中科昆山传感器产业基地培育产业新生力量和配套合作伙伴。

（二）创业园的功能从基本的物业管理向全方位服务转变

目前，苏州各科技创业园在原有的工商注册、税务登记、项目申报、会计统计、信息网络等基本功能基础上，逐步增添了与创业孵化配套的创业投资、国家中小企业创新基金小额资助，新产品设计、测试、实验和试制，人才培训、知识产权服务等专业服务，使创业科技园的创业环境进一步优化。

（三）创业园的服务对象从创业人员向开放型经济组织转变

创业园的服务对象由原以国内科技人员和归国留学人员为主，逐渐转向为推动国际科技、资本合作服务。目前，苏州科技创业园与日本、美国、加拿大、英国、芬兰等国家的孵化器开展了国际合作。

（四）创业园与国内大学和科研机构合作，不断提升科技创新的质量和能级

苏州市政府及有关机构已与中国科学院、南京大学、东南大学、华南理工大学、武汉大学、华中科技大学、中国科学技术大学、西安交通大学、中国工程物理研究所等多所高等院校、研究院所建立了产学研合作关系，有效地加快了具有自主知识产权的技术和产品的开发。

二、苏州科技创业园的运作模式

不同投资主体决定了创业园的运作模式。苏州现有的科技创业园分为政府主办型、大型企业主办型、风险投资主办型和科研机构主办型。

（一）政府主办型科技创业园

苏州的政府主办型科技创业园占到了苏州市总量的3/4。这些创业园大多属于非营利公益性的科技服务机构，由区一级、市一级的政府科技部门或各开发区的管委会管理。这些机构大多按照事业单位模式运作，工作人员由政府派遣，运作经费除了在孵企业所交的租金和服务费，另外重要的来源是政府财政补贴。这些机构一般都配套相应的扶持政策，如低于市价的场地费和其他各种免费服务等。

政府主办型科技创业园的优势：一是政府可以在地区发展的战略高度来配置孵化项目，有助于优化区域产业结构；二是政府能够提供公共资源，在场地、资金、政策等软硬件为孵化对象提供各种优惠措施；三是政府能有效地吸引社会资金和科技人才，在整体上推动创业孵化基地运行。但政府主办的科技创业园也存在明显的不足，科技创业园的运转依赖于政府，在管理方面行政色彩过浓，在资金方面依靠政府补贴，缺乏市场竞争和激励机制，导致创业孵化效果达不到应有的效果。

（二）大型企业主办型科技创业园

大型企业主办科技创业园一般有两种目的，一种是作为单纯的市场投资，实现资产的保值、增值；另一种是为自身产品提供上游、下游及其相关支持的产品，以增强其主导产品的市场竞争性而获得新的盈利增长点。这类企业主办的科技创业园共同的特点按企业方式经营运作，重视项目的市场前景。

大型企业兴办的科技创业园优势：一是大型企业具有健全的现代企业机制，有助于创新项目迅速转化为产品。二是大型企业拥有技术、管理人才资源，保证科技创业园运作和发展。三是这类创业园按企业运作，有效地激励管理人员的积极性从而提高工作效率。

这类科技创业园也有比较明显的不足，科技创业园完全按企业运作将会导致入孵企业创业成本增加，另外企业其对孵化对象的选择性不利于新型产业的发展。

（三）风险投资主办型科技创业园

单纯的风险资本直接出资创建科技创业园，为了规避风险和最大化回报，在选择孵化对象时非常谨慎，一般不投资处于种子期的项目，而且投资分散投资于多个项目，在选择项目标准方面除了市场前景外，更注重所孵企业现有条件。

风险投资建立的科技创业园的优势在于：一是遵循市场规律运作；二是能为在孵企业提供有效的资金支持，有助于新企业迅速成长；三是项目选择上积极而谨慎。风险投资主办创业园的不足，一般不是以区域发展为目的，多为短期行为；入孵条件苛刻，不利于种子期的项目孵化。目前，在苏州单纯风险投资建立的科技创业园数量很少。

（四）大学或科研机构主办型科技创业园

跟风险投资主办型科技创业园类似，单纯的科研机构主办的科技创业园并不多，更多的是大学或科研机构加企业型的科技创业园，其运作模式类似于大型企业型的科技创业园，但相对能为创业孵化提供较多的技术方面的支持。这类科技创业园在大型企业主办的科技园的优势基础上，能聚集丰富的人力资源和先进的仪器设备与实验基地，为入孵企业提供强大的技术支持，有助于提高在孵企业的成功率。科研机构主办创业园主要的不足在于其创新构想常过于超前，缺乏上下游产业配套，无法迅速孵化。

三、苏州大学生创业孵化的政策措施

苏州市大学生科技创业孵化基地的整体规划，是在市级科技创业园中专门划分出来的，除了具备一般科技创业园的功能，还专门服务于大学生科技创业孵化，其中包括张家港市高新技术创业服务中心、昆山启迪科技园、苏州市沧浪区科技创业园、苏州工投科技创业园、苏州市创新科技创业园、苏州市吴中科技创业园、苏州科技创业园、苏州独墅湖高等教育区、苏州市高新技术创业服务中心、博济科技创业园。在大学生科技创业孵化服务上，根据大学生创业的特点和园区的特点，有些园区聘请优秀企业家作为大学生创业导师，有些为入孵的大学生创业项目提供更多的优惠政策。此外，苏州各地陆续出台了系列帮助大学生创业孵化的政策和措施。

（一）建立驻高校就业创业指导站，为大学生创业导航

为了降低大学生对创业的盲目性，苏州市人力资源和社会保障局下属的苏州市劳动就业管理服务中心在部分高校建立驻校就业创业指导站，为学生提供包括创业模拟实训、创业后续服务、创业专家团队培育等一系列服务，使大学与地方信息贯通。驻高校就业创业指导站一般为学生提供为时 8 天的培训，通过考核后，市人力资源和社会保障局将给他们颁发《苏州市创业培训合格证》。此外，苏州还正在筹建苏州市公共大学生创业实训基地（创业苗圃），吸纳大学生创业者及创业团队入驻。

高校就业创业指导站把优秀创业项目推介到学校，为那些有意创业的学生提供一个实现梦想的"泵站"；而一些好的创业团队也可以入驻苏州市大学生公共创业基地。如果大学生毕业后，选择在苏州创业，凭《苏州市创业培训合格证》

可以享受小额贷款、一次性创业补贴、国家税收补贴等优惠政策。截至 2011 年底，苏州已建、在建各类高校就业创业指导站 20 多所，培训大学生 2000 多人次。

(二) 科技创业园与高校合作，为大学生创业孵化提供更多有利条件

2010 年，苏州节能环保创业园和苏州科技学院签订共建协议，建立苏州市首个研究生（大学生）创业孵化基地，并推出首年免房租、物业、水电和免费工商注册、创业辅导、公共平台实验等服务的优惠政策。该创业孵化基地的服务对象是高等院校在读或毕业未超过三年的大学生、研究生及回国留学生。要求入孵的企业要求具备一定的科技含量，大学生本人应是企业的专职人员，承担主要职责。

据介绍，该创业孵化基地将组织和帮助入驻的大学生企业申报国家火炬计划、科技攻关计划、新产品试制计划等各类产业发展计划和基金，取得政府资助；协助高新技术企业、产品和各类项目的申报和专利申请；协助落实企业所享受的各项优惠扶持政策；提供专业的投融资服务等；构筑共享实验室、中试基地等技术平台，建立创业导师服务团队，提供创业咨询指导和项目评估论证服务，帮助创业团队提高经营管理能力，为创业团队开拓市场提供支持等。而苏州科技学院在其中发挥学院科技与人才的优势，综合各种资源，致力于环保科技成果的研发、最新环保政策的研究，并积极向苏州环保创业园推荐优秀的研究生创业团队。通过双方的努力，培育并储备一批优秀节能环保专业人才，加快推动高校科研成果的产业化。

(三) 建立高校主导的大学生创业孵化基地

苏州工业职业技术学院大学生创业孵化基地是由学校主导，与政府合作建设，依靠学校行政拨款和企业赞助经费运作，实行校企合作的一种大学生创业孵化模式。

学校一方面通过向社会招商，引进了一部分校外创业企业，保证基地的运营；另一方面，根据学院专业特点、师资特色和资源优势等实际情况，设立了一些校内创业项目，保证基地为大学生创业服务的功能。校内的创业项目均由创业孵化基地统一指导管理，由学生自愿组织创业团队成立公司，通过在全院竞标的方式，本着"统一指导，分项管理，自主经营，自负盈亏"的原则，选择合适的创业团队进行项目运营。学校先后已成功建立多个创业团队，在科技、传媒、贸易、营销等多个领域成功运营。

苏州工业职业技术学院根据自身的特点，在大学生创业孵化基地后期规划建立 4 个项目中心：①创意设计中心，承接各类产品或服务的设计、策划、制作

等；②原厂委托制造（Original Equipment Manufacturer，OEM）加工中心，依托学院现有设备和技术，承接产品设计、加工制造等；③设备维护中心，与加工企业合作，为其提供机器设备维护维修；④产品代理中心，代理苏州地区市场所需要的各类产品。

高校根据自身特点主导建立的大学生创业孵化基地，具有明确的目的和固有优势，对大学生创业有着深远的意义。

第二节 中山模式

一、中山市大学生创业孵化基地发展现状

中山市大学生创业孵化基地（中山市创业孵化基地服务中心）在中山市人力资源和社会保障局的支持指导下，由中山职业技术学院牵头组建并负责全面管理，中山市内各高校共同参与，其目的是引导和资助高校毕业生、适龄创业青年携带项目与团队到基地创业并带动就业。该基地是广东省首批省级创业带动就业孵化基地。

中山市大学生创业孵化基地建筑面积 12 000 平方米，设有创业办公区、创业培训区、综合服务区、创业项目展销区、物流仓储区和服务中心办公区六大功能区。创业办公区按产业类型划分出 8 个区段，开设重点孵化电子商务、软件外包及开发、动漫游艺与数字媒体设计制作、网络工程和系统集成、工业设计与模具开发、通信数码技术、现代物流、文化创意设计、企业管理战略设计与实施等项目，可容纳 200 余家创业团队。

中山市大学生创业孵化基地由中山市创业孵化基地服务中心负责日常管理运营与后勤保障服务。基地服务中心本着"以人为本、扶持创业、促进就业"的宗旨，为初始创业者提供项目策划、创业培训、开业指导、战略设计、经营决策、专家咨询、市场营销、社会中介、证照办理等一站式服务，同时积极协助创业团队落实各项优惠政策。

二、中山市大学生创业孵化基地的发展特点

中山市大学生创业孵化基地不仅全面落实了中山市有关大学生、留学生及普通青年创业优惠政策，还出色地完成了从项目策划到开业指导、证照办理、财税代理、法律顾问、创业培训、融资贷款、知识产权、经营决策、专家咨询、资质认证、市场营销、后续援助等综合服务平台的建设。

（一）为大学生提供多维创业咨询指导服务

经中山市人力资源和社会保障局、创业孵化基地与企业中介机构的共同协

商，按照创业咨询服务协议的要求开展指导，目前，中山市创业基地建立起了多种创业咨询指导方式，实行多维化创业指导服务。具体包括：一是单个指导，团队成员若是创业中遇到问题，协议约定的中介机构创业导师个别针对性指导，指导方式可以面谈、电话、QQ和邮件等；二是集体指导，协议约定的中介机构创业导师对疑难问题进行集体会诊，时间大约两个星期一次；三是授课指导，针对大学生创业者中比较集中、带有普遍性的问题，协议约定的中介机构创业导师进行不定期授课指导；四是陪伴指导，协议约定的中介机构创业导师每星期若干次巡访、跟踪团队的创业过程，进行全程指导。

此外，创业导师根据个人的创业经历或管理风格，引导激励着创业团队保持恒定的创业激情。如开展的创业团队"读书月活动""创业导师陪伴实战周活动""创业导师轮换一帮一活动"等，引导团队建立终身学习的理念，激发团队克服创业困难的勇气和决心。

(二) 为大学生创办企业开拓一站式服务平台

创业涉及企业管理的方方面面，如创业项目的选择、创业项目的评估、创业资金的筹集、创业企业的管理、组织机构的设计、创业人员的组成、组织制度的建立、企业战略的制订、企业营销、财务管理和人力资源等。为了满足创业企业的上述各方面的创业咨询服务需求，市人力资源和社会保障局、市创业孵化基地引入了覆盖上述方面内容的各类企业社会中介服务机构，构建了"创业管理全覆盖"的创业咨询单位联盟。具体涉及了企业管理咨询公司、会计师事务所、税务师事务所、律师事务所和知识产权代理机构等服务单位。

根据创业流程涉及选择项目、开办企业、管理企业和企业退出等，按照创业上述的一般流程，根据各类创业咨询指导单位协议指导教师的专业特长，中山市人力资源和社会保障局、中山市创业孵化基地合理分配创业咨询指导任务，确保创业各流程各环节配备有针对性的专业指导教师，构建出"创业流程全覆盖"创业咨询指导体系。如企业管理咨询公司主要负责管理企业开办、经营和退出环节的指导，会计师事务所主要负责企业建账记账、财务管理、编制财务报表环节的指导，税务师事务所主要负责财税咨询、纳税筹划、税务代理环节的指导，律师事务所主要负责法律顾问、风险规避、诉讼代理环节的指导等工作。

(三) 为大学生创业团队提供个性化服务

中山市创业孵化基地注意到创业团队需求差异，对各入孵的创业团队进行专题调研，动态观察每个团队的创业动向及进程。专题调研内容涉及企业现状、孵化基地管理现状、政府部门创业服务现状、创业基地管理的建议、目前创业遇到的困难和问题等多方面，调研结果为后期创业指导提供针对性服务，同时为孵化基地管理和政府主管部门提供参谋意见。

创业孵化基地的企业管理咨询公司、会计师事务所、税务师事务所、律师事务所等"智囊团"联盟有计划地开展涉及企业战略规划、经营管理、财务会计、融资贷款、纳税筹划、市场营销、经济合同等方面的专题调研活动，让创业团队掌握更多的经济资讯及动态，锻造创业应急能力及市场判断力。随着整个系统化的服务体系的日趋成熟，中山市创业基地已经构建起国内领先水平的服务平台体系，为入孵团队提供强有力的创业支撑。

（四）多措施促进大学生创业管理规范化

创业孵化基地"一站式"综合服务平台开展的服务范围十分广泛，涉及资产评估、工商税务、法律咨询、资本运作、项目管理、采购管理、财务管理、品牌策划、人力资源、市场营销、政策咨询等多个方面。为了让综合服务平台高效运作，基地制定了重点构建创业辅导、人才培育、融资担保、信息网络、法律维权、行业协会、技术创新、管理咨询、市场开拓等9大服务体系的咨询指导，营造创业辅导、人才培育、企业孵化、科技研发、财务管理等一条龙服务的创业发展软环境。其服务重点在于引导创业团队实行规范化企业管理，引导团队建立公司日常管理制度、财务管理制度、薪酬分配制度、内部控制制度和业务员管理制度等，从制度层面规范公司运营，以利于公司长远发展。

建立各种基础台账制度，信息发布制度和目标考核制度是基地夯实公司基础管理的重要步骤。根据各入孵团队的进展情况，基地将引导团队建立公司年终工作总结和年度工作计划制度，使团队成员明确本年度工作重点，并将工作目标细化到各个部门及具体人员，作为全体部门及工作人员的年度工作行动指南；根据企业中介机构咨询单位的创业导师人员数量和创业导师的专业领域，合理分配每个创业导师指导的企业数量。记者了解到，目前基地内所有创业团队均建立了规范的内部管理制度，并能够在中介机构创业导师的指导下有效实施。

三、中山市大学生创业孵化基地的发展方向

中山市作为全国首批沿海开放城市，民营经济发达，近1/3的家庭从事私企或当个体老板，已初步建立全民创业的氛围。2005年，中山市就提出建设"适宜创业，适宜居住"的城市口号；2008年，中山市大力推进全民创业，将建设"适宜创业、适宜创新、适宜居住"全面协调可持续发展的新型城市作为中山未来城市发展的新坐标。2010年发布的《中山市创建国家级创业型城市工作方案》提出：到2011年，建成1个国家级创业孵化基地、1个省级全民创业园区和省级高校毕业生创业孵化基地，各镇区均建立1个市级创业孵化基地。中山市创建国家级创业型城市工作为中山市大学生创业孵化基地赋予了新的内涵。

（一）建设面向创业教育的创业孵化基地

为有效开展创业教育，满足大学生创业实践的需要，中山市内各高校普遍都建立起大学生创业园为主要形式的创业孵化基地。但由于目前中山市不具备高水平的科研型大学，其大学生创业园的技术创业活动的水平并不高，其目的更多在于启发学生创业热情，建立校园创业氛围，提高学生创业践行能力，为学生自主创业奠定基础。这些创业基地更注重的是教育功能，而非创业孵化功能。如其中典型的代表——中山职业技术学院的大学生创业园，主要是学校创业课程教学实训基地，同时也是学生创业实践基地，帮助学生将创业理想转化为行动，使学生能够在开办自己的实体公司中增强专业实践能力和创业、创新能力，在全真的市场环境中由学生自主经营、自负盈亏，充分培养学生市场竞争意识，发挥创业主体作用，在创业实战中进一步提高和完善自我，仅仅具备一定的孵化功能。另外，电子科技大学中山学院组建的龙腾创业孵化基地也属于这一类的代表。

（二）建设面向扶持就业的创业孵化基地

中国共产党党第十七次全国代表大会提出的加快推进以改善民生为重点的社会建设的六大任务之一，就是实施扩大就业的发展战略，促进以创业带动就业。发展面向扶持就业的创业孵化基地主要用于扶持青年和大学毕业生等弱势群体就业创业的需要，讲求社会效益，不以经济效益为目标。这类创业孵化基地比较典型的有中山市人力资源与社会保障局举办，并通过政府购买服务的方式，由中山职业技术学院牵头组建的中山市大学生创业孵化基地，它以扶持大学生创业就业为核心目标，以公益性、示范性、专业性为主要特征，搭建集政策理论研究、创业指导培训和综合服务为一体的创业孵化平台。面向扶持就业的创业孵化基地还有由中山市人力资源与社会保障局、教育局、共青团市委主办的青年创业集市，旨在激发广大毕业生及社会青年的创业热情，营造创业促进就业、就业推进创业的社会氛围。

（三）建设面向产业发展的创业孵化基地

面向发展产业的创业孵化基地将很好地满足区域产业上下游产品、服务创业活动的需要，通过有效的平台，为创业活动创造优越的环境条件，有利于推进区域产业技术升级和产业结构调整。中山市以"专业镇"经济为依托，由行业龙头企业主导建设的专业孵化器紧贴集群产业，项目科技含量高、带动能力强，具有很好的成长性，成为中山市创业孵化基地的典型特色和核心支柱。比较典型的代表有中山市古镇灯饰创业孵化中心。古镇灯饰创业孵化中心由中山市古镇镇政府立项引导，琪朗灯饰厂有限公司主导，开创了"政企合作"的新模式。政府的宏观统筹和企业先进的技术、管理相结合，把规划、创业和发展融合在一起，使之成为配套完善、实力雄厚的灯饰创业中心。另外，中山市政府还委托相关镇（区）统一规划和管理的留学生创业园也属于这一类型。

中山市围绕"创业型"城市发展规划，加大创业孵化基地建设力度，从创业教育、扶持就业、发展产业三个方面统筹区域内各级各类创业孵化基地的规划布局，基本形成了覆盖城乡、全方位、多层次的创业孵化体系。

第三节　青岛模式

一、青岛大学生创业孵化基地发展现状

青岛市大学生创业比例从 2008 年 0.3% 提升至 2013 年 5%，达到全国同类城市最高水平，这与青岛拥有全国一流的大学生创业孵化、创业就业综合服务平台密不可分。

近年来，青岛市人力资源和社会保障局多渠道拓宽毕业生就业创业领域，大力实施大学生创业引领计划，在全市创建多类型、有特色的大学生创业孵化基地，目前已建成 1 个大学生创业孵化中心、49 个高校毕业生创业孵化基地，构建起"一中心、多基地"的大学生创业孵化格局。

2010 年，青岛市大中专毕业生就业指导中心采用整体租赁商务写字楼的形式，建立青岛市大学生创业孵化中心。创业孵化中心的主要功能是为入驻企业提供创业场所，为大学生提供创业培训、创业指导、项目推介、融资支持、网络信息等创业就业服务，协助落实各项优惠扶持政策，鼓励和扶持大学生自主创业，实现创业带动就业的倍增效应。中心分综合服务区域，提供政策咨询、小额担保贷款、培训、网络支持及物业餐饮等服务；企业孵化区域，规划了 350 余个房间作为入驻企业的办公场所。中心为大学生创业提供"五个一"服务。

"一条龙"创业孵化平台。为创业者提供创业政策咨询、创业培训、创业场地、小额贷款、项目推介、市场论证、专家指导、市场拓展、成果展示等创业服务。开辟专门场地吸引归国留学人员和高端人才创业企业入驻，并根据创业者不同的历程提供全程化帮扶。

"一体化"创业实训平台。依托创业培训专业机构和创业指导专家志愿团，根据创业不同阶段的需要，为大学生等创业者提供公司仿真、沙盘模拟、SIYB（创办并改善你的企业）等创业技能培训。

"一站式"就业办理平台。为大学生提供职业生涯规划、就业指导、人事代理、报到落户、海外学位学历认证、档案管理等就业服务。

"一网通"信息服务平台。建立大型网络平台，实现就业岗位对接、远程视频招聘、网络模拟等功能，为大学生和企业搭建创业就业信息化服务金桥。

"一家人"交流发展平台。成立青岛市创业者协会及高端人才创业沙龙，为大学生创业创新汇聚资源，提供交流服务，促进共同发展。

青岛市高校毕业生创业孵化基地是青岛市人力资源和社会保障局为鼓励和扶植大学生自主创业于 2009 年设立的公益性项目，是全市 49 个创业孵化基地中市一级规模较大的综合性创业孵化基地（表 7-1）。

表 7-1 部分青岛市高校毕业生创业孵化基地建设情况

孵化基地名称	企业业态	优惠政策
青岛市高校毕业生创业孵化基地	科技类、创新类和其他有利于青岛市经济结构优化调整的相关类企业	（1）享受房租补贴（第一年享受全额房租补贴、第二年享受 50％房租补贴、第三年享受 30％房租补贴）； （2）申请小额贷款； （3）市、区两级财政与企业共同负担的见习工资。享受市北区政府制定的给予社会保险补贴和税收奖励等
青岛市高校毕业生创业孵化基地青岛大学基地	科技类、现代服务类	（1）房租费用、水电费用免费； （2）学校每年设立 10 万元专项资金给予支持
青岛市高校毕业生创业孵化基地青岛科技大学基地	文化传播类、IT类、网络传播类	（1）设立"大学生创业专项基金"，用于项目扶持、基地建设、团队培养、活动开展等； （2）设立"大学生创业课题专项目录"，发挥学校科研优势，为大学生创业提供项目支持； （3）对创业学生实行弹性学籍管理，优惠开放校内资源，优先推免研究生； （4）加大奖励表彰力度，鼓励学生自主创业
青岛市高校毕业生创业孵化基地青岛理工大学基地	科技类、现代服务业	（1）学校提供免费的办公场所、家具、设备及通信、网络线路等设施； （2）提供总额达 50 万元的创业扶持基金，并配备创业导师团指导帮助
青岛市高校毕业生创业孵化基地（青岛）德州科技职业学院基地	机械加工类、汽车工程类、电子信息类	（1）房屋优惠，第一年免费入驻，第二年减免 60％的房租，第三年减免 30％的房租； （2）学校提供免费的办公场所、设备及网络线路等，同时派相关技术部门提供帮助与服务； （3）提供大学生创业资源服务体系，包括专家指导、创业指导、团队建设等； （4）入驻企业享受全市统一优惠的扶持政策

孵化基地占地 7616 平方米，规划 86 个房间作为入驻企业的经营办公用房，还包括多功能厅、一站式服务区、餐厅等服务区域，每年大约可以培养 100 余名

大学生创业者、吸纳 500 余名大学生就业见习。

孵化基地主要有三个方面的功能：一是以企业示范和专家指导培育孵化创业者；二是以企业带动创业就业，为应届高校毕业生提供就业和见习岗位，入驻企业须保证每年每 10 平方米安置 1 名毕业 5 年内的大学生就业、见习；三是为入驻企业和自主创业的毕业 5 年内的大学生提供经营办公场所和配套服务，帮助他们落实优惠扶持政策等。

二、青岛大学生创业孵化模式

（一）构筑创业孵化"政府、企业、学研、金融、中介""五位一体"发展模式

1. 发挥政府聚集资源优势，构建大学生创业孵化平台

采取"政府引导、民办公助"的形式，兴建多类型、有特色的孵化基地，构建起"一中心、多基地"的大学生创业孵化格局。

2. 发挥企业产业连接作用，推进大学生创业孵化

采取多种有效形式，引导大学生创业者与企业对接，寻求发展商机。鼓励企业建立产业链承接机制，拓展产业链、市场链、服务链，实现互惠互利、抱团发展。聚焦一批成长性好的创新型公司，实施重点培育扶持。对孵化成功企业，鼓励到高新区等产业园区发展壮大，培育出一批名牌企业和创新人才。

3. 发挥高校科学研究院所创新孵化优势，推进科研成果的产业转化

近年来，由青岛市政府和高校共同出资在驻青岛高校内建立了 8 个集科技研发、成果转化、培训指导、创业实践于一体的大学生创业孵化基地，形成了产学研大学生创业孵化平台。

4. 发挥财政金融支持作用，为大学生创业提供各类资金扶持

青岛市采取小额担保贷款、基金、信贷、风投、参股等多种方式，解决大学生创业资金问题。市财政安排 5 亿元创业引导基金作为大学生创业扶持资金。青岛市科技创业服务中心与社会专业投资公司合作，设立了 4000 万元的"大学生创业投资基金"和 1 亿元的"大学生创业股权投资基金"。

5. 发挥社会中介力量，为大学生创业提供全方位服务

鼓励社会专业化组织建立技术扩散、成果转化、科技评估、法律咨询等专业化服务中介机构，统筹网上技术市场、科技人才市场、国际经济交流等机构，组建专业化的创业中介服务体系，为大学生创业提供项目支持和科技服务。

（二）构筑创业孵化"场地＋商机＋培训＋导师＋人才""一条龙"服务模式

1. 创业场地服务

对于入驻孵化基地的大学生创业企业，实行房租补贴政策。政府主办的基地，由财政买单；对社会创办的基地，财政给予补贴。注重入驻企业动态管理，完善退出机制，对达不到经营场地使用要求的，及时进行调整。

2. 商机对接服务

在市大学生创业孵化中心，采取企业运作的模式建立了商务洽谈区，创建"商机 party"创业服务品牌，定期举办商机对接活动，包括主题活动、发行《商机 PARTY》杂志等。

3. 创业培训服务

实行政府购买创业培训成果和免费创业培训制度，将创业培训补贴范围由失业人员扩大到大学生，补贴标准由每人一次性 800 元提高到 2000 元。在市大学生创业孵化中心建立"四级创业培训体系"。

4. 导师指导服务

组建以中国工程院院士侯保荣为主任的创业指导专家委员会和创业专家志愿团，在驻青岛高校设立了创业指导分中心。成立了青岛市创业者协会和创业促进会，组织 YBC（Youth Business China，中国青年创业国际计划）青岛办公室入驻大学生创业孵化中心，在各区市和驻青岛高校均设立了 YBC 工作站。

5. 人才配置服务

投入 100 余万元建立全市大学生岗位网络配置平台，编制大学生人才开发目录，为创业企业提供人才网络配置、远程视频招聘、见习培训、人事代理、档案管理等一系列免费服务。

（三）构筑创业孵化"组织领导、考核评估、政策扶持、宣传引导、党建助推""一体化"保障模式

1. 建立组织领导机制

市政府将大学生创业就业工作列入市办实事，区市两级都成立高校毕业生就业工作领导小组，建立区市工作调度会议和驻青岛高校联席会议制度，形成以人力资源社会保障部门牵头，各领导小组成员单位和区市、驻青岛高校协调联动，社会力量广泛参与的大学生创业就业工作格局。

2. 建立常态化考核评估机制

自 2009 年以来连续三年出台做好大学生创业就业工作的指导性文件，与各

区市政府签订目标责任书，将各级政府主要领导列为第一责任人，实行季度评估、半年督查、年终考核。建立全市大学生创业就业信息管理系统，对各项就业数据实行实名制统计，确保数据的真实性。

3. 建立普惠制政策扶持机制

青岛市把创业补贴、岗位开发补贴等多项资金补贴政策放宽到所有来青岛的毕业生，提高小额担保贷款额度达 30 万元。对来青岛创业的硕士以上毕业生给予每月博士 600 元、硕士 400 元的住房补贴，期限三年。青岛市计划在 5 年内建设 1000 万平方米的人才公寓，对各地来青岛的大学生提供住房保障。

4. 建立广覆盖宣传引导机制

评选年度大学生创业先进单位和先进个人等创业典型，在电视、广播、网络各类媒体进行集中表彰奖励和宣传报道。青岛市先后成功举办青岛市创业大会、山东省高校毕业生就业暨促进创业现场推进会、"中国·青岛万人创业大会暨首届创业博览会"，集中介绍展示了青岛市的创业服务体系，对青岛市创业就业先进单位和个人进行了表彰宣传，营造创业就业浓厚氛围。

5. 建立创新性党建助推机制

积极探索党建助推大学生创业工作的新模式、新路子，建立青岛市大学生创业服务中心党委，完善各项学习制度、组织制度，集中开展"创业先锋"党建品牌创建活动，营造党建助推大学生创业就业浓厚氛围。

第四节　校内科技创业孵化园的总体规划

大学生创业孵化基地为大学生提供了良好的创业实践平台。校内科技创业孵化园作为其中的重要组成部分，其面对的对象是在校的大学生，因设立于校园内部而更加贴近学生的实际、便于学校提供更好的服务和统筹管理，对大学生成功创业的引导和培育起着至关重要的作用。

一、建设原则

（一）打造高校主导、政府引导、企业支持的建设与运营模式

校内科技创业孵化园的建立和成功运营，需要技术、人才、资金、项目、政策等多种因素的支持，这要求高校、政府和企业形成合力，共同运作。

高校作为培养人才、研发技术、传播知识的专业场所，是高科技人才聚集的场所，它拥有培育和传播科技的实验基地和先进仪器，并且积累了众多可转化为现实成果的发明创造。因此，高校作为校内科技创业孵化园的主导，为大学生科技创业事业的开展提供技术、设备和人才方面的支持；孵化园的成功运营，也为

高校学子提供了理论与实践相结合的良好平台，在高校形成创新创业、敢为人先的风潮，对于大学生的全面发展很有裨益。

除了技术和人才因素外，如果没有政府政策的支持、缺少多样化的资金来源、创业项目的上下游渠道不够畅通等，那创业孵化园将只是纸上谈兵的"实习"之地，缺乏可持续培育的动力和能力。因此，政府和企业的参与至关重要。政府掌握着强大的政策引导能力、拥有众多可调控的优质社会资源，可以通过出台相关政策，为高校科技创业孵化园的运营保驾护航。目前国内运作较为成功的苏州模式、中山模式、深圳模式，里面都饱含着当地政府政策的支持。如苏州模式中，苏州市人力资源和社会保障局出台政策，划定专门的科技园作为孵化基地，聘请优秀企业家作为大学生科技创业导师，并为进驻企业提供财税减免等优惠政策，这些取得了很好的成效。

另外，企业能够提供资金、项目资源、创业经验方面的支持，保证大学生创业项目既有原料和项目来源，同时又可以在激烈的社会竞争中，依托企业的资源和项目优势，将大学生的创业产品和创意推向社会，真正转化为生产力、产生经济效益。高校可以与企业建立创业实习协作关系，输送优秀人才实地培养、锻炼。企业本身也获益颇丰，可以通过与学校的合作，充分利用和开发高校的技术和人才资源，为企业的技术拓展和招纳人才提供帮助；通过与政府的合作，扩展企业生存空间、提升社会声誉，实现更好的发展。因此，高校科技创业孵化园的建设，打造产学研紧密结合的运作模式，不但有利于孵化园的成长，而且是一个多方共赢的过程。

（二）坚持创业教育（仿真）和创业实践（全真）相结合的孵化模式

高校科技创业孵化园，承担着创业教育和创业实践的重任，将两者有机结合起来，将有利于创业孵化的成功。创业教育，是大学生成功创业的起点，其核心目标是对创业能力的培养。创业能力是指为了能从事创收获得利润并承担风险的开拓性活动，它介于学术能力与职业能力之间，对大学生提出了更高的要求。创业能力的培养，既包括课堂上对创业和企业知识的讲授、创业人物经验交流讲座的传授，更重要的是对真实环境的模拟，具体做法如下：学校下拨专项资金，成立负责机构，模拟真实环境中的创业流程，支持大学生组成创业团队，到模拟的工商行政管理局、税务局及有关市场和企业监管部门注册，到模拟的企业和融资机构进行宣讲和联系，负责机构按照真实法律条文进行管理，并给定指标，定期评估考核，对于项目不顺、资本坏账的"企业"，邀请企业人士对其进行指导，让涉世未深的大学生积累经验，逐渐过渡到创业人才。

创业实践，指的是大学生在接受一系列的创业教育后，掌握了相关的知识理论，具备了相对成熟的创业想法，高校科技创业孵化园可以鼓励学生真正创业。

学生按照国家政策法规的规定，到工商行政管理局、税务局注册登记，创办真正的企业，并完全按照市场化运作，自负盈亏。创业实践是创业教育的延伸，是检验科技创业孵化项目成功与否的现实标准，因此各方应该投入更多的关注和引导。政府、高校应该以当地经济发展和商业文化的繁荣为契机，搭建商业平台、提供政策支持、广为宣传，使大学生创业团队真正找准符合本地情况的创业项目，真正参与市场竞争；应该加强与企业的合作，利用既有的平台和资源，让大学生创业团队更快地融入区域经济发展。

(三) 打造全面发展与重点建设相结合的运营模式

高校科技创业孵化园面向全体在校大学生，提供包括创业场地、创业教育、创业平台搭建、创业政策指引在内的全方位服务，通过营造鼓励创业的环境，培养创新性人才和创业人才。同时，孵化园的建设也不是不分主次、"胡子眉毛一把抓"，应坚持全面发展与重点建设相结合的原则，统筹规划、逐步推进，最终形成科学体系。从创立的进程来看，每个步骤的侧重点都不一样，创立的伊始比较侧重场地建设，高校、政府与企业间的沟通协调；高校应该加大对科技孵化园的准备和宣传工作，营造良好的氛围，同时落实各项政策，吸引更多的大学生创业团队、以及外来的运行成熟的企业入驻。创立中，侧重于建立良好的对内、对外运行机制，对大学生创业团队的培育与锻炼，并根据实际需要引入项目。

从创立的目标来看，高校科技创业孵化园应始终围绕着以下的重点来运作：首先是培养创新型人才、提升在校大学生的创新创业能力和素质；其次是提升高等教育的人才培养质量和教学水平，改变以往重理论轻实践的弊端，为社会培养出更多充满活力的创新型人才。在创业能力的培养方向上，各地根据实际情况的不同而有重点地开展，在沿海经济较为发达的地区，可以结合区域经济发展的要求，引导创业团队直接参与制造业、旅游业、商业服务业、电子商务等产业的经营；在经济欠发达的二线城市或内地城市，大学生创业团队直接参与商业竞争的整体商业环境尚不具备，应该更加侧重创业模拟训练和创业导师指引，让学生团队逐渐掌握技能，进入社会竞争。

二、建立保障机制

(一) 经费保障

高校创业孵化园，旨在培养出更多的创新创业人才，其出发点依然是教育优先，并且实际运作中，大学生团队的盈利需要一个逐渐增长的过程。因此，孵化园带有一定的公益性，它的成功运作，离不开经费的保障。高校、政府和企业作为参与方，在其中发挥着不同的支持作用。

高校的办学宗旨之一是培养创新人才，可通过每年的专项经费拨出、设立创业奖助学金等方式，支持大学生创业孵化园的建设。另外，高校可通过联系政府、企业、优秀校友，广泛吸纳校内外的资金，积极创造条件，为创业孵化园吸引资金来源。如苏州工业职业技术学院积极响应政府部门号召，联合街道办事处整合各方资源，联合推出了"进入零首付、投资零障碍、贷款零利率、物业零收费、服务零距离、后勤零顾虑"的"阳光服务"，对首批入驻孵化园的大学生企业给予较大幅度的租金优惠政策，并由街道办事处全程提供注册、登记、开户等服务和指导，收到了很好的效果。

政府拥有大量的资本资源和人力资源，可以通过政策引导、投资建造等方式，整合多方资本资源，为孵化园的顺利运营创造条件。更重要的是，孵化园的建立，为高校学生创业提供系统化的服务与支持，这种服务在起始阶段几乎是无偿的，甚至还要亏本，这就要依靠政府对原始基础设施、启动经费的投入和后期的财政补贴来支付。

企业具有经验优势，除了在技术上能给予大学生创业团队很好的指导外，还可以提供较多的融资渠道。孵化基地发展到一定阶段后，可以通过吸纳企业和社会保障基金来源，如企业注资、社会投资、中介公司投资等。

（二）师资保障

目前高校里的创业教育，为大学生成功创业提供了理论基础。政府和企业的支持，可以在实践教育上提供更多帮助。因此，高校应该与政府和相关企业建立友好合作关系，为孵化园提供从理论到实践的师资保障：邀请各级政府的人力资源和社会保障部门的主管，作为大学生创业团队劳动与合同关系、创业法律法规等的导师；邀请企业主管，作为创业团队实际操作的导师；邀请律师事务所的相关律师，作为创业团队的法律导师。

第五节　各地支持大学生创业政策比较

为支持大学生创业，国务院出台《国务院办公厅关于做好 2013 年全国普通高等学校毕业生就业工作的通知》（国办发〔2013〕35 号），各级政府积极响应，出台了很多大学生创业优惠政策，涉及税费减免、创业补贴与资助、贷款优惠和金融扶持、兴建创业孵化基地、扶持大学生优秀创业项目、创业培训、创业指导等诸多方面。大学生创业孵化基地统一由各地政府的人力资源社会保障部门牵头组织认定，为大学生提供 1 年以上减免费创业实训场地和孵化服务。高校、政府、企业的强强联合，为各地产学研合作的开展提供了很好的基础，也产生了较好的经济、社会和教育文化效应。

在统一的政策背景下，各地政府根据本地经济发展特点与要求、积极引导高校毕业生依靠自身专业特点，开展创业实践，呈现出不同的发展方向。全国31个省、直辖市和自治区中（不包括台湾、香港和澳门），比较有特色的地区是北京、浙江。下面对此进行论述。

北京，是中国的政治文化中心，同时也是经济中心之一，其独特的资源优势，吸引了大批海归人员和留学生归国创立和发展中小型创新企业。较早的数据显示，在北京创业、工作的留学人员占全国的1/4；而且，这个数目正以每年超过20％的速度递增。为此，北京市政府出台优惠和奖励政策，对符合北京经济发展要求的回国留学人员，提供入户指标、子女入学、购房等方面的北京市民待遇；并设立"北京市留学人员创业奖"和"归国留学人员创业专项资金"，奖励在首都经济建设中做出突出贡献的留学人员。在相关政策的鼓励和指引下，北京吸引了大批留学生入驻创业，现有北京留学人员海淀创业园、北京大学、清华大学、中关村科技园区丰台园等留学人员创业园及中关村国际孵化园等12个留学生创业园区。与北京相同背景的上海等地，也采取相应的措施吸引留学生归国创业。

浙江，作为我国东部地区的电子商务大省、经济发达地区，当地政府努力打造电子商务、文化创意、软件设计、动漫游戏等现代服务产业的大学生创业品牌。他们通过放宽市场准入、完善金融扶持政策、鼓励支持网络创业、加大创业孵化力度等措施，提升大学生创业能力，支持高校毕业生自主创业。其中，浙江省政府出台了《关于促进普通高等学校毕业生就业创业的实施意见》，首次提出鼓励网络创业，将网络创业高校毕业生列为小额担保贷款、贴息和社会保险补贴政策扶持对象，为全国首创。另外，浙江省政府注重产学研的深入合作，通过引进世界500强企业进驻创业园区、成立院士科研成果转化基地、开展研究生到企业挂职实习和博士后对接企业等活动，在鼓励大学生创业的同时，也保持了当地开放型经济的良好发展势头。

本 章 小 结

大学生创业孵化基地是创业孵化基地的一个重要组成部分，是大学生成功创业的重要保障措施。"苏州模式"，苏州科技产业园的特点及运作模式，苏州产业园的政策措施；"中山模式"，中山创业孵化基地的发展方向：建设面向创业教育的创业孵化基地，建设面向扶持就业的创业孵化基地，建设面向产业发展的创业孵化基地；"青岛模式"，中心为大学生创业提供"五个一"服务："一条龙"创业孵化平台；"一体化"创业实训平台；"一站式"就业办理平台；"一网通"信息服务平台；"一家人"交流发展平台。校内科技创业孵化园的总体规划、建设原则、保障机制。

思　考　题

1. 创业孵化基地，通过提供研发、生产、经营的场地，基本的办公条件，咨询、培训服务及在政策、融资和市场推广等方面的支持，降低创业的门槛和风险，提高创业的成活率和成功率。高校建立大学生创业孵化基地在学生创业初期首先应该提供哪些条件驱动项目稳定发展？

2. 经过近20年的发展，苏州已成为全国科技创业园密度最高、场地最大、成效最为显著的城市之一。研究苏州大学生创业孵化的发展过程，有哪些做法可以在其他城市大学生创业孵化阶段参考借鉴？

3. 总结苏州模式、中山模式、深圳模式的成功经验，在建设大学生创业孵化基地过程中，高校、政府和企业各担当哪些职责和任务？

4. 如何引导学生在创业选择行业时与社会需求相结合？

第八章　创业融资平台的建设和推动

第一节　创业基金的筹集与管理

资金是企业运营的"源头活水"，是贯穿创业每个阶段的关键性问题。资金瓶颈是大学生创业的最大障碍，而创业最大的困难是如何获得起步资金。据不完全统计，40%的大学生因为创业融资困难而放弃创业。《中国青年报》报道的湖北共青团省委所做的一份调查显示，73%的青年在创业时感到启动资金不足，高达97.7%青年创业者最希望得到资金支持。而实际上，创业计划真正审核通过并得到资金支持的比率并不是很高。

所谓"巧妇难为无米之炊"，在创业的艰辛历程中，有热情、有决心、有冲动、有勇气、有知识固然是大学生的优势，但不能有效地解决创业的资金问题，再好的创新技术也难以转化为现实的生产力，再好的创意和项目也只能停留在纸面上。所以说，创意是树木，资金是养料，得不到资金这一养料的支持，创意终将枯萎。资金是大学生创业要翻越的第一座大山，也是大学生创业选择之前的拦路虎。

要进一步点燃大学生创业的激情，提高大学生创业的成功率，必须要给予大学生创业项目足够的资金支持，使他们"有米下锅"，不会因为第一步的资金困扰就放弃创业行为，才能孵化出更多更优秀、更有创意的大学生创业项目。建立大学生创业基金，扶持大学生创业项目，是国内外比较成功地解决大学生创业资金难题的做法。因此，大学生创业基金的组建、资金筹集与管理问题就切实地摆在了组织者面前。

一、大学生创业基金的组建

创业基金又称风险资本，是指由专业投资人提供给快速成长并且有很大升值潜力的新兴公司的一种资本。创业基金通过购买股权、提供贷款或既购买股权又提供贷款的方式进入这些企业。创业基金的来源因时因地而异，如个人和家庭资金，国外资金，保险公司资金、年金和大产业公司资金等，主要是一种以私募方式募集资金，以公司等组织形式设立，投资于未上市的新兴中小型企业（尤其是新兴高科技企业）的一种承担高风险、谋求高回报的资本形态。在我国，通常所说的"产业投资基金"即属于创业基金。

与这类追求高风险高回报的创业基金相比，也存在一些公益性创业基金，而这类公益性的创业基金，也是本章所要讲述的重点。

大学生创业基金可以进行如下分类。

（一）按照出资者身份

1. 政府出资

即由政府出资创立的公益性大学生创业基金。这种创业基金又可以按照级别的不同分为中央级、省级、地方级等。目前国内的公益性创业基金大部分是由政府投资建立。

2. 高校出资

可以由各个高校独自出资建立，或者由政府与高校合作出资建立，也可以由高校与企业合作出资建立的面向大学生的创业基金。这类基金往往只面向特定的出资高校学生设立，规模一般不会太大。

3. 企业出资

即由社会上热心公益的企业或单位出资设立大学生创业基金。企业履行社会责任，会在获取利润的同时选择回报社会。设立创业基金是其选择之一。

4. 个人

即由个人出资设立的大学生创业基金。

（二）按照规模划分

1. 大型创业基金

所谓大型创业基金指基金出资规模在 3000 万人民币（含）以上的创业基金。这里所指的 3000 万人民币的基金规模，可以是一次性出资达到 3000 万，也可以是累积出资达到 3000 万。

2. 中型创业基金

所谓中型创业基金指基金出资规模在 100 万（含）至 3000 万人民币的创业基金。

3. 小型创业基金

所谓小型创业基金指基金出资规模在 100 万以下人民币的创业基金。

（三）按照申请者划分

1. 限定申请者范围的创业基金

这类创业基金会对申请者的范围进行一定的限定，如在特定行政区域内、特定高校的大学生方能申请。这种基金往往在成立初期就通过管理章程来对申请者范围进行界定。

2. 不限定申请者范围的创业基金

这类创业基金则不会对申请者的范围进行限定，只要符合创业基金申请条件的大学生都可以申请。

（四）按投入时间划分

1. 种子资金

种子资金又称为"天使资金"，是指在创业项目在成立阶段所获得的资金支持。种子资金，顾名思义，就像一粒种子一样，一般在项目一开始的时候即介入创业项目，为项目的后期发展提供基础性的资金支持。

2. 创业资金

创业资金泛指在创业项目初期所获得的资金支持。它与种子资金的区别在于投入的时间不一致。种子资金是在项目开始的时候就介入，而创业资金则在项目成立后的初步发展阶段提供资金支持。

大学生创业基金的成立有利于促进高校大学毕业生的就业工作，也越来越受到重视。近年来，为了给在校大学生创业提供帮助，许多高校相继建立创业基金、许多城市也相继建立全部面向或部分面向大学生的创业基金。例如，上海市成立了大学生科技创新基金、江苏省通州市设立了"千万元鹏欣大学生创业基金"、湖北大学生村官创业"扬帆计划"等。期待看到更多的大学生创业基金成立，帮助更多的大学生创业成功。

二、大学生创业基金的资金筹集

大学生创业基金来源形式主要有以下五种：一是支持创业投资企业发展的财政性专项资金；二是学校为支持大学生创业行为独自支出的事业性资金；三是个人企业或社会机构无偿捐赠的资金；四是创业基金的投资收益与担保收益；五是闲置资金存放银行或购买国债所得的利息收益等。从目前各地实施的情况来看，现阶段主要以政府财政专项资金的形式为主导。

（一）资金来源

1. 来源于政府的财政专项资金

随着高等教育大众化进程的不断推进，大学毕业生急剧增加，大学生的就业问题日益凸显。据调查显示，2013 年我国高校毕业生达到 699 万人，加上前几年积累下来未就业的 520 万毕业生，2013 年待就业大学毕业生已高达 1200 多万人。国家也越来越重视大学生就业问题。面对数目庞大的待就业大学生数量，创业带动就业成为一个新的选择。政府在大学生创业过程中给予了大力支持，首先就是由财政出资，成立大学生创业基金，给予正在创业的大学生资金支持，缓解其资金困境。2005 年，上海在全国率先筹资 5000 万元，设立了"大学生科技创业基金"，2006 年基金投入扩大到 1 亿元人民币，2007 年达到 1.5 亿元人民币。其他各地也纷纷成立各种大学生创业基金。

2. 来源高校的创业支持资金

毕业生就业工作日益成为各高校学生管理和服务的重点和难点工作之一。在积极提供各种优质高效的就业服务的同时，高校也开始引导学生进行创业，投入资金，成立大学生创业扶持基金，鼓励帮助大学生创业，以带动更多本校学生就业。以华南农业大学为例，学校每学期均与当地政府合作开办大学生创业指导课程，对有创业意向的大学生进行创业指导，营造校园创业氛围。同时鼓励并指导学生参与各类创业竞赛项目，如"挑战杯"、模拟营销大赛、企业经营模拟大赛等，其中的优秀分子可以获得学校一定的资金支持。广州每懵添园林绿化设计有限公司，即由学校挑战杯团队创业成立的公司。学校在办公场所上给予支持，协助其办理申领各种营业执照，为其成长提供帮助。

3. 个人或企业捐赠资金

越来越多的企业和个人开始关注大学生的创业行为，其具体表现就是捐赠资金对大学生行为进行鼓励和支持。这里的个人和企业捐赠资金，并不是指个人或者企业自己设立大学生创业基金，而是指这类个人和企业将资金委托给政府或者高校管理，进行定向或者不定向的创业扶持。

4. 创业基金的投资收益与担保收益

创业基金在筹集本金之后，可以进行资本或者其他项目的投资，以创造收益，回馈基金，扩大基金实力和规模，带动更多的创业行为和项目。实际上，创业基金对创业项目的支持和帮助就是一种投资。以创业基金通行的两种扶持方式为例，创业基金付出资金获取股权或者进行贷款，一旦创业项目成功实施，开始获取利润，则创业基金前期的投入会带来良好的回报。而隐形的收益则会产生于大学生创业成功后对创业基金的感激和资金回馈。

5. 闲置资金存放银行或购买国债所得的利息收益

大学生创业基金在成立后，在创业项目的选择上是需要较长时间的，而基金也不会将所有的资金全部一次性投入到创业项目中，这就会产生闲置资金。而提高闲置资金的使用效率也是创业基金资金来源的一种方式。将闲置资金存入银行、购买短期或者长期国债可以给创业基金带来稳定的回报。

（二）筹集方式

1. 进一步争取政府的财政投入

政府的财政资金投入是创业基金的主要来源。各级政府应当要把鼓励和扶持大学生自主创业创新工作作为促进大学生就业的重要工作，应抓好落实。各创业基金应当积极争取各级财政对于创业基金的投入，进一步扩大基金的资金规模。

2. 推动高校扩大对创业基金的投入

各高校是大学生创业的主要阵地，也是解决大学生就业的重要力量。创业基金应当将高校作为重要的一种力量纳入基金的建设和发展过程中，丰富创业基金的来源。

3. 积极吸纳社会力量，鼓励企业和个人募捐

在创业基金的建设和发展过程中，社会是一个非常重要的力量。而且社会也有能力对大学生创业基金的成立和发展提供支持。创业基金应当积极主动的到市场上寻求资金支援，募集创业资金，形式应当多样化，如募捐、爱心拍卖等。

4. 创业基金自身的造血功能

创业基金在获取到初步的创业资金后，可以而且应当进行适当的投资，以自身资金来进行造血，为创业基金规模的扩大提供新方式。

三、大学生创业基金的管理

无疑，大学生创业基金的成立对于解决当代大学生的就业问题有积极的作用，对于整个国家而言也可以起到推动建设创新型国家的助推器作用。创业基金要想得到持续健康的发展，需要在成立之后进行长期、规范、合理的管理，才能不断促进基金会的发展壮大，推动更多创业项目的诞生，扶持更多的创业项目发展，为我国大学生就业问题和建设创新型国家提供助推力。因此，适当的管理对于基金的成长发展尤为重要。

按照创业基金创立的时间，对其管理的侧重点也有所不同。

（一）创业基金成立初期

创业基金成立初期是指创业基金在成立筹备期及成立刚开始的一段时间。这段时间管理的重点应当是制定创业基金的章程，构建完整的基金管理制度和办法，确定基金的筹资来源和方式，确定申请者的范围、条件，理顺基金申请的流程，明确基金对创业项目后期的监管责任和服务指导，规定基金对具体项目的退出机制等规范性管理制度的确立。

在基金的筹备期间，首先要制定的是创业基金的章程。一个组织的章程是确

定该组织使命的规范性文件。具体内容包括基金的名称、基金的性质、基金的宗旨、基金的原始基金数额和来源、基金的登记管理机关、基金成立的依据、基金的业务范围、基金的组织机构和负责人、基金负责人产生和罢免办法和流程、基金负责人及各部门负责人的职责与权限、基金财产的管理和使用、基金的终止和剩余财产的处理、章程的修改办法及附则。

另外一个重要的规章制度是创业基金的管理实施办法。以《上海市大学生科技创业基金管理办法》为例，一般的创业基金管理办法应当包括以下内容：总则、资金来源与用途、管理机构与职能、扶持对象和扶持方式的确定、基金的申请与受理、审理与审批、项目管理及附则。

通过以上两项制度的确立，基本上可以完成一个创业基金在前期的任务。在创业基金建立后，应当设立创业基金管理委员会进行管理，管理委员会的成员应当有主要出资方或其代理人、政府创业管理部门、银行的相关人员、高校创业指导老师及相关专家等共同组成，负责基金的筹集，并对基金的运转进行监管。另外，面向社会的创业投资基金是以盈利为目的，而大学生创业基金是以支持学生创业为目的，扶持为主，盈利为辅。为了兼顾两者，以便达到资本的循环利用，基金的不断发展，方便管理，规避学校在实际操作中的风险，大学生创业基金一般以公司等拥有独立法人身份的组织形式设立或委托成熟的基金代为运营，建立相应的基金管理办法规范大学生创业基金管理，设立创业评审团对大学生创业风险进行评估，对创业进行指导。

(二) 创业基金发展中期

创业基金发展中期，是指创业基金在度过成立初期的阶段后正常运行的阶段。这一阶段主要的职责是负责创业项目的申请与受理、项目的审核与批准，以及后期的项目进展跟踪。另一个重要的职责是创业基金的保值增值，包括争取新的资金来源。

1. 项目的申请与受理

这项管理工作是指创业基金接受大学生创业者就具体的创业项目申请创业基金，创业基金予以受理的过程。创业基金的受理部门应当严格按照事先公布的申请条件接收创业者的申请，并指导创业者完成基金的申请工作，包括申请资料的填写，以及相关证明资料的提交。

具体而言，创业基金在受理创业项目申请时可以参考以下条件进行：

(1) 符合国家产业政策，技术含量较高，创新性较强的科技项目；

(2) 产品有较大的市场容量和较强的市场竞争力，有较好的潜在经济效益和社会效益；

(3) 申请人或企业法定代表为在校大学生（含硕士、博士）或校友；

（4）主要从事高新技术产品的研制、开发、生产和服务业务；

（5）申请人有较强的市场开拓能力和较高的经营管理水平，并有持续创新的意识；

（6）申请者在校期间品学兼优，无不良在校记录。

2. 创业项目的审核与批准

在创业基金受理创业者的申请后，应当组织专家对申请者提交的资料进行审核与评估。审核的依据是在基金成立初期设立的各项标准。在审核与批准的过程中要实行利益相关人员回避制度与第三方监督制度，整个评审过程要做到公开公正公平，这样才能保证创业基金的合理高效实用，真正符合条件的创业项目才能真正得到帮助。

不同类型的创业基金，其申请、评审及立项过程和要求虽然不尽相同，但大都大同小异。其主要程序如下。

（1）符合创业基金申请条件的项目申请人按统一要求准备申请材料（申请书、可行性报告及附件等）到创业基金受理部门，创业申请企业向创业基金所提供的材料必须真实可靠。一旦发现弄虚作假，创业基金将不再受理该大学生的申请。

（2）创业基金对申请人提交的申请材料进行受理审查。受理审查合格的项目，创业基金评审团将组织报告会对其进行立项审查（申请人必须亲自到场答辩），经表决通过，决定资助金额、回收方式等事项。

（3）通过立项审查并报创业基金支持的项目，创业基金将与申请人签订《大学生创业基金项目合同》。

3. 项目实施的跟进与项目结束后的验收

创业项目申请者在获得创业基金的项目资金支持后，创业基金需设立管理机构负责对创业基金支持项目进行跟踪、指导及过程管理。其主要目的在于保障项目资金的合理运用，并给予受助企业经营上的必要指导，协助创业项目的进一步发展。

合同到期后，项目验收由基金受支持者向管理机构报送有关项目验收的必要材料，由管理机构提出初审意见后，报送基金规划管理办公室审核批准。创业基金根据合同约定回收资金。

（三）创业基金发展后期

创业基金发展后期是指创业基金在完成基金章程规定的使命后或者由于其他原因进入清算的阶段。在这一阶段中，创业基金将进入生命周期的尾声，但也必须对其进行资产的清算与核查。应当聘请第三方独立结构对创业基金的整个生命周期进行审计，确保创业基金资产的恰当运用。

第二节　创业基金的运作和反馈

一、创业基金的运作

(一) 创业基金

创业基金又称风险资本，指的是由专业投资人或者投资机构所提供的、成长速度快且升值潜力巨大的新兴公司的一种资本形式，是以基金化投资形式进行创业投资的金融工具，综合了风险投资和投资基金两者各自的优势。创业基金进入企业的方式往往是通过提供贷款、购买股权或既购买股权又提供贷款等。

创业基金与普通投资基金相比较，两者的共同之处在于：都是由固定的发起人发起设立；都要通过募集其他投资者的资金方式来形成；都要将所募集的资金委托专家经营管理以获取投资收益；都是采取组合投资方式分散投资风险；都要在运作一定时期后按出资比例对投资收益进行分配。不同之处在于：前者是以直接投资方式为主，流动性弱，投资对象是高新技术企业和非上市公司，通过对投资项目的辅导运作使基金资产增值，以投资变现收益作为投资回报，具有较强的进取性、高成长性和高收益等特征；后者则是以间接投资为主，流动性强，上市公司股票和债券是其主要投资对象，通过股票收益和债券利息及交易差价的资本利得作为投资收益，具有稳健性、低成长性和低收益的特征。

(二) 创业基金的特点

创业基金这一资本形式是用于风险投资的。一般而言，符合创业基金支持的条件包括三点：第一，符合国家产业政策且创新性强、技术含量较高的科技项目；第二，产品有较好的潜在经济效益和社会效益，且有较大的市场容量和较强的市场竞争力；第三，支持项目具备一定的成熟性，以研发阶段项目为主。当前，创业基金项目在我国企业运营中尚属探索阶段，但却有着相当重要的意义。

由于投入主体的唯一性或主体性，高校自筹的创业基金主要有以下特点。

1. 自有基金额度有限

相对于企业或者政府联合设立的创业基金一般都有程序复杂、项目过滤率高等局限性，高校自筹基金具有无可比拟的优越性：高校自筹基金大多来源于学校专项基金或校友捐赠等，额度较小，这就决定了基金资助的选择导向应该是那些额度较小、风险较小的创业项目，即普通服务业。这对创业大学生，具有很大的吸引力。

2. 引导职能优先

风险投资基金创立的目的都是以获得利益为导向的，因此，它在项目选择上，更倾向于科技含量高、已经在局部市场获得认可的企业，一般不会扶持普通服务业。高校筹集并设立的创业基金，应从大学生成长成才的角度出发，更多地考虑其引导示范作用。一是通过帮助本校学生积极投身创业，一部分创业成功的企业带动更多的同学参与其中，形成创业潮流，实现创业带动就业的良性循环。二是在创业项目的选择上，它更侧重"创新性"和"合作性"，有利于创业型社会的推进。

3. 创业基金的保值增值性

高校自筹创业基金的主要功能在于示范引导，通过投资一些具有一定持续增长能力的企业，寻求增值性的资本回报，以推动创业基金的保值、增值。尽管在扶持初步创业项目和追加既有创业项目基金比例上的分配有待研究，但是只有迅速增加基金额度，"把蛋糕做大"，才能扶持更多的企业创业，而这正是基金运行良好的一个外部表征。根据以上特点，高校自筹创业基金应改变以往全面支持创业项目带来资金窘困的局面，把那些高新技术创业项目、需要资金较大的项目，推到政府创业基金和风险投资基金平台，将自筹基金定位在普通服务业创业上，积极探索高校自筹创业基金的进出机制。

除了以上特点外，创业基金还具有作为创业投资的具体特点：资本的规模效应；高风险和高收益；专家管理运作；投资周期性不固定；投资方式为股权性投资；参与创业企业经营管理；投资对象多为高科技创业企业。

（三）创业基金的运作模式

创业基金的运作具有高复杂程度和综合性强的特点。这涉及多要素一个有机整体，各种要素之间的相互作用形成了系统的结构。该系统有多种要素构成，各种要素之间的相互作用形成了系统的结构。构建创业基金运作系统的要素包括了实体要素和非实体要素，两类要素相辅相成，不可或缺。

1. 实体要素

实体要素包括了创业基金、政府、高校、大学生创业者。

2. 运作模式

创业基金的运作模式主要有参股、融资担保、跟进投资、风险补助和投资保障等类型。

（1）参股。在参股模式下，基金通过"母基金"的技术投资于不同的商业性创业投资基金（子基金），利用母资金的示范效应，吸引多于学校资金数倍的民间资金也参股到这些子基金中，然后由子基金投资于创业企业。引导基金不参与子基金的日常管理，原则上是参股不控股．

（2）融资担保。融资担保也是一种重要的引导基金运作模式，国内仍处于探索阶段，还没有一支引导基金按融资担保这一模式实际操作，但海淀区创业投资引导基金、山东省创业投资引导基金在正式文件中表示，引导基金将采取融资担保模式支持创业投资企业的发展。

（3）跟进投资。跟进投资通常在创业基金运作的最初阶段或小规模的区域性基金中被采用。引导基金在采用跟进模式时一般会规定跟进投资的比例或额度上限。如《杭州市创业投资引导基金管理办法（试行）》规定："引导基金按创业投资企业实际投资额30％以下的比例跟进投资，且每个项目原则上不超过300万元人民币。"

（4）风险补助。风险补助是一种简单的运作模式，采用此种模式，操作起来简单，也不存在业绩考核的要求，但该模式的缺陷也比较明显：采用此模式下的引导基金不能实现自身的保值增值，无法长久地发挥政策引导作用。科技部的科技型中小企业创业投资引导基金第一年采取此模式，多数小型引导基金也采用了该种模式。

（5）投资保障。投资保障是指由创业投资机构负责筛选出具有投资潜力、未来发展前景良好的现正处于创业早期的高科技中小企业，然后由创业投资引导资金直接对这些企业投资。目前高校投资基金主要按照这一模式实际操作。

3. 创业基金进出机制

（1）分类评估制度——创业基金进入的基础

高校创业基金受额度限制，必须对创业企业进行分类。将创业项目分为高新知识创业项目和普通创业项目。对于普通创业项目，高校创业基金对其进行重点资助。对普通创业项目的分类。普通项目中包含以下两类特征的应优先考虑，一是创新性，根据熊彼特的创新理论，引入一种新产品、采用一种新的生产方法、开辟新市场、获得原料或半成品的新供给来源、建立新的企业组织形式，无论哪一种，都实现了创新。在市场竞争中，这类企业无疑会有更大的生存空间，也是大学生可以发挥主观能动性的一个方面。二是合作性，即申请基金资助的创业项目必须体现团队合作的精神。企业在申报和运作等环节都要通过团队合作完成。将团队合作作为一项指标，有利于引导创业学生的团队合作精神.

进入方式的选择机制。高校创业基金应秉承无自筹资金门槛限制的原则，全额资助创业项目。根据服务型创业项目所需额度的不同，高校资助创业企业主要有三种方式，第一，银行贷款贴息方式。创业基金选择有潜力的创业项目，通过限定担保贷款额度、每年支付利息的方式，帮助那些可能做大做强的企业；第二，无息借款方式。坚持企业能够初步维持运转的原则，为企业提供50％—75％的借款，经过一年期评估，再将剩余额度转给创业企业，这些借款以三年期为限，转入企业专门账户，用做企业的风险基金（主要用于防止企业破产后，创业者出现因为创业不利而返贫的现象）；第三，股份制方式。将创业企业分为若干股份，全部由高校创业基金支付，创业企业可以在一定期限内选择回购或者部分回购企业股份，这些回购资金，同样用作企业风险基金。如创业企业扩大资金规模，创业基金也可选择继续参股，用于扩大基金额度。以上三种方式，创业基金资助额度都是相同的。

（2）项目评估制度——合理退出的依据

第一，退出的准备。随着企业逐步进入"成长期""成熟期"，创业基金管理人员应协助企业巩固市场，优化企业流程，培养企业新的增长点。与此同时，也需要对企业进行有效的监控和评估，并以监控和评估的结果作为退出依据，酝酿退出。

第二，退出时机的选择。创业基金退出的时机应该选择成长期在 3 年之间。成长期的企业已经具备了一定的资产，并且有了其他的资金来源，此时撤出对企业影响不大。一般运营良好的服务业在 2 年左右都可以实现盈利，考虑到大学生缺乏社会实践经验，可将期限放宽到 3 年期，3 年之后对企业实行"断乳"，使其经受市场的考验。

第三，退出方式的选择。依据进入方式的不同，退出方式也有三类：①银行贷款贴息退出，根据与银行的协议，可适当延长贴息时间，但不超过 5 年；②无息借款退出，以每次资金注入时间为起点，3 年内要求企业按时将还款金额打入风险资金账户；③股份制方式退出，此类方式退出方式较为灵活，可以管理层回购——创业基金入围股东，也可通过出售等方式进行退出，对于有前景的企业，主导创业的双方有共同意愿和继续合作需求的，可选择暂不退出。

（3）宣传及扶持制度——创业基金的支撑

创业基金的支撑应包括以下两个方面的内容。一方面是大力开展宣传活动，建立全方位多渠道的宣传制度。不仅要宣传国家的创业政策，保证广大大学生创业者对政策能够明了，而且要对创业成功的典型进行广泛宣传，以实现"星星之火，可以燎原"的良性发展态势。另一方面是设立生活困难扶助基金制度。原有的扶持制度，如失业登记制度，不能根本上解决创业失败大学生的生活困难；而失业保险，则是因为大学生未能缴纳保险费，也与创业失败学生无缘。建立生活困难扶助基金制度，就要充分整合现有的失业登记制度，既通过失业登记，享受免费求职登记、免费职业指导、给短期内无法就业或就业后生活有困难的毕业生提供最低生活保障等优惠，又通过风险资金接轨失业保险的方式，使得创业失败的大学生能够得到缓冲。同时，创业基金可单设一部分生活困难扶助基金，帮助创业失败的大学生渡过难关。

同时，高校的学生处等职能部门还可以在帮助创业学生享受国家减免创业税费、社会保障制度、工资倾斜政策、国家代偿助学贷款政策等政策方面做出努力，缓解创业学生的资金压力，积极支持高校毕业生自主创业。

（四）创业基金的运作风险

创业基金的运作风险是指创业基金在对科技型创业企业进行创业投资的过程中，因外部环境或内部条件等影响变量发生了不确定的变化，而导致创业基金投资行为遭受损失的可能性。作为源于创业投资活动，又存在于具体投资事件过程中的创业基金风险，具有两个方面的作用，其一是促进了创业基金参与者管理效率的提高，增添了创业基金的活力，推动了创业资本市场的发展；其二则是创业基金风险的存在可能导致的严重后果，能够对创业基金参与者的行为产生一定的约束，从而对整个创业资本市场起到调节作用。

从风险构成的因素划分，创业基金的风险可以分为系统性风险和非系统性风险两大类。我国资本市场发展初期和现有市场经济独有的特殊情况，使得我国创业基金不仅具有发达市场经济国家创业基金所具有的一般风险，还具有创业资本发展初期的特殊风险和现有市场经济所特有的体制性风险。从大学生创业基金运作情况来看，运营风险主要有以下几点。

1. 管理风险

大学生对于企业管理的认知，可能只限于书本上面的理论知识，在如何运用营销、沟通、人力资源、财务管理方面知识的能力普遍不足。要想创业成功，光靠技术和理论上的一些优势远远不够。大部分的创业者失败的原因，就是缺乏企业管理经验，眼高手低。当创业计划转变为实际操作时，才发现自己根本不具备解决问题的能力，这样的创业无异于纸上谈兵。

2. 资金风险

人、财、物是企业构成的三个基本因素，财是一个企业运转的基础。有没有足够的资金是能否开始创业的关键。企业创办起来后，就必须考虑是否有足够的资金支持企业的日常运作。如果连续几个月入不敷出或者因为其他原因导致企业的现金流中断，对一个创业者来说是致命的。而到了创业的后期，资金则是企业进一步做大做强的保障。

3. 营销风险

创业者能否成功的一个重要标志就是自己的产品或服务能否卖出去。只有自己的产品或服务在激烈的竞争中被市场认可，才有可能产生足够的现金流和利润，创业的进程才能得以继续。如果机器、设备、装修及人员都到位了，自己的产品或服务却迟迟不能打开市场，产品卖不出去，光是每个月的工资和费用支出都会令创业者入不敷出，陷入倒闭的境地。另外，目标市场的需求也不是一成不变的，创业者如何及时地了解目标市场的变化并做出准确的调整，使自己的销售稳定和保持足够的增长，是创业成功的关键。

4. 政策风险

目前由于我国经济转型期的不发达市场经济运行模式缺乏稳定性和透明度，政府会通过税率、利率、汇率、存款准备金率等财政手段对行业发展做出适宜的调控，这些调控会影响到企业的生产、进出口和融资，也会影响到目标市场的中短期需求。另外，法律法规不健全及政府对市场监管上的漏洞，产生了基金的投机风险。

5. 退出风险

对于现阶段的创业投资而言，因退出机制不完善，退出方式不健全，退出渠道不畅通，导致其退出风险比较大。为了降低退出风险，综合国外创业基金的退出机制分析，今后我国创业基金大致可以有以下四种方式实现退出：第一，创业企业在国内已有的主板实现上市；第二，创业企业实现在国内创业板或国外创业板上市的方式；第三，创业基金通过产权交易以股权转让、兼并收购和管理层回购的方式从创业企业中退出；第四，因破产或解散而不得已采用清算的方式实现退出。这是因创业企业经营状况不好或难以扭转时，采取的一种不得已的方式。但由于目前我国还没有创业企业破产清算等方面具体的法律法规，所以选择清算方式一般只能是终止双方签订的投资协议，在寻找其他机构商谈清算价格。随着国内创业板的开设和产权交易市场的建立，相信我国创业基金的退出机制将会更加完善，退出风险也将会得到更好的防范和解决。

二、创业基金的反馈

（一）目前创业基金存在的问题

同西方发达国家成熟的创业资本市场相比较，我国的创业基金仍处于起步阶段，突出表现为带有中国国情的特殊性和新事物发展过程中的阶段性，目前存在的问题主要集中在以下几个方面。

1. 融资渠道狭窄，基金数量和规模都较小，运作上也不规范

我国目前的创业投资中较大部分资金来源于政府和学校，尚未充分利用包括个人、企业、金融或非金融机构等具有投资潜力的社会力量，未能有更多的分担投资风险的融资渠道，这在政府财力有限的前提下，未能形成一个良性循环的有机创业投资体系，势必影响创业基金的更大发展。且现存的创业基金由于设立时间短、监管程度低、运作技巧不熟练等原因，致使组合投资难以有效分散投资风险，未能认真实施投资方案和撤资方案等。这些都直接影响了创业基金的收益和持续发展。

2. 缺少真正适合创业基金进行投资的科技创业企业

创业基金主要投资于拥有技术专利、市场竞争力强的科技型创业企业，并以此来获取投资收益。但目前我国不少标榜为高科技型的企业只是从事一般的贸易型、加工型等科技附加值低的经营活动，缺少生产科技含量高、核心技术领先、超额利润多、市场前景看好、系列化程度高的科技产品的创业企业；缺少具有较高科研水平自主创新意识强的研发人员和经营层次高的创业企业。由于真正科技企业的欠缺导致创业基金难以有效设计组合投资分散投资风险，降低了企业的投资收益率。

3. 创业基金投资后的变现退出渠道不畅通影响创业投资者的信心

创业基金投资的创业企业在经过长期的发展之后，尤其是进入成长期或成熟期后，就要设法实现最初投资的退出。但我国目前进入产权交易市场的企业数量还很有限，交易办法也不规范，市场规模也很小，没有一个统一的全国性产权交易市场，再加上政府行政的干预过多也使得交易市场的资源配置功能有所失效，企业产权不能自由、畅通地交易，法人股权不能流通等问题，都在一定程度上制约了创业基金的投资活动。另外，国外创业企业通用的"第二证券市场"（创业板市场 IPO）上市的做法也因我国创业板尚未完全推出，主板市场又向大批国有大中型企业倾斜的政策因素影响，而使得创业基金不易变现等，这些都打击了创业基金的投资信心，严重阻碍了创业基金的顺利发展。

4. 有关创业基金的法律法规不健全

尽管国家已经发布了《证券投资基金管理暂行办法》等规定，但我国至今还没有能够与发展创业基金相匹配的法律法规。因为高新技术的高风险、高回报特性，创业基金在与科技企业合作之前都要充分全面分析、评估可能出现的不测，为了安全和各自利益，双方都要依照可靠有效的原则根据法律法规明确具体操作的内容。而我国基金方面的法规只有 1997 年颁布的《证券投资基金管理暂行办法》，目前尚无明确法律可以遵照，同时对知识产权保护力度的不够也损害了许多从事高科技创业者和创业投资者的利益，挫伤了其继续进行创业活动的积极性。非法集资活动的不断发生更是使普通百姓谈基金色变，造成了正常融资活动举步维艰。正在讨论的《中华人民共和国证券投资基金法》虽对创业基金有明确解释，但还须尽快建立一个相关方面的法律体系来保障创业基金的正常运作。

5. 相关中介机构服务水平偏低

创业基金出于对高科技创业企业中存在的极大风险的考虑，往往需要同中介机构来对项目进行包括技术评估、价值评估、市场评估、管理评估等科学评估。但目前我国中介机构对高科技产业研究不深、服务水平受限、出具结论的不规范性都可能会加大创业基金的投资风险，这在一定程度上也制约了创业基金的稳定发展。

（二）创业基金的发展建议

1. 拓宽资金来源，放大政府引导的杠杆效应

当前的资金支持总量还是无法满足众多大学生创业的资金需求。因此政府需要继续担当积极的牵头作用，探究多渠道的资金来源，一方面，鼓励金融机构对大学生自主创业的资金支持，对小企业贷款按增量给予相应金融机构适度补助，并由政府提供担保，建立健全大学生创业企业信用体系，为信用好的创业企业贷款适度展期；另一方面，充分发挥民间资本的作用，利用高校资源和相关企业、个人捐资，给大学生创业提供原始资金借用支持。

2. 加大大学生创业基金扶持与管理的力度

把鼓励和扶持大学生自主创业创新工作作为促进大学生就业的重要工作，加强对大学生自主创业创新的有关优惠政策落实情况的监督检查和管理，将有限的基金发放到最急需的地方落实到位，扩大受益面，放大基金的使用效率。积极培育和引导成立大学生创业风险投资机构，并给予政策扶持。因为大学生创业者的特点决定了他们比其他创业者更需要风险投资的介入和支持。但是吸收风险投资的前提是要有完美的创业计划，高素质的创业团队，经过激烈的竞争才能获得风险投资的青睐，这对自主创业的大学生而言也是巨大的挑战。2005 年为促进创业投资企业发展，规范其投资运作，鼓励其增加对中小企业特别是中小高新技术企业的投资，国家发展改革委员会、科技部、财政部等十部委审议通过了《创业投资企业管理暂行办法》，地方政府应依法对创业风险投资企业进行备案管理，促进支持大学生自主创业的风险投资企业规范、健康发展，并帮助大学生向风险投资商推荐创业项目。

3. 创业保险

针对大学生自主创业面临风险的不确定性，可以发挥保险业的优势，通过国家与商业保险公司的合作，将保险模式运用于大学生创业问题之中，针对大学生创业资本损失风险而设立大学生创业保险，鼓励大学生创业。所谓"大学生创业保险"，即为鼓励大学生创业，由政府支持、保险公司经营，针对大学生创业资本损失风险而设计的一类新兴险种。2010 年 7 月 31 日，太平养老保险股份有限公司与共青团成都市委联合实行"成都青年（大学生）创业护航计划"，在全国率先推出青年大学生创业保险，包括青年（大学生）创业者的金融信贷、人身、财产三个方面。用政策性与商业性并存的实施办法，实现政府政策倾斜与保险公司商业运营的结合。创业保险的推出，不仅优化了大学生自主创业环境，完善了大学生创业保障体系建设；同时又是保险领域的创新，促进中国保险业的创新发展。

4. 加强和优化已有的大学生创业财税政策

2010 年中华人民共和国人力资源和社会保障部发布的《关于实施 2010 高校毕业生就业推进行动大力促进高校毕业生就业的通知》强调了实施"创业引领计划",大力推进高校毕业生自主创业。例如,对符合"低碳特色"环保型的大学生自主创业的企业,可适度在原来的优惠政策基础上,延长优惠政策的期限或额度。此外,大学生创业也是用实际行动支持"三农",促进新农村建设,应以特别的优惠财政政策支持大学生到基层进行自主创业。例如,地方政府可以对直接从事农业创业的大学生,按照其创业的规模每年给予补助资金;对于从事种植、养殖、农林产品加工、销售和服务的,或在农业发展基金、设施农业、休闲观光农业等项目上,直接以财政拨款的方式予以重点扶持。

(三) 我国创业基金发展趋势预测

创业基金作为金融创新工具的一种,要保持其市场优势与吸引力,必须不断地在组织方式、品种结构、投资组合管理策略等方面予以创新,以适应广大投资人的需要。未来创业基金的发展趋势主要有以下几个方面。

(1) 融资渠道进一步拓宽。随着创业基金的发展和不断成熟,会吸引更多的民间资本进入,会有既包括公募又包括私募,既包括公司型又包括契约型的创业基金更多出现在国内的创业。

(2) 中外合作创业基金将会出现。这既包括中外合作组建基金管理公司,也包括中外合作发起设立单只基金,以逐步满足入关后稳妥开放创业资本的要求。

(3) 监管手段趋于市场化。对创业基金管理机构的发起设立,有可能从目前的审批制向审批与注册备案相结合的方向过渡;对管理费、交易佣金的规定更加趋于灵活,逐步使其市场化;对基金监管的重点将集中在对信息披露、基金欺诈等方面的跟踪查处。

(4) 进入创业基金的资金趋于多元化。尤其是伴随着我国保险事业与商业保险业的发展,更多的商业保险准备金及部分社会保障性资金将成为创业基金的主要持有人。

(5) 立法趋于健全和完善。正在讨论的《中华人民共和国信托法》《中华人民共和国投资基金法》,连同已经颁布的《中华人民共和国公司法》《中华人民共和国证券法》将成为创业基金设立和运作的基本法规规范。在此前提下,对创业基金的法律约束将趋于进一步的细致化与具体化。

本 章 小 结

大学生创业基金的分类:可以按照出资者身份划分;按照规模划分;按照申

请者划分；按照投入时间划分。大学生创业基金资金来源形式主要有以下五种：一是支持创业投资企业发展的财政性专项资金；二是学校为支持大学生创业行为独自支出的事业性资金；三是个人企业或社会机构无偿捐赠的资金；四是创业基金的投资收益与担保收益；五是闲置资金存放银行或购买国债所得的利息收益等。创业基金在成立之后进行长期、规范、合理的管理，才能得到持续健康的发展，从而推动更多创业项目的诞生，在争取政府的财政投入和推动高校扩大投入的同时，还要积极吸纳社会力量，鼓励企业和个人募捐，加强创业基金自身的造血功能。

思 考 题

1. 创意是树木，资金是养料，得不到资金这一养料的支持，创意终将枯萎。《中国青年报》报道的湖北共青团省委所做的一份调查显示，73％的青年在创业时感到启动资金不足，据不完全统计，40％的大学生因为创业融资困难而放弃创业。当前大学生创业起步资金难筹的主要有哪些原因？

2. "天使资金"是指在创业项目在成立阶段所获得的资金支持，也称种子资金。大学生在创业初期争取"天使资金"时有哪些途径？同时应该注意哪些事项？

3. 创业基金对大学生创业成功至关重要，高校自筹的创业基金作为大学生创业基金来源的一部分，当前主要有哪些特点？

4. 从大学生成长成才的角度出发，高校自筹创业基金在选择资助项目时该如何选择？以发挥其引导示范作用，实现创业带动就业的良性循环。

参 考 文 献

边伟军，罗公利，肖焰恒 .2010. 科技创业企业生态群落孵化模式研究——以青岛创业园为例 . 科技进步与对策 [J]，(13)：89-93.

蔡兵，赵超，史永俊 .2010. 创新与产学研合作 [M]. 广东：广东省经济出版社 .

曹华 .2008. 大学生创业基金功不可没——关于江苏省通州市鹏欣大学生创业基金运作情况的调查与思考 [J]. 中国人才，(6)：56-57.

陈浩凯，万学章 .2010. 大学生创业与就业教程 [M]. 湖南：湖南科学技术出版社 .

陈慧平，武志峰 .2012. 托起希望的羽翼——青岛市大学生创业孵化纪实 [J]. 中国就业，(3)：14-15.

陈万里 .2010. 国内外大学科技园区发展追溯 [J]. 经济研究导刊，(33)：307-310.

陈晓征 .2012. 中国高新技术产业发展模式研究 [M]. 北京：中国经济出版社 .

崔国珍，吴瑛，曹兆敏 .2007. 设立"大学生科技创业基金"的实践与思考 [J]. 世界教育信息，(3)：75-79.

葛继平，林莉，姜昱汐，尉桂华 .2013. 中国大学科技园功能、管理与创新研究 [M]. 北京：经济科学出版社 .

何秀玲 .2005. 我国创业投资基金运作的制约因素与对策研究 [J]. 西安金融，(6)：34-35.

胡孝强，陈慧平，李成刚，武志峰 .2011. 大学生创业孵化"青岛模式"调查 [J]. 山东经济战略研究，(11)：38-41.

贾新华 .2010. 金融危机背景下大学生就业工作创新 [J]. 中国成人教育，(5)：56-57.

李传先 .2012. 关于完善大学生科技创新活动组织体系的探讨 [J]. 学理论，(7)：176-177.

李集城 .2010. 大学生创业基金瓶颈分析 [J]. 山东纺织经济，(6)：29-30；52.

李集城 .2012. 构建大学生创业融资体系的思考 [J]. 创新创业教育，(3)：12-13.

李时椿，常建坤，杨怡 .2004. 大学生创业与高等院校创业教育 [M]. 北京：国防工业出版社 .

李玉娟，魏占宏 .2010. 大学生创业公益基金的可持续性研究 [J]. 经济论坛，(10)：157-159.

林卡 .2013. 国内外创业投资引导基金运作模式的比较及启示 [J]. 经管研究，(3)：85-86.

刘健钧 .2003. 建立我国创业投资政策扶持机制的对策探讨 [J]. 宏观经济管理，(8)：38-4.

刘健钧 .2004. 中国政策性创业投资基金运作模式探讨 [J]. 中国创业投资与高科技，(10)：74-76.

刘金荣，单春晓 .2009. 大学生创业孵化基地主要管理模式分析 [J]. 中国成人教育，(2)：25-26.

刘晋波 .2013. 大学生创业导引与风险规避 [M]. 上海：立信会计出版社 .

刘军 .2012. 重庆市产学研合作模式与创新机制研究 [D]. 重庆：重庆大学硕士学位论文 .

卢卓，肖锭 .2012. 城市创业孵化基地规划研究——以中山市为例 [J]. 科技管理研究，(8)：76-79.

卢卓.2012.基于创业型城市建设的创业孵化基地分类规划研究［J］.改革与战略，（4）：35-37-83.

玛格丽特 A. 怀特，加里 D. 布鲁顿.2012.技术与创新管理：战略的视角.原书第二版［M］.北京：机械工业出版社：12-14.

牛玉全.2009.融资难成大学生创业路上最大问题［J］.教育与职业，（7）：6-7.

秦冬梅.2010.青岛市大学生创业政策研究［D］.青岛：中国海洋大学.

饶远，赵敏敏，李世萍.2008.大学生创业理论与实践［M］.云南：云南大学出版社.

沈永良，王欣，王艳春.2006.大学生开展课外科技活动模式研究［J］.黑龙江教育，（7.08）：93-95.

唐风.2008.创业中国［M］.北京：中国商业出版社.

唐可月.2012.大学科技园人力资源管理理论研究［M］.北京：经济科学出版社.

唐晓鸣，高予远.2002.深圳企业孵化器运作模式探讨［J］.特区经济，（2）：24-27.

陶星洁.2005.国家大学科技园管理模式与孵化体系建设问题研究［D］.重庆：重庆大学硕士学位论文.

万由祥、孔新舟.2013.大学生创业基地建设模式探索［J］.中国高校科技，（1）：100-101.

吴雅冰.2012.创业管理［M］.北京：中国人民大学出版社.

夏海力.2012.苏州市大学科技园建设的现状与发展对策研究［J］.科技管理研究，（3）：42-45.

谢春艳，杨军，王丽萍.2012.珠三角产业发展与广东高校重点学科科技资源分析［J］.深圳大学学报，32（1）：157-160.

刑艳君，白羽弘.2013.大学生自主创业融资渠道的选择［J］.经济与法，（287）：177-178.

杨华东.2012.中国青年创业案例精选（第 2 辑）［M］.北京：清华大学出版社.

叶映华，徐小洲.2010.中国高校创业教育［M］.杭州：浙江教育出版社.

尹睿哲.2009.政府对创业投资的支持：创业投资引导基金的比较研究［J］.管理观察，（3）：25-27.

余家宁.2010.浅谈大嘘声创业基金［J］.管理科学研究，（5）：30-31.

袁靖宇，常向阳，丁同玉.2002.中国大学科技园发展初探［J］.苏州大学学报（哲学社会科学版，（3）：128-132.

约翰 E. 艾特略.2008.创新管理——全球经济中的新技术、新产品和新服务［M］.上海：上海财经大学出版社.

张涛，熊晓云.2007.创业管理［M］.北京：清华大学出版社.

张巍.2012.对青岛市大学生创业孵化模式的调研与思考［J］.科技信息，（6）：36-37.

张喜梅，吕雅文.2005.大学生创业导论［M］.北京：高等教育出版社.

张晓晴.2008.中国创业资本引导基金治理模式研究［J］.生产力研究，（23）：53-55.

张邹.2011.大学毕业生自主创业基金的管理［J］.中国国情国力，（1）：48-49.

赵成国，陈莹.2008.政府创业投资引导基金运作管理模式研究［J］.上海金融，（4）：35-3.

赵芳菲.2010.论高校创业孵化基地建设与发展［J］.经济师.（1）：152-153.

赵强，孙莹，尹永强.2011.科技资源整合与产学研合作问题研究［M］.沈阳：东北大学出版社.

赵玉树，周珊珊，张倩男.2011.基于科技创新的产业竞争优势理论与实证［M］.北京：科学
　　出版社.

钟洪，李超玲.2006.识读大学科技园——兼论大学科技园的创新发展［J］.中国科技论坛，
　　（3）：43-47.

钟梓坚.2008.试论我国创业投资引导基金的法律保障机制［J］.中国高新区，（2）：86-87.

周春华.2012.高校自筹创业基金进出机制初探［J］.广西青年干部学院学报，22（1）：
　　29-31.

周道生，赵敬明，刘彦辰.2007.现代企业技术创新［M］.广州：中山大学出版社.